浙江省习近平新时代中国特色社会主义思想研究中心课题成果

"八八战略"
二十周年研究丛书

宁波

锻港口硬核
建滨海都市

李包庚 等 著

ZHEJIANG UNIVERSITY PRESS
浙江大学出版社
·杭州·

图书在版编目(CIP)数据

宁波:锻港口硬核 建滨海都市 / 李包庚等著. —
杭州:浙江大学出版社,2023.9
("八八战略"二十周年研究丛书)
ISBN 978-7-308-24103-8

Ⅰ.①宁… Ⅱ.①李… Ⅲ.①社会主义建设－研究－
宁波 Ⅳ.①D619.553

中国国家版本馆 CIP 数据核字(2023)第 151989 号

宁 波:锻港口硬核 建滨海都市

NINGBO: DUAN GANGKOU YINGHE JIAN BINHAI DUSHI

李包庚 等 著

出 品 人	褚超孚
策划编辑	张 琛 吴伟伟 陈佩钰
责任编辑	陈佩钰
责任校对	汪 潇
责任印制	范洪法
封面设计	周 灵
出版发行	浙江大学出版社
	(杭州天目山路 148 号 邮政编码 310007)
	(网址:http://www.zjupress.com)
排 版	浙江大千时代文化传媒有限公司
印 刷	杭州钱江彩色印务有限公司
开 本	710mm×1000mm 1/16
印 张	20
字 数	269 千
版 印 次	2023 年 9 月第 1 版 2023 年 9 月第 1 次印刷
书 号	ISBN 978-7-308-24103-8
定 价	88.00 元

编写说明

20 年前,习近平同志担任浙江省委书记期间,经过深入调查研究和系统谋划,为浙江量身打造了"八八战略"这一总纲领总方略,并为浙江发展倾注了大量心血、汗水和智慧,在之江大地书写了波澜壮阔的奋斗篇章,给浙江留下了宝贵的思想财富、精神财富和实践成果。20 年来,"八八战略"引领浙江在省域层面率先开启了中国式现代化先行实践之路,推动浙江大地发生了全方位、系统性、深层次的精彩蝶变,实现了从资源小省向经济大省、外贸大省向开放大省、环境整治向美丽浙江、总体小康到高水平全面小康的历史性跃迁。

在"八八战略"实施 20 周年的重要时间节点,浙江省习近平新时代中国特色社会主义思想研究中心和浙江省社会科学界联合会共同组织力量编写"'八八战略'二十周年研究丛书",并将之纳入"浙江文化研究工程"。丛书重点论述了"八八战略"在浙江省 11 个地市(杭州、宁波、温州、湖州、嘉兴、绍兴、金华、衢州、舟山、台州、丽水)深入落实的全过程,以及所带来的深刻影响。我们希望,通过这套丛书,能让读者用心感悟习近平总书记的关心关怀和殷殷重托,学深悟透、感恩奋进、实干争先,持续推动"八八战略"走深走实,坚定不移沿着习近平总书记指引的道路奋勇前进;推动浙江在新时代新征程上奋力谱写共同富裕和中国式现代化先行的靓丽篇章。

目　录

导　论

　　2003 年 7 月,习近平同志在浙江省委十一届四次全会上作出了"进一步发挥八个方面的优势、推进八个方面的举措"的重大决策部署,即"八八战略"。2015 年 5 月,习近平总书记在浙江考察时指出,"八八战略"不是拍脑瓜的产物,而是经过大量调查研究提出来的发展战略。[①]"八八战略"主要是聚焦如何发挥优势、如何补齐短板这两个关键问题。事实上,"八八战略"和"四个全面"在精神上是内在一致的,"八八战略"和新发展理念在理论上也是相符的。浙江 20 年来的实践证明,"八八战略"是指引浙江从胜利走向胜利的总纲领、金钥匙。

　　近年来,宁波市委、市政府不断深化对习近平新时代中国特色社会主义思想的认识,坚持贯彻落实"八八战略",全面推进中国特色社会主义在市域层面的探索创新和生动实践,为宁波开辟了一条充满生机活力、光明正确、行稳致远的发展道路。在"八八战略"的指引下,宁波历届市委、市政府坚决贯彻中央、省委决策部署,坚持一张蓝图绘到底、一任接着一任干,顺利完成了全面建设小康社会、全面建成小康社会、高水平全面建成小康社会的发展任务,推动宁波经济社会发展不断迈上新台阶,取得新的历史性成就,实现从经济大市向经济强市、从对内对外开放向深度融入全球、从总体小康向高水平全面小康的跃

　　[①]　《伟大的擘画　奋斗的征程——写在"八八战略"实施 15 周年之际》,《浙江日报》2018 年 7 月 10 日。

变。实践表明,"八八战略"不仅是党的创新理论在浙江的实践与发展,更是引领浙江各市"秉持浙江精神,干在实处、走在前列、勇立潮头"的思想指南。正是在"八八战略"的指引下,宁波高水平建设小康社会的发展路径,努力成为生动展现中国道路在市域层面实践的成功典范。"八八战略"统揽了体制、区位、产业、城乡、生态、山海、环境、人文等重要着力点,统筹推进宁波经济、政治、社会、文化、生态五位一体协同发展,成为宁波如期顺利建成高水平小康社会、担当示范"两个先行"的行动总纲。

一、"八八战略"推动经济高质量发展,奠定担当示范"两个先行"的物质基础

坚持"腾笼换鸟",实现"凤凰涅槃",以加快经济转型升级奠定更高水平全面小康社会的厚实基础。"山越高越难爬,车越快越难开。"针对当时浙江"成长中的烦恼",习近平同志提出了"腾笼换鸟、凤凰涅槃"的设想,即"两只鸟"理论,强调要推进经济结构的战略性调整和增长方式的根本性转变。[①] 当时,宁波也正为这些"成长中的烦恼"所困。为此,宁波以"八八战略"为统领,推动实体经济高质量发展。

从 2003 年省委十一届四次全会之后,浙江省委、省政府就带领勤劳智慧的浙江人民全面贯彻落实"八八战略",不断推动浙江经济社会转型升级,并不断取得新的突破与成就。习近平同志在浙江工作期间,曾多次到宁波调研考察,并就宁波经济社会发展和改革开放等重大事项作出重要指示。20 年来,宁波市委、市政府带领全市人民全面贯彻落实"八八战略",经济社会持续高速发展,走出了一条经济高质量发展之路。宁波通过强化转型升级、创新发展,坚定不移发展实体经济,推进绿色石化、汽车制造、高端装备、新材料等"246"万千亿级产

---

① 习近平:《干在实处　走在前列——推进浙江新发展的思考与实践》,中共中央党校 2006 年版,第 128 页。

业集群建设,打造"制造业高质量发展试点示范城市"。2021 年,宁波市工业增加值突破 6297.5 亿元、增长 11.6%。新增国家级制造业单项冠军企业(产品)18 家,累计达 63 家,占全国比重为 7.4%,稳居全国城市首位。新增国家级专精特新"小巨人"127 家,累计 182 家,居全国城市第 3 位,成为扎实推进"中国制造 2025"试点示范建设城市,成为振兴实体经济,优化产业结构布局的排头兵,成为国家服务业综合改革试点区、国家普惠金融改革试验区。宁波服务业对经济增长贡献率达 54.2%,宁波舟山港货物和集装箱吞吐量稳居全球第 1 位和第 3 位。宁波大力发展现代农业,农林牧渔业增加值达到 372.5 亿元,居全省首位。

创新是引领发展的第一动力,也是宁波城市发展的重要基因。近年来,宁波全力推进国家自主创新示范区建设,持续完善区域创新体系,切实拉长长板、补好短板,提升创新型城市的建设水平。通过构建重大平台创新机制、关键核心技术攻坚机制、创新主体培育机制、科技成果转移转化机制,在有前景的重大项目领域提前布局,在产业链"卡脖子"环节加大技术攻关力度,深度挖掘科技型中小微企业的创新潜力,完善企业需求与科技成果的联动对接,高质量推进国家自主创新示范区建设,加快打造具有全球影响力的科创高地,为全省建设高水平创新型省份做出积极贡献。

宁波是"一带一路"重要节点城市,经浙江省政府批准于 2017 年 9 月 5 日成立"一带一路"建设综合试验区,以开放创新为主线,以互利共赢为目标,以宁波梅山新区为核心载体,以港口互联互通、投资贸易便利化、产业科技合作、金融保险服务、人文交流为重点,积极打造"一带一路"港航物流中心、投资贸易便利化先行区、产业科技合作引领区、金融保险服务示范区、人文交流门户区,勇当"一带一路"建设排头兵,努力建成"一带一路"枢纽城市,为开放强省勇探新路、勇开新局。目前,宁波正全力建设"一带一路"综合试验区、中国—中东欧国家投资贸易综合试验区,加大项目集聚、要素保障、政策体制的创新力度,进一步巩固提升宁波作为"一带一路"倡议支点的地位。充分发挥区县（市）的资源禀赋、产业基础等优势，优化"一区多点"布局，调动各方面的积极性，形成"一带一路"综合试验区创建合力。积极探索建设一批高能级的特色产业集聚区、跨境经贸合作区，加快在"一带一路"沿线的"布点、连线、结网"步伐，全面提升利用两种资源、开发两个市场的能力。宁波改革开放合作取得新成效，"最多跑一次"改革、跨境电商综合试验区等领域的重大改革成果十分丰硕，成功举办三届中国—中东欧国家博览会。深度融入长江经济带、长三角一体化发展和全省"四大建设"，获批建设"17＋1"经贸合作示范区、浙江自贸区宁波片区。

通过坚持系统联动，突出市场导向，强化要素保障，优化产业生态，政企同心打造制造业单项冠军之城。经过多年深耕细作，宁波的绿色石化、汽车零部件、磁性材料入选国家先进制造业集群培育名单，居全国城市第一，已培育国家级制造业单项冠军83家（截至2022年底），居全国城市首位。宁波坚持系统联动的科学观念，把打造制造业单项冠军之城纳入制造业高质量发展和特色产业集群建设的总体布局，实施"关键核心技术—材料—零件—部件—整机—系统集成"和"关键核心技术—产品—企业—产业链—产业集群"的链条式培育计划，培育壮大一批单项冠军企业集群。推动单项冠军培育与打造新型国际贸易中心、促进服务业倍增发展等深度融合、协同发展。坚持有效市场和有为政府相结合，立足民营经济发展优势，完善国家、省、市三级单项冠军企业培育库和工作统筹推进机制，引导广大企业走"专精特新"之路，打造形成数量众多、质量领先的单项冠军后备梯队。坚持"同等优先"原则，加强相关政策整合，推动优质要素资源向单项冠军企业集聚。对列入国家级制造业单项冠军示范企业、培育企业制定专项扶持政策，力争给予更加精准的政策支持，对单项冠军培育企业的优质技术改造投资项目予以优先保障，推动提升产业链现代化水平。同时，创新开展单项冠军发展论坛等活动，广泛宣传典型案例,打响"制造业单项冠军之城"的知名度,扩大其影响力。

二、营造风清气正的政治生态,奠定担当示范"两个先行"的政治基础

宁波积极发挥体制机制、环境等优势,切实加强法治建设、信用建设和机关建设。通过"最多跑一次"改革和党政机关数字化转型牵引各领域改革取得重大突破,法治宁波、文化宁波、平安宁波建设全面深化,清廉宁波建设成效明显,全市治理现代化加快推进,山清水秀的政治生态不断巩固发展。

强化全面从严治党,营造良好政治生态,以勇立潮头的"宁波铁军"为更高水平全面小康社会保驾护航。这就要求广大党员、干部强化党的意识,牢记自己的第一身份是共产党员、第一职责是为党工作。宁波建设更高水平全面小康社会,关键靠一支勇立潮头的"宁波铁军"。宁波市委深入学习贯彻习近平总书记重要指示批示精神和治国理政新理念、新思想、新战略,高标准、高质量抓好党的群众路线教育实践活动、"三严三实"专题教育和"两学一做"学习教育、"不忘初心、牢记使命"主题教育、党史学习教育和学习贯彻习近平新时代中国特色社会主义思想主题教育。自觉把全面从严治党的标准定得更高、措施抓得更实,建设"上、下、管、育、爱"的制度体系,锻造一支绝对忠诚、干事担当、干净自律、充满活力的铁一般的干部队伍。扎实推进服务型基层组织建设,大力培养政治素养过硬、治理关卡能胜的"狮子型"干部和团队,切实加强党风廉政建设,营造政治上的"绿水青山"。

通过强化工作闭环管理、推动政策迭代升级、加大攻坚破难力度,着力发挥政府在建设高水平开放上的中坚作用。近年来,宁波通过深化重点领域改革,激发各类市场主体活力,打造一流营商环境,推动政府数字化转型、供给侧结构性改革、"最多跑一次"改革等措施,在推动构建良好政企、政商、政民关系上不断取得扎实成效。围绕贯彻党中

央、国务院和省委、省政府关于优化营商环境的决策部署，建立协调协同机制，加强资源力量整合，组建优化营商环境工作专班，构建"评估发现问题—列出任务清单—落实整改举措—跟踪评估成效"的全链条闭环。在深化"最多跑一次"改革，推进政府数字化转型三年行动计划以及"10＋N"营商环境便利化系列行动方案的基础上，进一步出台打造国际一流营商环境实施方案，打造优化营商环境政策的 3.0 版。聚焦市场主体和群众关注的突出问题，加大重点领域和关键环节改革攻坚力度。通过推进数据治理、深化流程再造、线上线下融合、加强推广应用等方式，做到优事项、优流程、优数据、优服务，给广大企业、群众带来实实在在的红利。当前，宁波正在抓实抓细优化营商环境各项重点任务，努力打造建设口碑一流的营商环境优秀城市。

通过推进全市域融入，夯实大平台支撑，抓好项目化推进，深化多领域合作，奠定宁波在长三角区域一体化中的重要地位。近年来，宁波市委、市政府主动作为，积极承担宁波在长三角一体化发展中的重大责任和政治使命。制定推进长三角区域一体化发展行动计划，明确了六大领域、120 项具体任务，以清单式、项目化的方式推动各项工作能够落地落实；高起点建设前湾沪浙合作发展区、甬江科创区等重大平台；规建谋划前湾沪浙合作发展区、甬江科创区、杭绍甬一体化、甬舟一体化，大力推进甬舟合作区、甬绍一体化合作先行区；深入推动重大产业项目、科创项目、交通项目等合作共建，包括建设优势互补的现代产业链条，做优科技创新动能，推动基础设施互联互通；以一体化推动共建共享，深化人才引进、教育文化、医疗健康、社会保障等跨区域合作。

三、全面提振人民群众生活质量，奠定担当示范"两个先行"的民心基础

全面建成小康社会，在保持经济增长的同时，更重要的是落实以人民为中心的发展思想，想群众之所想、急群众之所急、解群众之所

困。对浙江、宁波而言,无论是高水平全面建成小康社会,还是高水平推进社会主义现代化建设,根本上是要不断解决好人民群众普遍关心的突出问题。

宁波通过促进"大平安"、服务"大民生",以"平安宁波""法治宁波"建设实现更高水平全面小康社会的安全幸福。"为之于未有,治之于未乱","治国者必先受治于法"。近年来,宁波市委坚持经济报表、平安报表"两张报表"一起抓,在抓好经济发展的同时,大抓政权安全、阵地安全、意识形态安全、经济安全、生产安全、社会平安和网络平安。坚持和发展"枫桥经验",全面推行"网格化管理、组团式服务",扎实做好各类社会风险排查管控,完善立体化、信息化、法治化社会治安防控体系。同时,坚持公平正义,着力抓好法治宁波建设,打造法治政府,深化"四张清单一张网"改革,推行"互联网+政务服务",以"最多跑一次"倒逼简政放权、放管结合、优化服务,努力让平安和法治成为更高水平全面小康社会的基本要义。

统筹城乡发展,加强山海协作,以加快均衡协调发展彰显更高水平全面小康社会的题中应有之义。"十三五"以来,宁波发挥城乡协调发展优势,坚持城乡统筹、山海协作,在均衡协调发展中拓展空间,在补齐短板中增强后劲。坚持普惠性、保基本、均等化、可持续方向,持续打通城乡体制改革的经脉,决不让改革举措"堵"在路上、改革红利"截"在途中,切实使老百姓钱袋子更鼓、幸福感更强。以促进公共资源均衡配置为关键,高标准推进义务教育均衡化,推进医改"双下沉""两提升",社会保障基本实现由制度全覆盖向人群全覆盖转变,深入推进户籍制度改革。

宁波强化统筹联动、协调发展,努力走出了一条高品质城乡融合之路。优化国土空间布局,建立集中财力办大事的财政政策体系,完善城市规划、建设、管理统筹机制,高水平推进前湾新区、临空经济示范区、南湾新区、东钱湖区域和东部新城、南部新城等区块开发建设,建成投运轨道交通 2 号线、3 号线、4 号线、5 号线等,三门湾大桥,栎社国际机场三期等项目。推进乡村优先发展，完善乡村振兴规划和政策体系，深化涉农领域改革，打造美丽乡村升级版；四明山等相对欠发达地区实现了跨越发展，农村集体产权制度改革、农村宅基地"三权分置"改革等成效明显。

宁波强化民生为本、共享发展，努力走出了一条高成色民生幸福之路。着力在发展中保障和改善民生，全力办好民生实事，完善公共服务体系。2020 年，实现全国文明城市"六连冠"，先后 13 次获评中国最具幸福感城市。2012—2022 年，宁波累计实现城镇新增就业 226 万人，城镇登记失业率持续处于 2.1% 左右低位，户籍人口基本养老保险和医疗保险参保率分别达 98.8% 和 99.4%，中低收入家庭住房保障实现"应保尽保"，九年义务教育巩固率达 100%，每千人的医疗床位数、卫生技术人员数排在全国前列。推进社会治理创新，提高公共安全保障能力，完善基层管理服务平台，生产安全事故起数、死亡人数连续 10 年保持了"双下降"。

四、扎实建设绿色宁波，筑起担当示范"两个先行"的生态屏障

浙江是习近平总书记"绿水青山就是金山银山"重要理念的发源地。近年来，在"绿水青山就是金山银山"理念的指引下，宁波加快"绿色宁波"建设，重整山河，改变城乡面貌，绘就了更高水平全面建成小康社会的美丽宁波图景。

强化生态优先、绿色发展，宁波走出了一条高标准生态文明建设之路。宁波深入践行"绿水青山就是金山银山"理念，加大生态环境保护治理，努力让绿色成为宁波城市的幸福底色；宁波编制生态修复等专项规划，实施大气污染防治条例、生活垃圾分类管理条例，生活垃圾分类工作居全国重点城市前列；宁波深入实施蓝天、碧水、净土、清废行动，抓好中央和省环保督察反馈问题整改，整治落后产能企业、"低

散乱"企业,PM2.5平均浓度从2015年的46微克/立方米降至2020年的21微克/立方米;宁波统筹推进生态环境修复,提高资源要素配置效率,建设节约型城市,森林覆盖率稳定在48%左右,超额完成污染物总量减排任务。"绿色学校""绿色家庭""低碳社区"等民间绿色环保单位在宁波不断涌现,民间环保活动日益活跃,百姓对环境问题的关注度和参与度不断提升。2021年,宁波向社会推出了首批"环保公众开放日"开放单位。从城市到乡村,宁波百姓开始自觉主动融入城市绿色生活,人与自然的和谐篇章由此开启。

宁波着力抓生态建设,将工业减排、能源结构调整、畜牧业转型升级等作为重要抓手,加快推进生产方式绿色化、节能化、可持续化,开辟了"绿水青山就是金山银山"新境界。宁波实施"五水共治"全民动员,"河长制"确保责任落实到位,剿灭劣Ⅴ类水攻坚战取得重大成果;开展生猪养殖集中整治,坚决关停排放不达标的养猪场和散养点,许多养殖场变身为生态风景区;坚持治水、治气、治土一起抓,加快推进生态环境问题综合治理,实施最严格的生态环境保护制度。坚持生态优先,严格规划管理。2020年,按照优先保护、重点管控、一般管控的顺序,宁波陆域划定253个综合管控单元,实行差别化的区域管理和负面清单管理;全市约9.9万家固定污染源登记在案,建立跨部门信息共享机制;重新划定53个饮用水水源保护区。宁波坚持生态优先,推动久久为功的生态文明体制改革。利用一条"链",让龙头企业"考核"配套企业,全"链"近3000家企业实现绿色转型;摸清"绿色家底",将自然资源资产负债情况与领导干部离任审计"挂钩",一项项制度创新和美丽改革,在破解"绿水青山就是金山银山"理念转化难题的同时,铺就了城市发展的绿色底色。深入实施"千村示范、万村整治"工程,扎实推进美丽乡村建设,涌现出一批布局美、环境美、风貌美、生活美、风尚美、发展美的宜居宜业宜游美丽乡村,打造天蓝、水清、山绿、地净的美丽"诗画宁波"。

宁波的生态环境持续改善,成为国家森林城市、园林城市、卫生城市和生态文明先行示范区。2003年第一季度,宁波空气质量优良率100%,在全国168个重点城市排名第13名;94个市控以上断面水质优良率达到94.7%,比2015年提高28.4个百分点。宁波通过构建绿色生态路网,强化资源循环利用,建立生态环境保护长效机制,为建设生态文明先行示范区贡献宁波经验。宁波历任领导以"绿水青山就是金山银山"理念为指引,一任接着一任干,坚持生态优先,将"加快生态文明建设"作为宁波转变发展方式的重要着力点,确立全面、协调、可持续的发展思路。宁波坚持生态优先,制定全市首个环境保护计划;出台全市首部涉及环境保护内容的地方性法规;颁布全省首部环境污染防治综合性地方性法规和大气污染防治地方性法规,重拳治理环境污染。这一项项全省、全市"首创"促进改革发展实践的法规、政策和制度,成为宁波模范践行"绿水青山就是金山银山"理念的有力保障。

良好生态环境是物质生产的重要基础,更是最普惠的民生福祉。宁波历任领导高度重视加强生态文明建设,在全面贯彻落实党中央和浙江省委、省政府部署要求的基础上,始终坚持以人民为中心的发展思想和生态也是民生的价值立场,把生态环境改善作为关系民生的基础工程来抓,持续推进污染减排,全面开展清洁行动,区域环境保护深入开展,生态经济发展框架逐步构建,在为全市人民打造天蓝、水清、山绿、地净的美丽宁波方面不断迈上新台阶。

五、以浙江精神引领文化建设,营造担当示范"两个先行"的文化氛围

文化小康是全面小康的重要内容。习近平同志在浙江工作期间,提炼总结了"求真务实、诚信和谐、开放图强"的浙江精神。① 宁波港通天下、书藏古今,文化底蕴深厚,更应责无旁贷地为文化浙江建设做出

---

① 习近平:《与时俱进的浙江精神》,《浙江日报》2006年2月5日。

更大贡献。近年来,宁波积极挖掘丰富的人文资源,秉持浙江精神,推进文化改革发展,在全市营造浓厚的文化氛围,以加快文化大市为建设更高水平全面小康社会注入丰富人文内涵。

以常态化、长效化为目标,着力完善领导体制和工作机制。明确文明城市创建工作为全市党委、政府"一把手"工程,建立了由市长任文明委主任,各区县(市)长、全市70多个部门"一把手"为成员的精神文明建设指导委员会。市委常委会和市政府常务会议每年分别就创建全国文明城市工作多次进行专题研究部署;市委常委、市文明委领导定期下基层检查指导创建工作。制定《宁波市文明城市创建工作目标管理责任书》,将创建工作重点问题分解到各具体部门,逐级签订责任书。每年修订《宁波市城市文明程度指数测评体系》,通过综合测评、专项测评等方式,对各部门工作开展情况进行考核,测评成绩在媒体公布。从顶层设计到决策部署落实,层层压实责任,确保精神文明建设顺利开展。

以立体化宣传为途径,在全市营造积极向上的舆论氛围。强化传统媒体与新媒体联动互动,加强组织策划,通过全方位、多视角、高密度的宣传报道,深入开展"文明看宁波""爱心宁波1001个故事"等专栏专题宣传,形成舆论强势。充分发挥宁波文明网、文明宁波微博、微信、手机APP等媒体平台宣传作用,大力倡导文明新风。运用宣传栏、围挡墙体、街景路牌、户内户外电子屏等阵地广泛开展公益广告宣传。在全市公交车、长途班车(旅游大巴)、公共自行车网点、出租车、公交候车亭等公共交通基础广告设施上都设置了文明创建公益广告,使"讲文明、树新风"深入人心。

以社会主义核心价值观为引领,在全市进行广泛的人文宣传教育。组织实施诚信街区建设、婚丧礼俗整治、"聊天长廊"、"公益超市"等重点项目,引导市民上慈下孝、重义诚信、崇德向善。充分发挥城乡"文化墙"宣教作用,利用道德讲堂、文化礼堂等村民活动场所,广泛开展社会主义核心价值观内涵的宣传。制定《宁波市道德模范评选及待遇若干规定(暂行)》《宁波市身边好人评选细则》,将道德模范、身边好人、最美宁波人等评选表彰活动制度化。建立俞复玲、钱海军、张亚芬等一批道德模范工作室,发挥道德典型的"传帮带"作用,以群众身边的典型带动群众行善举义。制定《宁波市文明行为促进条例》,从公共环境、公共秩序、交通出行、社区管理等4个方面对不文明行为设置了相应责任,促进德治与法治相得益彰。建立全市未成年人思想道德建设工作协调小组,完善家庭、学校、社会"三结合"网络体系。制定《关于进一步加强中小学德育工作实施意见》《宁波市文明校园建设管理办法》,在全市开展文明校园创建活动。进一步推进乡村学校少年宫、"春泥计划"、"四点钟学校"、"假日学校"、家长学校建设,为未成年人搭建寓教于乐、学技学艺、立德树人的平台。

利用本土优质文化资源,加强文化产业链建设。针对"书香""影视""音乐""创意"四大板块,全面贯彻落实中央关于"兴文化"的内在要求,推进文化强市建设、推动文化大发展大繁荣。在文化产业链建设上,做好"文化＋"文章,切实提高文化产品附加值和国际竞争力。举办多年的宁波IP品牌对接会,在"文化＋制造"上探索出一条创新路径,推动产业间的融合发展。通过IP授权合作,为传统企业赋能,打造差异化产品,提高产品辨识度,提升产品竞争力和知名度,助力企业转型发展。通过举办特色产业博览会、大运河钢琴艺术节、文化比赛献礼国庆、优秀文创作品联展等创新模式,搭建起政府、企业、高校、社会能够互相交流沟通的文创产业发展平台,在实现以文育人、以文化人的同时将优秀文创作品转化为"卖座产品",促成文化培育与产业发展的合作互赢。

加强文创平台建设,为推进精神文明建设奠定基础。宁波文创港、浙江广电象山影视基地三期工程开工,打造以广播电视文化为核心,融合影视和海洋文化的主题乐园,丰富宁波市民的娱乐生活;由市委宣传部、市教育局牵头,市文化产业促进会倡导发起,文化企业、高校创意团队积极参与的"创意点亮乡村"行动倡议,实现了村庄品质、群众生产生活质量、文化发展水平、产业发展水平等各方面的提升。

宁波市委、市政府历来高度重视和切实加强精神文明建设,认真贯彻落实中央文明委部署要求，始终坚持"为民、惠民、靠民"的创建工作理念，以培育和践行社会主义核心价值观为主线，以文明城市创建为龙头，广泛开展群众性精神文明创建活动，有力地推动了宁波经济社会全面发展、市民素质全面提高、城市形象全面提升，受到了广大新老宁波人的高度认同。

全面建成小康社会、加快推进社会主义现代化、实现中华民族伟大复兴的中国梦，这是党的十八大擘画的宏伟蓝图，也是习近平新时代中国特色社会主义思想的重要内容。宁波作为率先实现全面小康社会的副省级城市，正为全国建设高水平小康社会打造"宁波模板"。为此，全市上下勠力同心，"五位一体"全面推进经济、政治、社会、文化、生态建设。得益于经济发展、产业升级持续释放的红利，宁波高水平全面小康社会建设取得决定性成果：全市综合经济实力跃上新台阶，GDP 总量和年均增长率逐年攀升，达到高收入国家（地区）水平；群众生活品质实现新提升，城镇居民、农村居民人均可支配收入、恩格尔系数、人均期望寿命、人民幸福感等重要指标均优于全国水平。特别是 2020 年初新冠疫情暴发以来，全市上下众志成城、共克时艰，坚持疫情防控与复工复产复学两手抓，扎实做好"六稳""六保"工作，经济运行实现平稳有序增长，社会大局保持稳定，顺利完成全年和"十三五"目标任务，如期建成高水平小康社会。在实现第一个"高水平"基础上，宁波深入贯彻党的十九届五中、六中全会精神、党的二十大精神和习近平总书记考察浙江、宁波重要讲话精神，按照省第十五次党代会的部署要求，全力打造文明典范重大成果，在全域文化繁荣、全民精神富有中担当示范，大力繁荣港城文化，在现代化先行中实现文化先行。一是扎实开展"浙江有礼·宁波示范"行动，全面提高人的文明素养和加深社会文明程度，打响"在宁波，看见文明中国"品牌。二是倾力打造新时代港城文化标识，深入挖掘弘扬"海丝文化"（即"海上丝绸之路文化"）、阳明文化、藏书文化、商帮文化、慈孝文化等优秀浙东地域文化，精心打造三江文化长廊、大运河（宁波）国家文化公园、东钱湖宋韵文化圈、翠屏山文旅融合区、北纬 30°最美海岸带等文化地标，加快建设天一阁博物馆南馆、河姆渡—井头山史前文化中心等重大文化项目，擦亮"书藏古今、港通天下"的城市名片。三是大力实施文化"名家引育、名品原创、名企壮大"工程，推进全民科学素质行动、公众人文素养提升和全民艺术普及计划，做优"在宁波，悦享美好生活"公共文化服务项目，让文化的力量更好滋养人心、引领风尚、促进发展。

昨天的宁波，在"八八战略"指引下，取得了改革、发展、稳定的辉煌业绩；今天的宁波，正谱写"八八战略"生动实践的新篇章；明天的宁波，将继续忠实践行"八八战略"，加快建设现代化滨海大都市，奋力走在"两个先行"最前列！

第一章　构建新发展格局，
展现经济发展中的宁波力量

宁波是改革开放的前沿阵地，一直以来很多方面都走在全省前列。在21世纪的头几年，随着中国加入WTO（世界贸易组织），宁波的经济社会也在发生显著的变化。习近平同志在浙江工作期间，多次到宁波调研考察，对宁波工作作出重要指示。

第一节　坚持"腾笼换鸟"，加快经济转型升级

一、大力发展港口经济，推进宁波港与舟山港一体化发展

1992年5月，根据邓小平"南方谈话"精神，结合时任国务院总理李鹏关于"建设东方大港"的指示和浙江省委把宁波作为改革开放"重中之重"的要求，中共宁波市委七届六次全会首次明确提出"以港兴市，以市兴港"的发展战略，强调港口与城市的协调互动发展。1994年6月，中共宁波市第八次代表大会上就提出到21世纪初叶，争取把宁波建设成为"社会主义现代化国际港口城市"的奋斗目标。

第一，强调宁波作为"港口城市"在全省乃至全国的战略地位。2002年12月20日，习近平同志在宁波调研时指出："港口是宁波最大

的资源。"①2004 年在浙江省委常委会听取宁波市工作汇报时,他强调,宁波是浙江省三大中心城市之一,也是全国著名的港口城市,在全省发展中具有十分重要的战略地位,抓好宁波的工作对全省具有推动和示范作用。"宁波作为全省经济发展的龙头之一,必须起好领跑作用和带动作用,进一步强化基础,再创优势,建设大港口,发展大产业,繁荣大文化,努力建设现代化大都市。"②

第二,指出宁波"城因港兴,港因城立"的关系。习近平同志十分重视港口对于宁波的重要性。他强调,要实现建设现代化国际港口城市、建设现代化大都市的战略目标,"深入实施'以港兴市、以市促港'的发展战略,以集装箱为重点发展方向,加大工作力度,加快现代化大港口建设"③。

第三,指明了宁波建设"现代化国际港口城市"的路径。一是要把港口建设放到战略重点高度来抓。2002 年 12 月 20 日在宁波调研时,习近平同志指出:"以北仑港为重点的港口开发建设事关全省发展大局,既是宁波现代化建设的重点,也是全省和全国的一个战略重点。要加快北仑港深水港资源的综合开发,进一步完善功能,扩大规模,提高市场竞争力。"④二是要逐步推进宁波港、舟山港的一体化发展。习近平同志强调,要"组织力量,深入研究宁波、舟山深水港的功能和布局,运用市场机制,加强与舟山的联合,逐步推进宁波、舟山港的一体化发展。要围绕港口的发展,进一步加强交通、能源等基础设施建设,提高口岸服务水平,不断拓展港口腹地"⑤。三是要依托港口的发展,

①　习近平:《干在实处　走在前列——推进浙江新发展的思考与实践》,中共中央党校出版社 2006 年版,第 485 页。
②　习近平:《干在实处　走在前列——推进浙江新发展的思考与实践》,中共中央党校出版社 2006 年版,第 485 页。
③　习近平:《干在实处　走在前列——推进浙江新发展的思考与实践》,中共中央党校出版社 2006 年版,第 482 页。
④　习近平:《干在实处　走在前列——推进浙江新发展的思考与实践》,中共中央党校出版社 2006 年版,第 485—486 页。
⑤　习近平:《干在实处　走在前列——推进浙江新发展的思考与实践》,中共中央党校出版社 2006 年版,第 486 页。

推进经济结构的战略性调整。"宁波发展临港工业的思路非常正确,要充分利用现有基础,大力发展石化、能源等临港工业,抓好一批大项目的建设。要依托港口,大力发展运输、仓储、配送一体化的综合物流业,打好建设全省乃至全国重要物流中心的基础,带动全省现代物流业的发展……积极运用高新技术改造提升传统产业,不断提高产业发展层次,提高经济增长质量。"[①]四是要进一步加快港口基础设施建设。"切实抓好集装箱码头、深水泊位等一批重点工程,开通宁波港至内地有关省市的集装箱海铁联运,积极培育航运市场,发展现代物流,建设大通关,延伸'无水港',努力完善港口服务功能和揽货体系。要进一步加快集疏运网络建设,抓好杭州湾跨海大桥、甬金和沿海高速公路等一批重点工程建设,努力形成以港口为中心,铁、公、空、水四路并进的现代化大交通格局,进一步拓展港口腹地。"[②]

二、大力发展实体经济,全面打造先进制造业基地

1979年起,宁波市贯彻国民经济"调整、改革、整顿、提高"方针,围绕增强企业活力,开展工业经济体制改革,工业发展速度在浙江省和上海经济区中名列前茅。至1984年底,宁波市在国家统一规定的15个工业门类中除煤炭工业外,电力、冶金、石化、化学、机械、建材、森工、食品、纺织、缝纫、皮革、造纸、文教、其他工业品等14个门类齐全,形成以地方工业为主,中小型企业占较大比重的工业体系。1985年,宁波跨入全国17个工业总产值逾百亿元城市之列。从发展脉络来看,制造业在经济发展中始终扮演着生产率与收入水平提高的增长发动机作用。

第一,指明宁波是加强先进制造业基地建设的中坚力量。宁波具

---

① 习近平:《干在实处 走在前列——推进浙江新发展的思考与实践》,中共中央党校出版社2006年版,第486页。
② 习近平:《干在实处 走在前列——推进浙江新发展的思考与实践》,中共中央党校出版社2006年版,第482页。

备各种条件,现有基础也不错,发展趋势更是被看好。要发挥制造业先发优势、抓住转型升级机遇期,宁波必须坚持走新型工业化道路,必须"紧紧抓住国际产业结构和区域分工格局调整的机遇,继续依托港口优势,推进沿海、沿湾、沿路三大产业带建设,调整优化产业结构,提升产业国际竞争力,加快建设先进制造业基地"[①]。在推进先进制造业发展方面,要在高新技术产业、传统制造业和装备制造业三大领域,把信息技术、生物技术、新材料技术、制造业信息化等作为优先主题,加强重点攻关。

第二,重视临港工业发展在宁波制造业发展大局中的重要地位。港口是宁波发展的重要一环。要重视发挥港口优势,发展临港工业。"临港工业是港口城市经济发展的重要支柱,是宁波实施产业立市的重中之重。"[②]在临港工业发展布局上,已经建成的浙江炼油厂、宁波港、镇海发电厂为临港重化工业发展奠定扎实基础。"发展临港重化工业,必须注重整体规划,与城市建设、基础设施、产业布局等有机结合起来,实现重化工业合理布局;必须克服低水平的重复建设和外延式的扩张,努力提高资源利用效率和产业技术水平;必须高度重视处理好与环境保护、生态建设的关系,努力实现产业发展与生态建设的双赢。"[③]

第三,谋划宁波打造"先进制造业基地"的路径。一是要积极依托港口优势,充分利用现有优势。"努力实施好'百亿'大工业项目,有选择地发展能源、石化、汽车、造纸、修造船等重化工业,抓好相关产业的配套和延伸,加快建立临港工业基地。"[④]二是实施信息化带动战略。

① 习近平:《干在实处 走在前列——推进浙江新发展的思考与实践》,中共中央党校出版社2006 年版,第 483 页。

② 习近平:《干在实处 走在前列——推进浙江新发展的思考与实践》,中共中央党校出版社2006 年版,第 483 页。

③ 习近平:《干在实处 走在前列——推进浙江新发展的思考与实践》,中共中央党校出版社2006 年版,第 483 页。

④ 习近平:《干在实处 走在前列——推进浙江新发展的思考与实践》,中共中央党校出版社2006 年版,第 483 页。

"积极运用高新技术和先进适用技术推动纺织服装等传统特色产业的全面升级。坚持引进和培育两手抓，大力发展高新技术产业，着力在电子信息、新材料、生物医学等领域形成产业优势。"①三是重视集群效应对产业的推动作用。要"进一步清理整顿各类园区，提高投资强度和产出水平，重点建设好国家级开发区和一批特色产业园区，推动产业的集聚发展"②。

三、大力发展开放经济，北接上海推进长三角一体化

1976年6月1日，经国务院批准，宁波港正式对外开放，拉开了宁波发展开放经济的大幕。2001年，宁波市在国内率先实施口岸大通关建设工作，坚持以国内先进口岸为标杆，通过管理创新、体制创新、科技创新，实现通关速度更快、综合费用更低。

第一，强调宁波要发挥好港口资源优势来推动开放经济的发展。2002年12月20日，习近平同志在宁波考察调研时指出："如果说港口是宁波最大的资源，那么，开放应当是宁波最大的优势，只有把最大资源和最大优势这两个作用都发挥到极致，才能实现效益的最大化。"③"宁波要切实增强责任感，努力做好开放这篇文章，再创开放新优势，在全省起好示范、带动和引导作用，决不辜负小平同志的嘱托，不辜负中央和省委的期望。"④

第二，谋划宁波融入长三角一体化发展新格局。长三角地区一体化发展是历史大势。要高度重视宁波融入长三角发展的进度，主动接

———————————

①　习近平：《干在实处　走在前列——推进浙江新发展的思考与实践》，中共中央党校出版社2006年版，第483—484页。

②　习近平：《干在实处　走在前列——推进浙江新发展的思考与实践》，中共中央党校出版社2006年版，第484页。

③　习近平：《干在实处　走在前列——推进浙江新发展的思考与实践》，中共中央党校出版社2006年版，第487页。

④　习近平：《干在实处　走在前列——推进浙江新发展的思考与实践》，中共中央党校出版社2006年版，第487页。

轨长三角。宁波作为长江三角洲南翼的中心城市之一，一定能够在长江三角洲的合作与发展中大显身手，大有作为，发挥越来越大的作用。"要抓住国际产业加快向中国特别是长江三角洲地区转移的机遇，进一步发挥我省的区位优势、体制优势和特色经济优势，全面提高对外开放水平；要更加积极地参与长江三角洲地区的经济合作与发展。"①

第三，指明宁波建设开放型经济的前进方向。一是要不断提高对外开放水平。宁波要扮演好对外开放"窗口"的角色，"……充分发挥宁波的这些人缘、地缘优势，继续优化投资环境，积极拓宽利用外资渠道，加大招商引资力度，重点吸引更多的跨国公司、大企业、大财团到宁波投资落户……"②。二是推进建设对外开放重要平台。"继续办好国家级开发区和宁波保税区，充分发挥他们在利用外资、扩大出口和发展加工贸易中的重要作用。进一步办好浙洽会、消博会、服装节等重大对外经贸活动，更好地发挥宁波在全省对外开放中的'窗口'作用。"③三是提升利用外资水平。"必须认识到，引进外资，不仅仅是引进一些资金，更重要的是引进先进技术、管理经验、知名品牌、经营理念和市场营销网络，从而有助于我们调整结构，开拓市场，提高国际竞争力。"④

四、大力发展非公经济，不断提升宁波民营经济活力

改革开放之后，浙江凭着"四千四万"精神，一举成为民营经济大省。习近平同志高度重视民营企业的发展，并对发展民营经济提出了

---

① 习近平：《干在实处　走在前列——推进浙江新发展的思考与实践》，中共中央党校出版社2006年版，第487页。

② 习近平：《干在实处　走在前列——推进浙江新发展的思考与实践》，中共中央党校出版社2006年版，第484页。

③ 习近平：《干在实处　走在前列——推进浙江新发展的思考与实践》，中共中央党校出版社2006年版，第484页。

④ 习近平：《干在实处　走在前列——推进浙江新发展的思考与实践》，中共中央党校出版社2006年版，第487页。

许多重要指示。

第一,强调民营经济在全市经济发展大局中的重要战略地位。宁波在很大程度上靠民营经济、乡镇企业,靠内生机制发展,逐渐实现群众富裕、城乡一体、社会现代化。在发挥"八个优势"、实施"八个举措"的过程中,"民营经济大有作为,也应当有更大的作为。进一步推动经济增长方式转变,促进经济持续快速健康协调发展……离不开民营经济的发展和提高"①。宁波的经济活力充分体现在民营经济上,必须坚持发展民营经济和国有经济、非公有制经济和公有制经济毫不动摇。

第二,进一步理顺政府与民营经济的关系。要进一步完善政策,优化环境,推动民营经济实现新飞跃。民营经济的发展也加快了政府转变职能、管理方式的步伐。习近平同志指出,"对非公有制企业,在政治上给予关心,在权益上给予保障,在政策上给予扶持"②。经济体制改革迈出新步伐,政府职能和管理方式加快转变,以产权制度改革、理顺劳动关系为重点的国有和城镇集体企业改革基本完成,民营经济活力不断增强。

第三,提倡"引进来"与"走出去"并举的发展模式。为了促进民营经济的发展,提出内外资融合互动共同发展的设想,"从主要依靠国内资源和国内市场,向充分利用国际国内两种资源、两个市场转变,提高民营经济的外向发展水平"③。继续优化投资环境,按照世贸组织规则的要求,积极探索转变政府职能、建设服务型政府的新途径,逐步建立和完善符合国际惯例的政策体制环境。

---

①　习近平:《干在实处　走在前列——推进浙江新发展的思考与实践》,中共中央党校出版社2006年版,第90—91页。

②　习近平:《干在实处　走在前列——推进浙江新发展的思考与实践》,中共中央党校出版社2006年版,第93页。

③　习近平:《干在实处　走在前列——推进浙江新发展的思考与实践》,中共中央党校出版社2006年版,第96页。

第二节　实现"凤凰涅槃"，高质量发展成果丰硕

"八八战略"实施以来，宁波围绕强化创新驱动、厚植产业优势、优化空间布局、做大海洋经济、推进非公经济发展、提升城市战略地位等关键问题，深入谋划一批又一批事关全局的重大项目、重大平台、重大改革、重大政策，以新发展理念为统领，着力发挥市域特有优势，补短板、强弱项、扬长项，全力推进"六争攻坚"行动，为高水平全面建成小康社会、为浙江成为新时代全面展示中国特色社会主义制度优越性的重要窗口而不懈奋斗，取得了令人瞩目的发展成就。

一、顺利实现宁波港、舟山港的一体化与高质量发展

宁波、舟山的地理位置在全国沿海城市中极为优越，地处我国海岸线中部位置，与上海合成犄角。通过长江，可向内陆纵深腹地发展；通过海洋，近则贯通全国南北，中则覆盖日韩、东南亚和澳大利亚，远则可赴世界各地。1974 年初，宁波根据 3 年改变港口面貌的指示精神，开始建设镇海港。原来作为内河港的镇海港自此开始走上河口港的转型之路。4 年后，宁波又开辟了北仑港区，由河口港走向海港，后正式对外开放，由此揭开了宁波港发展历史新的一页。然而，在 2002 年之前，宁波港和舟山港虽然共处同一海域，使用同一航道，但港口的规划、建设、营运、管理相互分割，未能优化配置优越的岸线资源。彼时，宁波港年集装箱吞吐量不足 200 万箱，只排全国第九；舟山港由于陆域腹地小，即使岸线资源多也只能孤悬海外，黄金岸线利用严重不足。

2002 年，习近平同志到浙江工作伊始，就对宁波和舟山的港口发展寄予厚望，着重强调宁波港口建设在全省发展战略中的重要地位，

明确指出:"港口是宁波最大的资源。以北仑港为重点的港口开发建设事关全省发展大局,既是宁波现代化建设的重点,也是全省和全国的一个战略重点。"①在这一战略的指引下,2005 年,宁波舟山港管委会设立,开启浙江港口大整合的序幕。2006 年,宁波、舟山两港战略合并,正式启用"宁波舟山港"名称。2015 年 8 月,省委、省政府根据中央精神和浙江实际,作出了"整合统一全省沿海港口及有关涉海涉港资源和平台,组建浙江省海洋港口发展委员会和浙江省海港投资运营集团"的战略部署。2015 年 9 月,宁波舟山港集团有限公司揭牌仪式举行,宁波舟山港实现了以资产为纽带的实质性一体化。2016 年,全省海港整合工作陆续结束。同年 12 月,宁波舟山港年货物吞吐量破 9亿吨,成为全球首个 9 亿吨大港。宁波历届市委、市政府始终把港口发展作为重中之重,高度重视港口开发建设,一以贯之实施"以港兴市、以市促港"的主导战略,充分利用好港口这个最大资源。一个以宁波舟山港为主体,以浙东南沿海温台两港和浙北环杭州湾嘉兴港等为两翼,联动发展义乌陆港和其他内河港口的"一体两翼多联"的港口发展新格局已跃然于中国东海之滨,其崛起速度和发展气势,在世界同行中也极为罕见。

第一,宁波舟山港实现港口与腹地的双向互动。"八八战略"提出要"进一步发挥浙江的区位优势",对宁波舟山港而言,区位优势既包括港口天然拥有的地理优势,也包括长江三角洲腹地产业优势。宁波舟山港是中国屈指可数的天然深水港,一年四季不淤不冻,拥有舟山列岛避风的天然屏障。除却地理环境优势外,宁波舟山港还拥有绝对的成本优势。这种优势不仅包括港口建设维护的成本优势和船舶超大型化的规模优势,还包括宁波乃至长三角地区等腹地的产业结构对港口经济发展的拱卫作用。港口与腹地之间的关系紧密又复杂。港

---

① 习近平:《干在实处　走在前列——推进浙江新发展的思考与实践》,中共中央党校出版社2006 年版,第 485 页。

口的兴起,是因为腹地对物资的流通需求和港口自身的条件,但港口本身的服务功能对于腹地的经济发展又起到了重要的支持作用。宁波地处长江三角洲地区重要区位,经济发展迅猛,国际国内大批企业从改革开放之初就积极寻求在长三角安家落户,新老企业争优争先实现产业升级和拓展发展空间,形成了一批相当规模的优势产业。以长三角为中心的长江中下游地区作为我国经济发展重心,制造业发达但自然资源有限,发展所需的煤炭、石油、矿砂等需求量巨大却严重依赖其他地区,因此大宗商品市场的建立就变得相当紧迫。规模经济发展对能源、大宗原材料的运输和对外贸易量的需求增加,成为刺激宁波、舟山港口快速发展的主要推动力,宁波乃至长三角地区亟待港口发展带来新一波红利释放。在此背景下,宁波、舟山港口通过资源整合,进一步优化港口功能结合和总体布局,逐步实现港口资源的有序开发和合理利用。在把握市场需求的基础上提前谋划,不断完善大宗物资和集装箱江海联运、"水水中转"功能,积极打造成为"海进江、江出海"的运输枢纽。2009 年,宁波舟山港在长江沿线投资建设的第一个大型专业化矿石中转码头——太仓武港码头正式投产,掀开了宁波舟山港"挺进长江"的发展序幕。自此,宁波舟山港逐步发展成为煤炭、矿石、石油等大宗战略物资的储备中转基地,适应能源、船业、重化工、钢铁厂等临港工业发展基地,以及适应对外贸易持续稳定发展的物流基地,形成了集装箱、矿、油、煤等主要货种和业务领域多点开花、齐头并进的良好局面。宁波舟山港的直接经济腹地主要是浙江省内的宁波、台州、温州、舟山、绍兴、金华、丽水、杭州、衢州 9 个实际区域,但腹地面积随着温州、杭州的接连开埠,以及上海港的迅速崛起而逐渐缩小。因此,宁波不断深化对"八八战略"提出的"发挥区位优势"的认识,拓宽间接经济腹地带。2010 年与成都签署《加强运输合作,推进海铁联运框架协议》,在成都建立"无水港"。海铁联运的"开发三北"战略紧贴新疆、西安、兰州,实现货物双重运输模式。2015 年,"西安港"与"宁波港"缔结友好港口,开启陆海港合作新纪元。近年来,宁波舟山港在直接经济腹地,以港口产业链为主要支撑,加强区域经济合作,建立区域经济协调机制,发展区域经济共同体,实现"圈层带动、线性辐射、网络牵引、产业支撑";在间接经济腹地,通过"海铁联运""无水港"等形式构建创新运输新模式,不断加深与中西部的联系,增强口岸服务功能,吸引更多优质货源。目前,宁波舟山港已与汉堡港、釜山港、巴生港、上海港等港口开展战略合作,与"一带一路"沿线国家、地区和长江经济带沿江省市建立了紧密广泛的通航通商合作关系,进一步拓展海向、陆向腹地,全面增强辐射国际国内"两个扇面"的能力,航线总数稳定在 300 条以上,与全球 100 多个国家和地区的 600 多个港口通航,真正实现"全球通"。

　　第二,宁波舟山港抢抓历史机遇,打造"一带一路"建设桥头堡。"八八战略"提出要进一步发挥浙江海洋资源的优势,大力发展海洋经济。进入 21 世纪,发展海洋经济已经上升到新的战略高度,如何培育地区经济新增长极成为重要命题。随着世界贸易的增长和船舶大型化趋势的发展,港口竞争除了贴近国际航道、深水岸线、货源富集等传统优势外,更在于港口的集群化和功能互补。所有世界级港口集群都具有港口资源高度一体化、运作模式高度集团化、要素组合高度国际化、服务业态高度集约化的特征。宁波舟山港是一个集内河港、河口港、海港、空港于一体的综合性深水大港,港口的功能、定位、布局使其在建设世界一流强港中具有非常大的竞争力。交通运输部发布称,在 2022 年全国港口货物、集装箱吞吐量数据中,宁波舟山港的货物吞吐量、外贸货物吞吐量均排名第一。"八八战略"提出了要"不断扩大对外开放水平"的重要目标。宁波舟山港抓住"一带一路"重要历史机遇,转变常规海洋运输思路,积极拓展海铁联运体系,持续扩大对外开放。海铁联运的迅猛发展为宁波舟山港扩大集装箱业务版图奠定了坚实基础。通过建设义甬舟铁路大通道,完善江海联运服务等措施,2018 年,宁波舟山港开通国内首条双层集装箱海铁联运班列,箱源腹地不断向内陆地区延伸。2019 年 3 月,宁波舟山港月箱量超过 5000

标准箱的海铁联运线路已达 7 条,其中义乌班列月均业务量超 1 万标准箱,成为全国最大的海铁联运班列。2020 年 12 月 28 日,宁波舟山港的海铁联运业务量首次突破 100 万标准箱。海铁联运量迈上"百万箱"台阶,充分证明宁波舟山港对内陆腹地的服务能力正在飞速增强。宁波舟山港全力打造国内大循环战略支点、国内国际双循环战略枢纽,借助《区域全面经济伙伴关系协定》(RCEP)正式生效实施,加大与航运企业合作,优化航线结构,截至 2022 年底,宁波舟山港航线总数达 300 条,其中"一带一路"航线达 120 条。同时,宁波舟山港做大做强多式联运体系,内支内贸业务持续推进,乍浦线、温州线、大麦屿线等多条内支线箱量稳中有升,助推宁波舟山港全年完成内贸箱量同比增长超 10%。全力畅通陆海双向物流"大动脉",23 条海铁联运班列已辐射 16 个省区市、63 个地级市,多条班列年业务量迈上"10 万"大关,全年集装箱海铁联运业务量首超 145 万标准箱,同比增长超 20%。2022 年,宁波舟山港货物吞吐量超过 12.5 亿吨,连续 14 年保持全球首位,集装箱吞吐量达 3335 万标箱,连续 5 年居世界第三。参与"一带一路"建设,不仅有效拓展了宁波舟山港的"陆向腹地"和"海向腹地",还将持续推动宁波舟山港成为亚太地区乃至世界的重要港口。

第三,宁波舟山港坚持推进改革,全面加强港口信息化水平。"八八战略"提出的充分发挥八大优势,推进八个方面的举措,都内含着改革创新抓先机是发展的根本动力。港口经济是海洋经济发展的核心支撑,更好地发展港口经济才能促进海洋经济的发展。在大力建设海洋强省、海洋强国的今天,港口竞争已经上升到沿海各地国民经济竞争力比拼的一线战场。大有极限,强无止境。宁波舟山港处在"一带一路"和长江经济带交汇点上,更是浙江省海洋经济发展示范区、舟山群岛新区、舟山江海联运服务中心、中国(浙江)自由贸易试验区、义甬舟开放大通道等战略举措建设的重要参与方。港口功能的完善及其投射能力,将直接影响到这些重大战略举措的实施进程和效果。在此背景下,不断推进港口改革创新,才能推动宁波舟山港迈向国际大港。

而港口信息化水平的高低是衡量国际化港口的重要指标，港口作业效率也将因信息化的全面普及而大大提高。习近平总书记在党的二十大报告中提出"加快发展物联网，建设高效畅通的流通体系，降低物流成本。加快发展数字经济，促进数字经济和实体经济深度融合，打造具有国际竞争力的数字产业集群"[①]的重要战略部署，为宁波舟山港在新发展格局中实现转型升级指明了方向。近年来，宁波舟山港紧盯港口行业前沿新技术、新工艺，不断提升港口信息化、智能化和现代化水平，推动集装箱云理货平台、进口重箱全程无纸化等重点项目，智慧港口建设取得阶段性成果。龙门吊远程控制、集装箱卡车（以下简称"集卡"）无人驾驶在宁波舟山港落地应用；集装箱出口业务全程无纸化服务功能全面上线，宁波舟山港成为全国首个实现集装箱进出口"全程操作无纸化、物流节点可视化"的港口。2019 年，全年完成进出口无纸化箱量 416 万自然箱，节省社会物流总成本 9930 万元。截至 2020 年 10 月 16 日，宁波舟山港小提单无纸化全面覆盖各家船公司及船代公司，电子小提单签发占比达到 100%，打通了进口提箱信息互联互通的"最后一公里"，标志着宁波舟山港集装箱作业全面迈入"无纸化"时代。无纸化模式下，船公司将小提单信息发送至宁波舟山港电商平台，货运代理（以下简称"货代"）在平台上确认信息，无须到线下服务窗口提交纸质单证，解决了纸质小提单人工流转耗时长、效率低的"痛点"，实现了货代提箱"跑零次"。此外，宁波舟山港加快物流信息与大数据交融，研发的集装箱云理货平台项目让宁波港域各集装箱码头原本分散的理货数据实现"汇流"，形成了功能强大的大数据平台，配合自主研发的理货管理软件，为不同的理货主体快速搭建业务系统，并提供畅通的数据获取渠道，推动相关业务快速方便开展，基本实现对宁波港域集装箱码头的全覆盖。宁波舟山港还充分利用"互联网＋"、

---

① 习近平：《高举中国特色社会主义伟大旗帜　为全面建设社会主义现代化国家而团结奋斗——在中国共产党第二十次全国代表大会上的报告》，人民出版社 2022 年版，第 30 页。

大数据等先进技术，以构建高效化的数字运营管理体系为目标，继续赋能一体化改革。积极构建智慧应用体系建设，从经营管控、运行协同、口岸协同等应用层面织密信息网络，升级集装箱码头作业设备终端信息通信技术，在梅山港区率先投用4G LTE无线数传专网系统，进一步提升了码头生产调度作业的数据传输效率；建设地理信息共享服务平台，对港区地理信息数据进行统一管理；成功上线集装箱国际转运信息平台，替代之前需要船代先将数据发送至码头公司，再由码头公司发送给海关的数据传递模式，实现了数据"最多跑一次"。建设一体化的浙江海港危险货物安全数字管控平台，对进出港区的危险货物的运输、装卸、储存进行全过程、全链条的数字化、可视化管理，实现了危险货物信息状态可查、可控、可追溯，具备预测预警功能和战时应急指挥能力。在新冠疫情防控战中，宁波舟山港数字化能力建设发挥了重要作用。物流电商平台发挥大数据资源、线上客户集聚、全程无纸化等优势，加深与货代、车队的线上合作，开展集装箱全程物流节点实时信息推送，为政府部门提供精准的集卡司机复工信息，顺利完成集卡司机快速复工任务，推动港口集疏运恢复，有效促进了货代、车队复工复产的动能。与海事部门合作开发船舶"健康码"，基于船舶口岸查验数据、港口生产数据及其他船舶数据，自动提取船舶全球航行轨迹及港口靠离泊信息，在船舶抵港前1天自动生成专属识别码，使掌握的信息更加提前、准确，有充分的时间做防范措施，最大限度减少对港口生产的影响。在敏锐洞悉世界航运市场变化的基础上，宁波舟山港着力提升信息化、智能化、数字化水平，积极搭建相关平台，持续优化服务流程，不断提升码头生产效率。

第四，宁波舟山港在建设世界一流强港的道路上不断补强。"八八战略"提出"进一步发挥环境优势"，推进基础设施建设，为宁波舟山港建设世界一流强港注入思想动力。浙江省第十五次党代会报告中明确提出"宁波舟山港加快建设世界一流强港"①。目前,拥有货物集散、贸易加工、市场交易三大核心功能已经成为现代化国际港口的主要特征。全球航运市场供求关系正在由"港方市场"向"货方市场"转变,不同港口群之间的竞争全面升级、异常激烈。竞争模式正从单纯的吞吐量的竞争,转为口岸效率、服务质量、业务模式、科技创新、可持续发展能力等方面的竞争。建设全球一流的现代化枢纽港,也必须有配套齐全、功能强大的港口服务体系的支撑。宁波自 2010 年获批全国首批 37 个服务业综合改革试点城市之一以来,加快推进金融生态示范区和保险创新综合示范区建设,在服务业发展的重点领域、关键环节、体制机制方面均取得明显的改革成效。健全政策扶持体制机制,相继制定出台《关于进一步加快发展服务业的若干政策意见》《关于加快推进宁波航运业健康发展的若干意见》等文件,推进宁波舟山港服务功能不断完善。宁波舟山港围绕港航物流、国际贸易、现代金融等领域打造一批功能性平台,提升发展省级现代服务业集聚区,集聚一批总部型企业。大力培育航运大数据、航运金融、海事法律服务等高端航运服务业,完善多式联运网络体系,推进"港产城"深度融合,做大港口经济圈。推进三大基地建设,提升宁波舟山港全球港口竞争力。建设国际油品储运交易基地,建立国储、商储、企储结合的储存体系和运作模式,建设具有国际影响力的原油交易市场;建设国际海事服务基地,建成东北亚保税燃料油加注中心和国际配矿贸易中心、区域性矿石信息中心,吸引金融机构设立海洋金融分支机构和海事仲裁机构;建设国际航运服务基地,发展航运保险、航运仲裁、海损理算、航运交易等高端航运服务,探索促进油品等大宗商品贸易的航运制度和运作模式。持续深化与全球矿业巨头的合作,建成投产淡水河谷鼠浪湖磨矿中心,并成功启动力拓和宁波舟山港铁矿混配业务,进一步延

---

① 《忠实践行"八八战略"　坚决做到"两个维护"　在高质量发展中奋力推进中国特色社会主义共同富裕先行和省域现代化先行——在中国共产党浙江省第十五次代表大会上的报告》,《浙江日报》2022 年 6 月 27 日。

伸供应链服务内容；以舟山江海联运服务中心为依托，发挥宁波舟山港铁矿石业务一体化经营优势，为江苏、安徽乃至长江中上游客户提供便捷的"门到门"全程物流服务，实现物流服务水平的有效提升。同时，开展原油期货交割业务、山东地方炼厂锚地过驳业务，助推原油接卸量稳中有升；开辟天津—宁波滚装新航线，引进浙江省首批滚装外贸进口汽车项目，吸引北京奔驰品牌落户梅山港区，实现滚装汽车内外贸业务齐头并进。做强做大宁波舟山港，建立健全大海洋大港口管理体制，大力推动海港、陆港、空港、信息港联动发展。推动中国（浙江）自由贸易试验区扩权，获批浙江自贸区宁波联动创新区；舟山绿色石化产业项目顺利推进，首架波音飞机完工交付。梅山保税港区实现整体封关，江浙沪144小时过境免签政策落地实施。在依托宁波舟山港港口枢纽优势和辐射效应的基础上，按照城市空间和产业布局，宁波扶持发展海洋经济新兴产业，提升发展智能物流、国际中转、航运金融、跨境结算、交易经纪、船舶船员服务、海事法律服务、船级社等高端港航服务业，推动港口经济圈与宁波都市圈协同发展，形成了一个比较完善的产业体系，推动物流、资金流、信息流、人流在宁波聚合。制造业创新中心、经贸合作交流中心、港航物流服务中心的集聚辐射能力大幅提升，一流强港与港口名城相得益彰。

长期以来，港口发展与区域经济繁荣息息相关。港口这个超级工程更是展现地区制造业、科技创新、经济实力的重要缩影。港口量级的变化也常常直接反映着经济的兴衰。40多年来的中国经济奇迹使中国港口惊艳世界，成为国际海运史上的鲜明亮点。而宁波舟山港作为中国航运史上的一颗明珠，沿着"八八战略"指明的前进方向，成为沿海城市实现以港促产、依港兴城的重要引擎，也带动着沿海乃至整个中国经济的展翅腾飞。

二、宁波蝉联"制造业单项冠军之城"

制造业是实体经济的核心。宁波有制造业的历史传统。近代以来,宁波商贾以钱庄和航运起家,以工商业发迹,闯出中国工商界赫赫威名的"宁波帮",造出中国最早的火柴,建成最早的灯泡厂,兴办最早的日用化工厂,开启了"中国制造"的先声。高度发达的制造业是衡量一个地区经济综合实力和现代化水平的重要标志,也是支撑宁波实现新型工业化目标的重要基石。因此在改革开放之初,宁波就一直坚持实业立市。

2002 年以来,宁波以"八八战略"为统领,继续做好实业基础,大力培育新产业、发展新技术、抓好新基建、扩大新消费,加快推进制造业集群发展、新兴产业壮大发展,培育新动能,扩充增长极,牢牢把握发展主动权,取得了一系列制造业的重要成就。"十五"期间,宁波制造业就率先在全国取得了长足的发展进步,总体规模和生产效率较之前有很大提升。2006 年,宁波市规模以上制造业企业实现增加值1015.27 亿元,占规模以上工业增加值的 91.21%,总体规模比 2000年增长了 260.40%,比重提高了 4.74 个百分点;吸收就业人员197.10 万人,比 2000 年增长了 54.71%,吸纳能力提高了 4.64 个百分点;万元增加值能耗从 2000 年的 1.93 吨标煤降到 2006 年的 1.82吨标煤,降低了 5.70%;全员劳动生产率则从 2000 年的每人 2.21 万元提升到 2006 年的每人 5.15 万元,生产效率提高了 133.03%。从制造行业构成上看,宁波制造业发展逐渐从纺织业转向电器机械及器材制造业、通用设备制造业等重型制造业。此后,通用设备制造业、交通运输设备制造业等装备制造业,通信设备、计算机及其他电子设备制造业等高新技术产业比重逐年上升,不断优化改善宁波市制造业产业布局,进一步向资本、技术密集型产业方向快速发展。2018 年,宁波市工业总产值超过 2 万亿元,居浙江省首位。形成了绿色石化、汽车制造、高端装备、关键基础件(元器件)、新材料等一批产业集群,拥有 9个全国唯一的产业基地称号。2019 年,宁波第二产业比重达到51.3%,成为中国南方唯一的第二产业占比超过第三产业的副省级城市。除了临港工业,宁波市还有汽车、纺织、家电等产业,形成了门类齐全、产业集群较为完备的现代工业体系。其中,有慈溪家电、余姚塑料、宁海模具、象山针织、奉化气动元件、海曙纺织服装等著名产业集群,门类齐全、层次多样且高度密集、区域特色鲜明,在模具、轴承、液气密、紧固件等细分领域都形成了鲜明的比较优势,宁波因此有"中国模具之都""中国紧固件之都"称号。

在此基础上,宁波制造业孕育出了数量可观的"单项冠军"。所谓"单项冠军",即"全国制造业单项冠军企业",就是指长期专注于制造业某些特定细分产品市场,生产技术或工艺国际领先,单项产品市场占有率位居全球前三名的企业。单项冠军分为单项冠军示范企业、单项冠军培育企业、单项冠军产品三类,无论哪一类都对企业的产品有很高的要求。制造业单项冠军代表着全球细分行业最高的发展水平、最强的市场实力,是全球制造企业的第一方阵,是"中国制造"的排头兵和中坚力量,是产业核心竞争力的重要载体。虽然这些企业的产量、产值可能毫不起眼,但不少企业却握有行业的话语权和定价权。2018 年,宁波拥有国家级制造业单项冠军企业 28 家,数量居全国城市之首,主要聚集在关键基础材料、核心基础零部件等领域,其中 57.1% 的企业主导产品市场占有率全球第一,92.9% 的企业主导产品市场占有率全国第一。在纳入宁波市级单项冠军企业培育库的 233 家企业中,36 家企业主导产品市场占有率全球第一,149 家企业主导产品市场占有率全国第一。2019 年,宁波新增国家制造业单项冠军 11 个,总数达到 39 个,居全国城市首位,市场主体突破 100 万户,成为国家"双创"示范城市。2020 年,宁波 12 家企业成功获评第五批国家制造业单项冠军,累计总数达 51 家。2021 年更是突破 60 大关,宁波的国家级制造业单项冠军企业数量达 63 家,连续 5 年蝉联全国第一。2022 年,宁波累计拥有单项冠军企业(产品)83 家,继续位居全国城市首位。宁波制造业的强劲发展对全市乃至浙江省的支柱效果也非常显著。2019 年,宁波制造业百强企业营业收入为 8648.56 亿元,同比增幅达16.8%。22 家企业收入突破 100 亿元大关。其中,奥克斯以 860 亿元夺得冠军;金田投资创造营收 839.9 亿元,排名第二;浙江吉利汽车以 694.15 亿元位列第三。全市高新技术产业增加值占规上工业增加值的比重达到 50.2％,创新型初创企业、省级高成长科技型中小企业分别达到 12524 家、865 家,均居全省首位。

　　然而,宁波制造业迅猛发展势头的背后,也一直存在着核心竞争力不强、资源配置效率不高、产业空间布局不集中等问题。宁波这一传统的制造业城市如何革故鼎新、实现"老树发新枝",成为宁波制造业迈向高质量发展的一道难题。站上万亿元 GDP 的新台阶,宁波蹄疾步稳布局高质量发展新动能。在日趋严峻的国际竞争环境中,只有通过构建航母级企业作为"舰队核心",并为许多"中小舰船"护翼,宁波制造业才能在国际国内大势中继续乘风破浪、逆水行舟。自国务院签批《中国制造 2025》行动纲领以来,宁波获批国内首个"中国制造 2025"试点示范城市,成为中国的高端制造龙头城市,开启了制造业高质量发展新征程。宁波坚持以先进制造业为主业,专注于自主科技研发,不断提升产业高科技含量,加快推进智能制造、创新驱动、产业集群发展,驶上制造业高质量发展的"快车道"。2019 年 5 月,宁波召开全市建设"246"万千亿级产业集群动员大会,发出实体经济尤其是先进制造业高质量发展的动员令,为下一个万亿增量擘画蓝图。按照发展目标,宁波将力争到 2025 年在全市培育形成绿色石化、汽车两个世界级的万亿级产业集群,高端装备、新材料、电子信息、软件与新兴服务 4 个具有国际影响力的五千亿级产业集群,关键基础件(元器件)、智能家电、时尚纺织服装、生物医药、文体用品、节能环保 6 个国内领先的千亿级产业集群,宁波 R&D 投入强度将提高到 3.4％,每个产业集群建成省级以上创新平台 50 家以上,基本形成集聚高层次、网络化、全链条的研发创新网络体系。培育一批顶天立地的世界级领军企业的同时,也要培育一批行业骨干企业、单项冠军企业以及"专精特新"企业,推动宁波成为具有国际影响力的先进制造业城市。

　　第一,走高质量发展道路,宁波坚持做大做强制造业已有基础。

"八八战略"提出要"进一步发挥块状产业优势"。这里的"产业优势"不仅包括现有的"基础优势",也包括在改革发展中做大制造业带来的"发展新优势"。世界产业发展的总体趋势无不是逐步走向产业集群化。依托具有较强发展潜力的工业集聚区,不断优化产业生态,才能持续推动产业又好又快发展。宁波拥有的众多高端制造转型的企业,天然构成了建设"246"万千亿级产业集群的雄厚基础。围绕建设"246"万千亿级产业集群,宁波将产业提质扩量与关键核心技术零部件攻关"两条战线"一体推进。产业提质扩量,就是主动顺应产业变革潮流、国际分工趋势,在保证高质量的前提下,加快做大主导产业、优势产业、新兴产业的规模总量,全面提升宁波制造业发展能级。关键核心技术零部件攻关,就是建立政产学研金协同创新体系,集中优势兵力攻克一批"卡脖子"的关键核心技术,培育一批替代进口甚至领先全球的零部件集群,在全球制造业细分领域抢占重要一席。近年来,宁波市深入推进"246"万千亿级产业集群建设,壮大先进制造业集群,重点发展绿色石化、汽车零部件国家先进制造业集群,实现规上工业增加值增长 6% 以上。数据显示,2020 年前 11 个月宁波传统制造业规上工业企业利润率达 9.2%,与 2019 年同期相比提高 1.7 个百分点,较 2017 年提高 0.9 个百分点;传统制造业规上工业增加值率达 21.4%,与 2019 年同期相比提高 0.3 个百分点,较 2017 年提高 1.5 个百分点,利润、效益实现双提升。以集群发展重构产业发展新模式,引导企业主动拥抱"数字经济",宁波成功打造全市首个淘宝大学宁波培训中心和淘宝直播宁波服装产业带;通过建立以大数据为驱动的西装标准样板数据库,让传统的大批量生产系统变为可满足个性化需求的智能生产系统;海曙区作为全国重要的纺织服装产业基地,已拥有相关制造业企业 1700 余家,并通过大数据、区块链、智能制造等数字化手段,2020 年前 10 个月实现工业增加值同比增长 2.5%。在产业集群加速发展的同时,聚焦"专精优特"的制造业单项冠军成为宁波制造业的又一张"金名片"。宁波市不断开展"千亿级龙头企业—行业骨干企业—高成长企业—专精特新企业"梯队培育工作，鼓励引导企业做大做强。截至 2022 年底，宁波市资产总额超千亿的企业达 87 家，28 家民企入围世界 500 强，累计培育专精特新"小巨人"企业 283 家。深度谋划推进先进制造、新兴产业、新型基础设施投资，加大交通运输、公共卫生、防灾减灾等领域补短板投资。通过深化"亩均论英雄"改革，全面变革低效用地，腾出更多产业发展新空间。出台精准务实政策措施，推进减税降费、融资"活血"、服务解困，有效促进企业创新创业，不断夯实制造业发展基础。

第二，走高质量发展道路，持续推进制造业转型升级。宁波深刻领会和贯彻落实"八八战略"中的优势论思想，充分发挥现有优势，努力挖掘产业发展潜在优势，不断提高经济发展的核心竞争力。以技术改造促进智能制造已成为宁波市加快实体经济转型升级，促进工业经济高质量发展的关键之招。宁波发布实施了工业转型升级相关政策文件，全面推进工业"两创"倍增计划，实施"四换三名三创"工程。推进中海油大榭石化五期、中化膜产业基地、金发新材料、容百锂电材料等项目，开展新一轮智能化改造，推动企业增资扩产，新建数字化车间和智能工厂。随着智能制造的不断推进，宁波借助数字赋能、实现效率提升的企业已不在少数。2017 年以来，宁波市累计实施自动化改造项目 8761 个，全市现有工业机器人超 1 万台，企业智能化改造后生产效率平均提高 30%。在加码智能制造的同时，宁波市通过引进宁波工业互联网研究院、和利时工业互联网平台等一批重点企业、重点项目，为传统制造业智能化升级提供自主可控的信息化系统。以国内首个自主知识产权的工业操作系统 supOS[①] 为例，该系统正加快形成中

---

① supOS 是国内首个自主知识产权的工业操作系统，也是首个以自动化技术为起点，以企业为核心的工业互联网平台、工业大数据平台、工业人工智能平台。以工厂全信息集成为突破口，实现生产控制、生产管理、企业经营等多维、多元数据的融合应用，提供对象模型建模、大数据分析 DIY、智能 APP 组态开发、智慧决策和分析服务，以集成化、数字化、智能化手段解决生产控制、生产管理和企业经营的综合问题，打造服务于企业、赋能于工业的智慧大脑。

立、开放的工业互联网生态发展体系。数据显示,2019 年宁波市高技术制造业、战略性新兴产业增加值分别增长 17.8%、8.7%。规上企业技术改造实现"三年全覆盖",智能化改造步伐加快,传统制造业水平指数位居全省第一。实施质量品牌提升行动,擦亮宁波制造金名片,2022 年新增"品字标浙江制造"认证企业 38 家,累计培育"品字标浙江制造"品牌企业 151 家,认定"浙江制造精品"企业 140 家,净增"小升规"企业 373 家。其中,宁海模具产业、宁波文具产业入选全国产业集群区域品牌建设试点。推动数字经济加快发展。出台数字宁波建设规划和三年行动计划,举办首届世界数字经济大会,支持新一代人工智能、软件业和集成电路产业发展,加快 5G 应用和产业化。通过新工艺、新技术、新材料的研发应用,将绿色设计、节能减排以及防污降耗理念贯穿于企业的生产与经营过程,推动企业向绿色制造转型升级。数据显示,2018 年宁波市开展"腾笼换鸟"新三年行动计划等专项行动,淘汰落后产能涉及企业 184 家,整治提升"低散乱"企业(作坊)2178 家,腾出用能空间 27 万吨标煤;全年组织实施节能改造项目 613 个,实现节能量 51 万吨标准煤;全年新增国家级绿色工厂 7 家、绿色设计产品 22 项、绿色制造系统集成项目 2 项,绿色供应链企业 1 家。如今,品牌、绿色、智能逐渐成为驱动宁波传统制造业转型升级的三大趋势。宁波各区县立足本地优势领域,逐渐探索形成了各地的产业转型经验。海曙服装、北仑化工、慈溪家电、宁海文体、余姚橡胶和塑料制品、鄞州汽车零部件等 6 个分行业已列入省级试点,象山纺织服装、江北金属冶炼加工等 11 个分行业列入市级试点。

　　第三,走高质量发展道路,宁波坚持以创新激发企业发展新活力。创新是引领发展的第一动力,也是推动工业提质升级的战略支撑。"八八战略"在制定和实施过程中,始终强调的是创新在克服经济发展"先天不足",解决"成长的烦恼",推动经济社会发展全面转型升级中发挥的动力作用。经济发展进入由投资驱动转向创新驱动的关键期,宁波市始终坚持发挥地方企业的首创精神。2020 年前 11 个月,宁波市传统制造业研发支出占营业收入比重已达 1.9％,比 2017 年提高了 0.4 个百分点。在创新的助力下,宁波市传统制造业新产品产值率提升至 35.1％,比 2017 年提高了 1.9 个百分点。目前,宁波已初步构建了以企业为主体、高校院所为支撑、产学研紧密协同的区域创新体系,扎实推进甬江科创区、宁波东方理工大学等建设,为打造先进产业集群提供有力支撑。宁波市以兼具技术创新和产品创新为抓手,鼓励企业研发装备制造业重点领域首台(套)产品,新材料首批次产品,加快重大关键核心技术(项目、产品)攻关,助力传统制造业转型升级。不断加快新产品推广应用步伐,重大装备首台(套)、新材料首批次保险覆盖进一步扩大。截至 2020 年底,宁波市累计已有 109 批次新材料和 35 台重大装备获得保险支持,投保价值为 71 亿元。531 家企业3000 余种产品入选自主创新产品推广目录。实施强基工程专项 30个,培育伺服电机、石墨烯等 10 条"四基"产业链。加强首台(套)设备、首批次新材料、首版次软件推广应用,新认定首台(套)产品 20 项,推广应用重点自主创新产品 60 个。大力支持医疗健康、工业互联网、"5G＋"、数字经济、智能物流等重点领域新兴产业发展。推进华为鲲鹏生态产业园和创新中心建设,实施"5G＋工业互联网"试点工程,成功打造爱柯迪等 3 家"5G＋工业互联网"工厂;累计"上云企业"超过 7万家,全面打造工业互联网产业生态。做强集成电路、大数据、软件业,做大特色型软件名城、北仑芯港小镇等数字经济平台。积极发展人工智能、空天信息、区块链等前沿产业和应用场景。新建 5G 基站4000 个,数字经济核心产业增加值增长 13％,软件业务收入突破 1000亿元。

制造业是立国之本、兴国之器、强国之基。近年来,宁波市不断加码传统制造业改造提升,通过培育新动能、重构新模式、激发新活力、腾出新空间,走出了一条破茧成蝶的高质量发展之路。宁波制造业更是因产业价值链高端、制造工艺精和技术水平尖而盛名海外。

三、宁波外贸屡创新高,成为"一带一路"重要节点城市

改革开放以来,宁波外贸经济持续快速发展,先后经历了起步期、成长期和黄金期,并成为浙江省首个外贸总额超千亿元的外贸大市,实现了历史性跨越。从时间维度看宁波外贸发展史,以获批计划单列市为标志,1987—1997 年宁波外贸处于高速增长阶段,每年进出口总额翻一番,年平均进出口总额增速达 96.6%。1998 年起,宁波率先进行外贸企业体制改革,充分释放广大私营企业的市场活力。1998—2008 年,宁波外贸处于快速增长阶段,进出口总额大约每 3 年翻一番,年平均进出口总额增速为 28.8%。其中,2002 年宁波市进出口总额首次突破百亿美元,完成外贸进出口总额 122.7 亿美元。受金融危机影响,2009—2015 年宁波外贸处于低位增长阶段,年进出口总额平均增速放缓至 8.5%。2016 年,进出口总额较之前有所跌落,但在 2016—2019 年,宁波全市跨境电商进出口总额累计约 3300 亿元,年均复合增长率达到 68%。而 2016 年,正是宁波外贸开始由规模增幅扩张转向高质量效益提升、由大进大出转为优进优出、由要素驱动转向创新驱动的历史阶段。此后,宁波充分把握外贸经济发展新趋势、推动外贸企业新转型、培育外贸发展新动能、重塑外贸市场新优势,助推宁波经济在新的历史基础上实现跨越式发展。2019 年,宁波市工业增加值突破 5000 亿元,同比(下同)增长 7%;外贸进出口总额达到 9170.3 亿元,增长 6.9%,出口额跻身全国城市第五位,占全国份额从 3.38% 提高到 3.46%;实际利用外资 23.6 亿美元,增长 19.7%;研发投入强度接近 2.8%,数字经济核心产业增加值增长 14.8%。2020 年宁波外贸逆势创新高,外贸进出口总额为 9786.9 亿元,逼近万亿元大关,增长 6.7%;其中,进口 3379.9 亿元,增长 5.6%,出口 6407 亿元,增长 7.3%。民营企业和外商投资企业作为宁波市进出口主力,分别进出口 6981.9 亿元和 2136.3 亿元,分别增长 12.7% 和下降 7.2%,

两者合计占同期全市进出口总额的 93.2％。2020 年 1—9 月,宁波全市实现跨境电商进出口额 1124.2 亿元,同比增长 14.4％,其中占外贸出口比重达 20.4％,较 2019 年底提高了近 3 个百分点。2022 年,宁波外贸进出口总额达 1.27 万亿元,与 2021 年相比增长 6.3％。其中,出口额 8230.6 亿元,同比增长 8％;进口额 4440.7 亿元,同比增长 3.4％。

　　第一,抓住时代机遇,稳定促进外贸增长。宁波经济发展一直以来以外向型经济为主,如何在参与国际竞争中继续提升本土经济是发展外贸的关键,也是实践"八八战略"提出的"不断提升对外开放水平"要求的重要载体。从世界范围看,虽然近年来全球外贸需求低迷,但宁波积极融入国家"一带一路"发展建设,与沿线国家交流互动频繁,进口贸易整体呈上升态势。2016 年宁波与"一带一路"沿线国家贸易额达 248.2 亿美元,占全市外贸总额的 26.2％,同比上升 1.3 个百分点;其中宁波向"一带一路"沿线国家出口 170.1 亿美元,占全市外贸总额的 25.7％,同比提升 0.7 个百分点;从"一带一路"沿线国家进口 78.1 亿美元,占全市外贸总额的 27.1％,同比上升 2.5 个百分点。从 2012—2017 年的数据来看,宁波与"一带一路"沿线国家的贸易顺差整体呈缩小趋势,反映出宁波鼓励扩大进口政策效应不断释放。作为全国首个"一带一路"建设综合试验区,宁波聚焦重点工程、狠抓工程项目,高起点谋划、高质量实施,自觉承担起为"一带一路"建设探路的重任。打造高能级对外开放平台。积极争创"一带一路"国家级发展平台,高标准建设"中国—中东欧"经贸合作示范区。作为"17＋1"经贸合作标杆式示范区和中国—中东欧国家贸易便利化检验检疫试验区,宁波与中东欧国家的合作遍地开花。宁波把与中东欧国家的全面合作作为积极融入"一带一路"建设的重要突破口,自 2014 年以来成功承办四次中国—中东欧国家经贸促进部长级会议、四届中国—中东欧国家投资贸易博览会,2019 年又成功承办了首届中国—中东欧国家博览会。复制推广自贸区政策,建好浙江自贸区宁波联动创新区,争取赋权扩区覆盖到宁波。推动宁波出口加工区、慈溪出口加工区和梅山保税港区转型为综合保税区,高水平推进中意、中捷、中新等国别产业园建设。面对风口、变局,中小微外贸企业转型升级并非易事,这就需要市域创新外贸模式,提升跨境资源的整合能力,为中小企业提供风向航标。为此,宁波积极培育外贸综合服务示范企业,并取得了扎实的成效。其中,在省商务厅公布的 2020 年度 37 家省级外贸综合服务示范企业中,宁波市共有世贸通、中基宁波集团等 15 家企业上榜,"甬家军"占比超四成,继续以绝对优势领跑全省。在这些外贸综合服务平台型企业背后,有全市 2 万多家有进出口实绩的外贸企业,以及上下游产业链 4 万多家工厂。进入发展新阶段,宁波外贸平台正重整行囊,带领"千军万马"于变局中开新局。

第二,积极利用外资,提升对外开放水平。积极利用外资是扩大有效投资、深化国际合作的重要途径,也是将宁波打造成高水平、高能级对外开放新门户的重要载体,更是争创宁波"一带一路"建设综合试验区和中国—中东欧经贸合作示范区、推进"名城名都"建设的重要抓手。宁波市从拓宽外资准入领域、创新利用外资举措等方面,充分发挥外资在引资引技引智方面的重要作用。

在拓宽利用外资领域方面,宁波市执行落实外商投资负面清单,进一步增强投资环境的开放度、透明度和规范性;鼓励外商积极投资汽车制造、绿色石化、纺织服装、家用电器、清洁能源等宁波本土优势产业,以及生物医药、海洋高科技、节能环保等新兴产业;重点扶持外资进入现代服务业,引进港航物流、商贸服务、国际租赁等跨国企业、咨询机构和文化教育、医疗卫生、休闲旅游、健康养老等高端外资项目。

支持外资开展科技研发创新,依法依规以特许经营方式参与基础设施建设。多举措创新利用外资。着力引进世界 500 强企业、外商投资企业总部和功能性机构。出台多项相关扶持政策支持跨国公司在甬发展;特别重大项目给予"一事一议"综合扶持。鼓励企业"以民引外""以企引外""以侨引外"和增资扩股,积极探索设立外资产业基金,支持外资以兼并收购、设立投资性公司、融资租赁、股权出资、股东对外借款等形式参与宁波市企业改组改造、兼并重组。建立重大招商项目市级统筹推进机制,充分发挥商协会的桥梁纽带作用。鼓励市内企业开展跨国并购、境外上市等,利用全球创新资源要素做大做强后回甬投资。保障重大外资项目用地供给。在金融服务方面,宁波市通过创新外商投资企业资金管理、拓宽外商投资企业融资渠道等方式,强化招引外资的实效。完善对外开放机制,抓好外资新政落实。强化招商引资"一把手"工程,健全重大招商项目流转机制和全流程跟踪服务机制,做好安商稳商工作。建立产业安全预警机制,有效维护产业链、供应链稳定。探索规则、规制、管理、标准等制度型开放,开展促进跨境贸易便利化专项行动,拓展"单一窗口"服务功能,进一步推进口岸提效降费。

第三,优化营商环境,增强投资吸引力。良好的营商环境是吸引外资的重要一环。"八八战略"明确提出要"进一步发挥浙江的环境优势,积极推进基础设施建设"。因此,以"最多跑一次"改革为牵引,宁波全面实施"10＋N"优化营商环境便利化行动。充分发挥行政服务中心集聚政务服务的优势,加强各审批部门的联动衔接,促进部门与部门之间、事项与事项之间形成"逻辑组合",推动发生"化学反应"。根据企业的不同类别有针对性地设计最优办事路径,逐个梳理整合办事表单、精简办事材料。根据企业的不同阶段,做好分段优化,精准告知办事事项相关内容,让企业早准备、有预期。41件个人和企业全生命周期事项实现"一件事"联办,所有申请政务服务事项网上可办,197个民生事项"一证通办",99％的事项"跑零次"可办。实现"证照分离"改革全覆盖。工程建设项目审批实现"最多90天",企业开办可一日办结,企业注销便利化改革全国领先。据2019年度浙江省全面深化改革获得感评估报告,宁波市"最多跑一次"实现率95.0％、满意率97.8％,均居浙江省第一。深化一般企业投资项目审批"最多80天"

改革,开展低风险小型项目"最多20个工作日"试点,投资项目在线平台3.0全面应用。推进企业水、电、气、网络报装便利化,降低接入成本。深化机关内部"最多跑一次"改革,90%以上非涉密事项实现"一窗受理、一网通办"。加快政府数字化转型。推进政府数字化转型十大行动,强化多业务协同数字化应用,推动更多行政服务事项网上通办、移动能办、一键可办,政务服务事项网上受理率达到80%以上,"浙里办"日活跃用户数达到15万人,掌上执法率达到90%以上。加快市大数据中心平台、城市数字智慧大脑建设,加强公共数据安全管理和个人信息保护,建设智慧水利工程、应急综合平台、健康保险交易平台等数字化应用项目。坚持内外资公平竞争、一视同仁原则,外商投资企业可全面享受各项产业扶持政策,公平参与政府采购投标。对符合产业准入条件要求的重点外商投资项目,以及在省、市政府举办的重大商务活动中签约的重大外资项目,优先纳入全省和全市重大产业项目库,优先给予新增建设用地计划指标,优先保障当年开工项目用地指标,做好重大产业项目用地专项保障。

　　第四,推进区域一体化,培育国内大市场。宁波乃至浙江的发展历程,始终坚持的是内源发展与对外开放相结合的新模式。"八八战略"提出要"进一步发挥区位优势,主动接轨上海、积极参与长江三角洲地区交流与合作",为宁波进一步扩大对外开放,调整国内国际市场布局指明了方向。浙江省第十次党代会报告中明确提出:"推动宁波、舟山共建海洋中心城市"①,全面提升宁波中心城市能力。宁波积极融入长江三角洲地区一体化发展,为促进地区资源共享、优势互补、互利共赢、共同发展贡献了重要力量。宁波借助"科技飞地"的"借智"模式,将宁波科技型企业的核心研发部门落地于上海、杭州等创新人才资源集聚地,打通了人才项目在大城市孵化与本土产业化联动的发展

---

① 《忠实践行"八八战略"　坚决做到"两个维护"　在高质量发展中奋力推进中国特色社会主义共同富裕先行和省域现代化先行——在中国共产党浙江省第十五次代表大会上的报告》,《浙江日报》2022年6月27日。

通道,实现长三角区域创新资源与产业结构的优势互补。在"科技飞地"助力下,宁波与长三角各城市科技交流更加密切,并共建了一系列高水平创新平台。为了扩大对国内市场的辐射范围,宁波积极融入长三角一体化发展。深入落实长三角一体化国家规划、省行动方案和市行动计划,全力推进"四大"建设。加快金甬铁路、庄桥至宁波段增建三四线、杭甬高速复线宁波段、象山湾疏港高速一期等项目建设。做好空铁一体综合枢纽、甬舟铁路、宁波至余慈城际铁路二期、沈海高速姜山北至甬台界段改扩建等项目前期,谋划沪甬跨海通道,加快市域交通联网互通。推进落实沪甬专项合作协议,高起点建设前湾沪浙合作发展区。加快杭绍甬、甬舟一体化,实质性启动甬舟合作区建设,加强与台州合作,增强宁波都市圈辐射带动能力。2020 年,宁波市委、市政府发布《宁波市推进长江三角洲区域一体化发展行动计划》,明确提出推进长江三角洲区域一体化发展行动计划的"六大重点":聚焦大湾区建设,推动产业科创协同发展;聚焦大通道建设,推动基础设施互联互通;聚焦大都市区建设,推动公共服务共建共享;聚焦大花园建设,推动生态发展协同共保;聚焦"一带一路"建设,推动开放格局全面深化;聚焦"最多跑一次"改革,推动市场环境一体融合,以全市域、全领域、全方位、高质量融入长三角一体化发展。

第五,做好精准施策,力促外贸稳中提质。"八八战略"针对地区优势"对症下药",并将硬环境和软环境建设作为八大战略举措的重要内容,就是要求在治理过程中精准施策、有的放矢。全面实施"225"外贸双万亿行动,加快打造新型国际贸易中心。加强"订单＋清单"监测预警,实施新一轮外贸实力效益工程,支持企业网上办展、网上洽谈,发展海外营销网络,大力拓展多元市场和出口替代市场,鼓励企业开拓内销市场,坚决稳住外贸基本盘,稳住出口占全国份额。支持国家跨境电商综合试验区提升发展,积极发展离岸贸易、转口贸易、服务贸易、数字贸易。2020 年,宁波市跨境电商进口交易额增长 42.6％,网购保税进口额保持全国首位。加大进口扶持力度,扩大能源及大宗商品进口量,拓展重要原材料、关键零部件、核心装备、高品质生活消费品等进口来源,积极参与第三届中国国际进口博览会。宁波市贸促系统集成深化改革,通过"零距离"复工帮扶、"多元式"贸促手段、"前置化"调解模式、"便利化"服务机制支撑,助力破解外贸发展突出难题,全力推动外贸企业增信心、稳订单、拓市场,进出口指标实现"逆市飘红"。2020年7月,宁波进口额、出口额及进出口总额三项指标首次均实现正增长并持续保持上升。针对新冠疫情引发的外贸退单、弃货拒收等风险,宁波率先提出新冠疫情不可抗力事实性证明,涉及50多个国家和地区,采纳率达98%,有效挽回宁波外贸企业损失达3.15亿美元;及时推行"不见面办理",第一时间采取网上申办、快递返回等方式,尽最大努力帮助企业解决疫情防控期间办事不便等问题。2020年,共签发一般原产地证89453份、优惠原产地证20645份,出具商事证明书66831份、使领馆认证6049份,完成ATA出口单证册32份,新增注册企业673家;成立涉外商事法律服务平台,开通咨询热线,全天候为企业提供涉外商事法律服务,及时提供订单风险梳理和应对建议,解答超过2540家企业的咨询,有效帮助企业抗疫和复工复产。开展"百家律所千名律师进万企"专项行动。联合市司法局、市工商业联合会和市律师协会等单位,通过"线上+线下""一对一"等服务,深入企业开展服务,有效助力企业在最短时间、以最快速度实现复工达产。进一步拓宽国际联络渠道,提升中国—中东欧国家商协会商务合作大会品牌效应,2020年,促成宁波市与4国商会签订长期合作协议、签约项目8个,贸易成交额达2100万美元;设立运行中国—中东欧国家联合商会宁波联络办公室,统筹共享宁波与中东欧国家合作资源,协同推进经贸合作示范区建设;积极发挥境外展览服务优势,稳妥组织企业参加出国(境)展览,与国内知名展会公司合作进行线上集中展览、线上合作洽谈;不断推进办展模式的调整和创新,成功举办"文具展""新材料展",各项参展数据创历史新高,为促进宁波市外向型经济发展搭建了良好的平台。积极筹划家电展、跨境电商展,推动宁波市相关产业转型升级。深入开展"三服务"活动,紧扣企业的服务需求,不断提升涉外商事法律服务水平。及时搜集和发布境内外经贸预警、出入境管理限制、贸易措施动态等相关信息,通过"一网一号"每个工作日更新、微信群发、《经贸预警信息》印发等方式,向企业推送经贸信息,2020年网站发布信息1810条,公众号发布信息870条,转发预警信息超2000条。加强对知识产权服务、海外维权、出口转内销申请、出具外贸企业不可抗力证明等涉外政策知识的宣传。联合宁波市市场监管局举办"第20个世界知识产权日"宣传周系列活动,其中"疫情带给企业的知识产权机遇和挑战"线上专题培训会为企业代表针对性解答当前企业关注的知识产权优化升级和商用化、新冠疫情后企业转型机遇等核心问题。加强与市级法院的诉调对接工作,建立完善多元化纠纷解决机制,实现涉外商事纠纷诉前诉中调解、ODR(online dispute resolution)在线矛盾纠纷多元化解平台共享合作,提前调处因新冠疫情导致的有关法律问题。建立"便利化"服务机制,加强办证窗口改革创新,不断提高办事效率,为企业节约时间和人工成本,持续深化"最多跑一次"改革;主动应对新形势新政策,及时更新服务企业便利化举措,多渠道畅通"一窗式"服务机制,指导企业使用ECO(电子原产地证书)自主签证系统,推行企业自助打印服务、24小时全天候出证,便捷原产地证办理服务,实现原产地证服务项目"零次跑";全面实施"全城通办",创新原有服务模式,协调区县贸促会,扎实推进全城通办,推动企业的商事证明书、商业文件使领馆认证、ATA单证册可以在任一签证点办理;积极助推"两证合一",通过部门之间互联互通、数据交换和信息共享,实现对外贸易经营者备案和原产地企业备案"一次受理、一次备案、一次发证",解决企业多头跑的问题,变"企业跑"为"数据跑"。

20年来,宁波忠实践行"八八战略",以"窗口意识"引领外贸新发展,在自身已有的外贸格局基础上,继续做大做强国际贸易,把港口优势、开放优势、区位优势、产业优势最大化,着力推动宁波外贸向更高层次、更高水平、更高质量全力奋进,为宁波实现下一个万亿元的经济增量提供有力支撑,为全国、全省发展更高层次的开放型经济做出更大贡献。

四、宁波民营经济高质量发展成果丰硕

民营经济是宁波的城市"金名片",也是宁波经济的显著特征和突出优势。民营经济一般是指具有集体、私营、个人性质的内资企事业单位以及由其控股(包括绝对控股和相对控股)的企业单位。民营经济的统计范围由工商登记注册类型和控股情况确定,包括两方面:一是工商登记注册为集体、股份合作、私营独资、私营合伙、私营有限责任公司、个体户、个人合伙等;二是工商登记注册为混合经济成分的,根据其控股情况,由集体、私营、个人控股的单位。在改革开放的大潮中,宁波民营经济抓住农村体制改革的时代机遇,不断释放农村劳动力,逐步形成具有宁波特色的乡镇企业。乡镇企业不仅是宁波农村经济、县域经济的重要支撑,更支撑了宁波整个现代工业经济的发展。截至 1997 年底,通过拍卖、租赁、股份制改制等多种形式,宁波市92.75%的乡镇企业完成转制,到 2020 年基本完成乡镇企业改革。

2003 年,宁波举行发展民营经济万人大会,并从实际出发制定了《关于促进民营经济大发展大提高的政策意见》。由以前的"承认默许"转向主动扶持的服务理念与实践的改革,大胆消除了各类偏见和政策歧视,使得宁波民营经济大胆迈进、蓬勃发展。加入世贸组织也为宁波民营经济扩大对外开放创造了极大的有利条件,但发展的瓶颈也在逐渐逼近。长期以来资源型、粗放型经济发展模式对生态环境造成严重破坏,低端制造业发展规模扩大但附加值低,创新能力的缺乏使小规模企业陷入转型困境,分散的小型企业也难以形成规模效应,国际竞争能力差导致抗风险能力不足等原因,使宁波的民营经济陷入"成长的烦恼"。为此,在"八八战略"的指引下,宁波着力发挥市域优

势,以逐步放宽市场准入条件、支持外向型经济、加强科技创新、改善金融服务水平、转变政府职能、优化营商环境等手段,破解土地、人才、资金等要素的制约问题,创新解决用地难、用工难、融资难以及经营成本高等问题,切实推动宁波民营经济不断迈上新台阶,取得了可持续的阶段性成就。

第一,民营经济规模实现跨越式发展。"八八战略"明确提出要"进一步发挥浙江的体制机制优势,大力推动以公有制为主体的多种所有制经济共同发展",明确了民营经济在地区经济发展中的重要战略地位。当初宁波的乡镇企业单打独斗,如今民营企业规模与效益逐步提升,创新开放步伐不断加快,形成了宁波特色的县域产业模式,涌现出大批龙头千亿级企业,拥有特色鲜明的产业集群,整体呈现高质量发展态势。着力构建现代产权制度基础,发展混合所有制经济等进一步完善宏观管理体制,改善民营经济的发展环境,从而使宁波民营企业规模不断扩大。从内部结构来看,宁波上规模民企以在"246"万千亿级产业集群和"225"外贸双万亿行动涉及的部分领域为主,这些龙头企业主导了区域内的纺织服装、电器、金属加工和外贸等产业的转型升级。2017年,全市民营工业增加值2220.4亿元,占民营经济比重的44.2%。在全市规模以上工业(以下简称规上工业)中,民营企业6061家,占全部规上工业企业总数的82.6%。民营规上工业增加值1753.7亿元,占全部规上工业的53.9%,同比增长9.5%。民营规上工业出口交货值1861.6亿元,占全部规上工业出口交货值的62.5%,同比增长10.7%。据《2020年宁波市上规模民营企业调研报告》,2019年,全市规上民营工业企业实现增加值2156.3亿元,占全部规上工业增加值的54%,增加值同比增长8.5%,高于全市2.1个百分点,对全市规上工业增加值增长的贡献率达70.4%。其中,参与调研的169家上规模民企中,第二产业占比69%,第三产业占比31%,2019年度营业收入总额达1.19万亿元,接近宁波同期全市GDP;净资产总额达3388.7亿元,利润总额527亿元,均创历史新高,2017年与2019

年接连出现远大物产和雅戈尔两家当年营收过千亿级的民营企业。龙头企业的规模扩张,对同行业发挥了极强的示范带动效应,直接带动了产业端其他中小企业的快速发展。近年来,这样以龙头企业为核心,打造上、中、下游全产业链协调发展的新模式,为宁波经济社会健康稳定发展起到了重要作用。在全国工商联公布的"2019中国民营企业500强"中,15家甬企榜上有名。其中,雅戈尔、奥克斯、金田投资以879.26亿元、860.03亿元、839.90亿元总营收分别位列第66、70、75位。工业是宁波民营经济最集中、贡献最大的产业领域。2022年宁波民营经济增加值10156.84亿元,占GDP的48.8%;全市"246"万千亿级产业集群拥有规模以上工业企业7621家,全年实现增加值4359.5亿元,增长5.3%。

　　第二,亲清政商关系的构建。"八八战略"中提出"进一步发挥环境优势",切实加强"法治建设、信用建设和机关效能建设",明确了正确处理政商关系的要求。宁波民营经济的快速发展,迫切需要深化构建新型政商关系,持续优化营商环境和建立连贯有效的政策体系。宁波市聚焦"构建亲清新型政商关系"这个重大命题,积极探索构建"1+3+1"亲清政商关系,不断探索完善日常监督、集中监督、专项检查有机融合、相互促进的工作机制,完善纪律监督、监察监督、派驻监督、巡视监督统筹衔接制度,督促各级党委、政府明确责任,细化措施,完善机制,出台优化政商交往行为正面清单和负面清单,做强做优"亲清家园"等阵地建设,推进清廉民企建设,积极为企业纾难解困,给企业更多获得感,推动亲商、安商、富商政策措施落地,全力打造亲而有度、清而有为的新型政商关系,推动宁波营商环境持续向好。为了解决一些民营企业在发展中遇到的不少困难和问题,宁波先后打出了政策"组合拳",包括出台降本减负政策规定、实施应对中美贸易摩擦十方面举措、设立上市公司稳健发展基金等;制定出台《促进民营经济高质量发展的实施意见》,为广大民营企业送去了丰沛的"及时雨"。在民企最关心的税务问题方面,围绕企业难点、痛点、堵点,宁波全面兑现一系列简政减税降负政策,包括阶段性减免社保费、免征文化事业建设费、降低企业要素获取综合成本、减少融资成本、降低企业用工和物流成本等等,不断增强企业发展信心和后劲。在优化开放环境方面,宁波继续提升民营企业国际化水平,稳定民营企业外贸出口,支持民营企业"走出去",加快进口贸易发展,深化口岸贸易便利化改革。在优化法治环境方面,对保护民营企业合法权益提出要求,构建规范化、市场化企业退出机制,依法保护民营企业和企业家权益,完善重整企业的信用修复机制等。深化"亩均论英雄"改革,引导地区资源要素向优势区域、产业、企业集中。在新冠疫情困难时期,宁波税务局深入聚焦国家税务总局"四力"要求,精准落实支持疫情防控和经济社会发展的各项税费优惠政策,预减免疫情防控期间困难企业房土两税,及时纾解了企业困难,为服务"六稳""六保"大局持续发力,助力宁波全面复工复产。为了减税政策落地见效,疫情防控期间,宁波市税务部门量身定做"防疫版"智能申报一体化程序,确保全市小规模纳税人精准享受政策红利。同时,宁波市税务部门不断提速增效出口退税服务,助力外贸企业逆势而上、拓产扩能。此外,依据"因时制宜"原则,在市级层面建立企业复工应急组,开辟"部门作业、市区联动、责任到人"的破解难题绿色通道,按照"企业需求对接不过夜"的要求,督促各地加强复工服务指导,助力企业抢时间、抢订单、抢市场;坚持"精准帮扶"导向,及时制定出台促进企业复工复产 20 条意见,从金融支持、要素保障、为企业减负等方面全力稳企业稳经济稳发展;立足主动靠前帮办,建立市级部门与工业、商贸、物流等 500 家重点企业的联系服务制度,实施一对一上门精准帮扶,为企业排忧解难。在打通人流、物流方面,交通、经信、公安交警等多部门急事急办,组建专门团队和工作群,帮助企业实现外地员工包车、紧急物料运送等服务,等等。在 2019 年度中国城市营商环境综合评价中,宁波位列前十,并入围全球营商环境百强城市。据《2020 年宁波市上规模民营企业调研报告》,有 54.17% 的上规模民企认为,2019 年企业的营商环境改善主要体现在政府对企业服务力度加大方面;认为税费负担下降、市场监管进一步加强的上规模民企分别占到了 38.89% 和 37.50%,这进一步证明宁波在构建亲清政商关系上正在稳步发力。

第三,创新成为民营企业韧性发展的硬核力量。"八八战略"提出在"八大优势"基础上实现"八个方面"新发展,就是要求地区发挥主观能动性,着力推进创新协调发展。民营经济的转型发展,也只有抓住创新这个"牛鼻子",才能更好地在经济社会发展全局中保持优势地位。宁波大部分上规模民企已构建起成熟的研发团队与合作网络,具备了更强的自主创新和技术输出能力。民营经济是驱动科技创新的主引擎。2022 年,宁波市 95% 的上市公司和高新技术企业是民营企业,90% 的研发经费来自民营企业,95% 的市级以上企业技术中心设在民营企业,82% 的发明专利由民营企业申报和拥有。民营经济是扩大对外开放的动力源,全市 63% 的进出口额是由民营企业创造的,境外并购重组几乎都是民营企业发起的。宁波民营资本以绿地投资、跨国并购、境外分支机构等外向嵌入形式为主体,以跨国技术转移、跨区域创业、科技合资企业等内向嵌入形式为辅助,积极嵌入国际创新网络,进而提升国际产业价值链,抢占新一轮发展的主动权、主导权及制高点。可以说,宁波的对外开放史,很大篇幅是由民营企业写就的。为了支持民营经济的创新发展,宁波加大对民营企业技术改造支持力度。实施规模以上民营企业智能化诊断和改造"两个全覆盖"工程;推广重大技术装备首台(套)保险和新材料首批次应用保险业务;推动重大技术装备和重点新材料的市场化应用,并做好年度保障金额配套。在扩大新产品市场以激发民营经济创造活力方面,宁波制定《宁波市重点自主创新产品推荐目录》,在同等条件下,对列入目录的产品优先采购以正向激励企业创新。支持民营经济创新平台建设。建设一批高水平研发机构、重点实验室、创新中心、工程技术创新平台等科研基础设施。宁波获批自主创新示范区以来,发布了《宁波国家高新区(新材料科技城)关于加快宁波国家自主创新示范区建设的若干政策》,以超常规力度支持自创区建设，鼓励通过参股、跟进投资、风险补助、担保增信等方式，引导和带动金融资本、民间资本、地方政府和其他投资者参与科技成果转化和产业化。支持创新型企业与创客团队成长。对创新型初创企业承担科技创业项目给予一定政策财政补助。加大科技创新券支持力度，推进省内及长三角地区通用通兑；深入实施"3315系列计划"，动态更新人才目录，更大力度支持民营企业引育"高、精、尖、专、缺"人才。推进本土人才国际化培养，加强海外工程师等柔性引才，提高人才国际化水平。鼓励民营企业自主或联合高等院校、高职学校、技工院校定向培养技能型人才；强化知识产权保护，加快建设中国（宁波）知识产权保护中心，加强社会诚信体系建设，全方位为培养创新人才生态圈打下坚实基础。2019年数据显示，宁波市人才净流入率达10.1%，居全国城市第2位，其中制造业人才净流入率高居全国城市首位。可见，宁波提出的一揽子政策，为宁波留住创新人才发挥了巨大的作用。

第四，民营经济对社会的贡献更加突出。人民始终是"八八战略"制定落实过程的出发点和落脚点。解决民生问题也是谋划"八八战略"的根本初衷。民营经济在吸纳就业方面发挥着十分重要的作用。2017年，全市规模以上工业企业中，民营工业共吸纳从业人员109.3万人，占全部规上工业从业人员的73.5%。规模以上服务业中，民营企业吸纳从业人员同比增长5.9%，高出国有企业与外资企业3.5和0.1个百分点，占全部规上服务业企业人员的78.7%，比上年提高0.4个百分点。民营经济是增进民生福祉的助推器，不但为社会提供了85%的就业岗位，成为稳定就业的"压舱石"，而且在繁荣城乡市场、发展公共服务、开展扶贫帮困等方面发挥了十分重要的作用。在浓厚的创新创业氛围下，民营经济活力持续迸发。2018年宁波拥有民营企业30万家、个体工商户近52万户，贡献了全市80%的税收、约65%的GDP和出口、85%的就业岗位，95%以上的上市公司与高新技术企业为民营企业。2019年，宁波市场主体超过百万户，民营经济贡献了全市 62％的税收、63％的经济总量、69％的出口、85％的就业岗位，95％以上的上市公司和高新技术企业为民营企业。宁波市场主体突破百万户，不仅标志着宁波市场主体发展迎来一个全新起点，更意味着民营经济是促进地方经济增长的重要引擎、推动创新发展的重要主体、创造就业岗位的重要渠道和增强市场活力的重要力量。在宁波民营经济持续活跃的同时，三大产业结构优化也呈现良性发展态势。2019 年 1—10 月，全市一、二、三产业分别新增企业 336 户、11179 户和 46126 户，分别占企业总量的 0.6％、19.4％和 80％。全市三次产业实有企业数分别为 0.4 万户、12.6 万户和 27.9 万户，跟 2012 年前相比，分别增长了 47.1％、42.4％和 157.9％，比重为 1∶30.8∶68.2。从数据看，服务业的增幅最大，意味着以教育、文化、体育娱乐、卫生和社会工作为代表的现代服务业已经成为大众创业创新热点，也意味着社会提供的服务已经从温饱、生活必需逐步过渡到不断满足人的多样化需求。在经济下行压力下，2022 年，宁波民营企业进出口总额为 9237.5 亿元，同比增长 10.1％，高出全市进出口总额整体增速 3.8 个百分点，占同期全市进出口总额的 72.9％。民营企业作为外贸第一大主体的地位继续巩固，外贸稳定器作用持续发挥。如今，宁波三次产业开始趋向融合发展，农业和工业都越来越需要服务业的支撑，从而更好地满足消费需求。在 2020 年新冠疫情严峻时期，尽管许多甬企自身经营发展受到冲击，但被调研的 169 家上规模民企都担当起社会责任，第一时间慷慨解囊，捐款捐物。太平鸟、富邦、雅戈尔、公牛、东方日升、海天等企业捐赠金额均超过 500 万元。

民营企业一直是宁波经济中最活跃、最具竞争力的发展力量，是宁波经济社会发展的"主力舰"。宁波市委、市政府坚持主动作为，拉高标杆，聚焦民营企业拓展市场难、成本压力大等突出困难，精准帮扶，排忧解难；加强培育区域科创等硬核实力，助推民企提升内循环能力；积极探索建立产业链、供应链"链长"制，牵头协调整合多渠道力量和资源，合力谋划建设宁波制造业重点行业国内大循环体系。宁波多项重点政策、重点项目、重大平台的落地，为在复杂多变的市场环境中保持民营企业的持续增长动力提供了有效保障。

第三节　"挑大梁出大力"，奋力展现经济"硬核力量"

宁波作为改革开放的先行地之一，多年来沿着"八八战略"这根主线和总纲，贯彻落实"干在实处、走在前列"的总要求，先后作出"六大联动""六大提升""六个加快""六化协同""六争攻坚"等决策部署，以"窗口意识"在港口建设、高端制造业发展、所有制改革和建设双枢纽城市方面持续发力。在全国改革开放的浪潮中，宁波为全省、全国大局做出积极贡献。

一、高度重视港口"硬核力量"，为建设高水平国际港口名城、打造港口型国家物流枢纽提供了依据

向海则兴，背海则衰。航运，始终是中国经济发展的重要支柱。习近平同志曾深刻指出："经济强国必定是海洋强国、航运强国。"[1]"强国"的基础是经济，经济的增长离不开贸易，而贸易的最重要载体就是航运。航运业始终处于国际市场的前沿，是国际经济走向的晴雨表。作为全球贸易最主要的载体，航运至今仍然是不可替代的。航运的发展始终离不开港口的建设。宁波舟山港在"八八战略"引领下不断开拓进取，取得了令人瞩目的发展成就。

第一，从发展"海洋强省"到"海洋强国"，高度重视海洋经济的未来潜力。2002年，习近平同志就指出："新世纪新阶段浙江经济进一

---

[1]　《坚定改革开放再出发信心和决心　加快提升城市能级和核心竞争力》，《人民日报》2018年11月8日。

步发展的天地在哪里? 在海上!"①他要求浙江争取发展成为海洋经济强省。党的十八大以来,习近平同志围绕建设海洋强国,在不同场合发表了一系列重要讲话、作出了一系列重大部署,提出了"建设海洋强国是中国特色社会主义事业的重要组成部分"②的重要论断,在十九大报告中明确要求"坚持陆海统筹,加快建设海洋强国"③。习近平总书记在致 2019 年中国海洋经济博览会的贺信中也写道:"海洋是高质量发展战略要地。"④习近平总书记在党的二十大报告中明确指出"发展海洋经济,保护海洋生态,加快建设海洋强国"⑤。习近平同志关于海洋经济的重要论述为推动宁波舟山港的继续发展指引了方向。截至 2022 年底,宁波舟山港已与全球 190 多个国家和地区的 600 多个港口建立了贸易联系,货物吞吐量达 12.5 亿吨,连续 14 年位居全球第一,成为全国大型集装箱转运基地、大宗战略物资中转储备基地和能源、修造船、重化工、钢铁等临港产业基地,为实现"海洋强国"战略提供了直接的区域样本。

第二,做大做强港口,推动区域联动发展。形成港口与周边腹地的强互动是做大做强航运的关键。据此,浙江省提出了海洋港口一体化发展的决策部署,按照全省港口规划、建设、管理"一盘棋",港航交通、物流、信息"一张网",港口岸线、航道、锚地资源开发保护"一张图"的总体要求,提出推进形成以宁波舟山港为主体、以浙东南沿海港口和浙北环杭州湾港口为两翼、联动发展义乌国际陆港及其他内河港口的"一体两翼多联"的全省港口发展格局,全面提升全省港口整体实力。对宁波舟山港现有 19 个港区,划分为重点发展港区、优化发展港

---

① 《习近平谈治国理政》(第一卷),外文出版社 2018 年版,第 439 页。

② 《习近平在十八届中央政治局第八次集体学习时的讲话(2013 年 7 月 30 日)》,《人民日报》2013 年 8 月 1 日。

③ 《习近平谈治国理政》(第三卷),外文出版社 2020 年版,第 26 页。

④ 《习近平谈治国理政》(第三卷),外文出版社 2020 年版,第 243 页。

⑤ 习近平:《高举中国特色社会主义伟大旗帜　为全面建设社会主义现代化国家而团结奋斗——在中国共产党第二十次全国代表大会上的报告》,人民出版社 2022 年版,第 32 页。

区、特色发展港区等三类,合理推进建设与发展,同时推进大宗商品泊位区向北部集聚、集装箱泊位区向南部集聚。宁波大力推进港城联动、产城联动,积极谋划推进环杭州湾产业带以及宁波杭州湾、象山港区、三门湾等湾区经济发展。此外,宁波舟山港为扩大港口腹地支撑,早在 2009 年就拉开了"挺进长江"的序幕,积极加强与内陆港口的共建共享。2012 年党中央正式提出"一带一路"倡议以来,宁波舟山港在共建"一带一路"、长江经济带发展、长三角一体化发展等国家战略中都占据了十分重要的地位。宁波积极建设宁波舟山港口,发展多方航线,打造港口"朋友圈",推动基础设施互联互通,以港口这一"一带一路"上的重要支点联动世界,书写出中国海上丝绸之路发展的重要篇章。

第三,创新打造世界一流智慧港口的发展路径。当前,物联网、大数据、云计算、人工智能、区块链等新一代信息技术已成为引领新一轮科技革命和产业变革的核心力量,世界正在进入数字经济时代。港口作为现代物流的关键节点,必须向生产智能、管理智慧、服务柔性的智慧型港口转变。习近平总书记也在众多场合提出建设数字化港口的重要性,他指出:"经济要发展,国家要强大,交通特别是海运首先要强起来。要志在万里,努力打造世界一流的智慧港口、绿色港口。"①沿着"八八战略"的重要指引,浙江省在加快实施世界一流强港建设工程动员部署会上提出,浙江要锚定"2027 年基本建成世界一流强港"总目标,倾力推动宁波舟山港由大到强,成为全球重要港航物流中心、战略资源配置中心和现代航运服务基地。为此,宁波着力推动港口转型升级,按照数字经济"一号工程"的重要部署,将智慧港口建设作为一项重要任务,不断增强基础设施智慧化水平,提升港口智能化管理水平,推进港航数据跨界融合以及"智检口岸"建设。

---

① 《稳扎稳打勇于担当敢于创新善作善成　推动京津冀协同发展取得新的更大进展》,《人民日报》2019 年 1 月 19 日。

　　第四,以"四个一流"建设港口型国家物流枢纽。早在 2005 年,习近平同志就指出:"我省沿海港口资源优势十分明显,有条件发展精深加工型、临港型重化工业。"①这为宁波舟山港此后准确把握港口迭代升级规律,加快推进港口枢纽化、集约化、现代化发展拉开了序幕。浙江海洋港口发展"十三五"规划明确提出,要通过多种创新手段,把宁波舟山港打造成现代化国际强港,切实发挥宁波舟山港对全省港口一体化的龙头带动作用,加快打造具有一流设施、一流技术、一流管理、一流服务的世界一流海洋港口。在对标世界一流强港指标体系的基础上,宁波舟山港聚焦"一流设施、一流技术、一流管理、一流服务"的目标,继续打造宁波舟山港一体化 2.0 版本。

　　2020 年 3 月 29 日,习近平总书记在考察宁波舟山港穿山港区时强调,"港口是基础性、枢纽性设施,是经济发展的重要支撑。宁波舟山港在共建'一带一路'、长江经济带发展、长三角一体化发展等国家战略中具有重要地位,是'硬核'力量。要坚持一流标准,把港口建设好、管理好,努力打造世界一流强港,为国家发展作出更大贡献"②。习近平总书记对于宁波舟山港要打造"硬核"力量的重要指示,为宁波在新发展格局中坚持"以港兴市、以市促港",加快向都市经济、国际大都市迭代升级提供了方向指引。由此开始,宁波市 2021 年首次提出将"锻造硬核力量、建设现代化滨海大都市"作为新发展阶段的目标定位,体现了宁波积极响应总书记号召,站在自觉服务国家战略全局的高度来谋划推进宁波发展的政治担当。唱好"双城记",是宁波支撑全省高质量发展的重大责任,力求充分发挥领跑和带动作用的重要体现。当好模范生,是宁波忠实践行"八八战略"的自我定位,以期确保每一个标志性节点都能拿出重大标志性成果。加快建设现代化滨海大都市,不仅是宁波进入新发展阶段后锚定的奋斗目标,更是宁波加

---

①　习近平:《之江新语》,浙江人民出版社 2006 年版,第 123 页。
②　《践行"八八战略"　打造"重要窗口"》,《人民日报》2022 年 6 月 3 日。

快建设共同富裕先行地的重大创新。

二、高度重视制造业,为制造业高质量发展和实行新型工业化战略指明了方向

习近平同志在浙江工作期间,对于宁波以及浙江的制造业发展非常关注。对于浙江工业发展遇到的"成长的烦恼",他认为必须"要打造先进的制造业基地,要走新型工业化道路",并提出了"凤凰涅槃""腾笼换鸟"等诸多重要论断。[①] 习近平同志着重强调科技创新、产业优化、供给侧结构性改革等方面的重要性,为宁波在新发展阶段沿着"八八战略"的宏伟蓝图,全方位探索争做"中国制造2025"排头兵提供了强大的思想武器。

高度重视制造业在新发展格局中的重要地位。习近平同志在众多场合都深刻指出,必须始终高度重视发展壮大实体经济,抓实体经济一定要抓好制造业;在十九大报告中更是提出了国家制造业的发展目标,"促进我国产业迈向全球价值链中高端,培育若干世界级先进制造业集群"[②]。"八八战略"其中之一就是进一步发挥浙江的块状特色产业优势,加快先进制造业基地建设,走新型工业化道路。宁波应"依托港口优势,推进沿海、沿湾、沿路三大产业带建设,调整优化产业结构,提升产业国际竞争力,加快建设先进制造业基地"[③]。习近平总书记关于制造业发展的科学论断为宁波推动制造业高质量发展指明了前进方向、提供了根本遵循。站在"两个一百年"奋斗目标的历史交汇点上,宁波在完善工业和信息化系统布局的基础上,紧扣新发展阶段、新发展理念、新发展格局,坚持稳中求进工作总基调,以推动高质量发展为主题,以深化供给侧结构性改革为主线,以满足人民日益增长的

---

① 中央党校采访实录编辑室:《习近平在浙江》(上册),中共中央党校出版社2021年版,第7页。
② 《习近平谈治国理政》(第三卷),外文出版社2020年版,第24页。
③ 习近平:《干在实处　走在前列——推进浙江新发展的思考与实践》,中共中央党校出版社2006年版,第483页。

美好生活需要为根本目的,统筹发展和安全,以提升产业链、供应链现代化水平为着力点,深化改革、强化创新、促进融合,推动制造强国建设不断迈上新台阶,为全面建设社会主义现代化国家提供强有力保障。

高度重视创新在制造业发展中的推动作用。习近平同志多次提到创新在制造业领域的重要作用。2005 年,习近平指出:"制造业是科技创新的主要领域,也是科技转化为生产力的载体。只有不断加强科技创新,并且把最新技术积极运用到制造业中去,与产品的更新换代紧密地结合起来,才能进一步发挥科技创新的核心作用,提高产业的国际竞争力。"[①]习近平总书记在党的二十大报告中指出:"推动制造业高端化、智能化、绿色化发展。"[②]在激烈的全球化市场中,隐形冠军企业的存在和发展是一个独特而普遍的现象。在市场份额分配、行业标准制定方面拥有绝对话语权的隐形冠军被视为制造体系的"螺丝钉",是衡量一国制造基础和发展潜力的重要标志。遵循习近平同志重要指示精神,宁波制造业积极吸取国内外成功经验,通过多渠道、多举措走自主创新道路,强化政策引导,重视优质中小企业培育,尤其是高度重视"专精特新"中小企业的培育工作,并为开展国际化经营的中小企业提供"一站式"服务体系。在多重力量的推动下,宁波制造行业企业持续加大对科学研发的投入,以稳扎稳打的态势建成 51 个单项企业(产品)。宁波制造从传统制造迈向智能制造,宁波由制造大市迈向制造强市,为实现"中国制造 2025"的发展目标贡献了区域力量。

坚持走中国特色新型工业化道路。习近平同志曾指出,要"以信息化带动工业化,坚持自主创新和科技创新、坚持重点突破和整体推进"[③]。走好新时代的新型工业化道路,就是要以信息化促进工业化,

---

①　习近平:《之江新语》,浙江人民出版社 2007 年版,第 123 页。

②　习近平:《高举中国特色社会主义伟大旗帜　为全面建设社会主义现代化国家而团结奋斗——在中国共产党第二十次全国代表大会上的报告》,人民出版社 2022 年版,第 30 页。

③　中央党校采访实录编辑室:《习近平在浙江》(上册),中共中央党校出版社 2021 年版,第 9 页。

以工业化带动信息化,坚持科技含量高、经济效益好、资源消耗低、环境污染少、人力资源优势得到充分发挥的新型工业化路子。实行"八八战略"以来,宁波始终坚持以促进制造业创新发展为主题,以提质增效为中心,以加快新一代信息技术与制造业深度融合为主线,以推进智能制造为主攻方向,强化工业基础能力,提高综合集成水平,完善多层次多类型人才培养体系,促进产业转型升级,实现制造业高质量发展的历史性跨越。宁波深入贯彻数字经济、网络强国、制造强国、大数据发展等战略,着力推进"中国制造 2025"试点示范城市建设,深入实施数字经济"一号工程",围绕提升万千亿级产业集群创新能级推进创新能力提升。同时,宁波以打造产业生态为着力点,加快布局新兴产业链,前瞻布局工业互联网、云计算、无人驾驶等战略性新兴产业,打造前瞻性、战略性、全局性产业链。可以说,宁波在拓宽新型工业化发展道路方面发挥了模范作用。

宁波作为"中国制造 2025"国家级示范区的先头部队,积极响应国家重大战略部署,研究制定《宁波市建设"中国制造 2025"试点示范城市实施方案》,开展新一轮重大技术改造升级工程,持续优化制造业发展环境,实现宁波制造业智能升级。同时,宁波将继续以制造业单项冠军、专精特新"小巨人"企业培育为基础,鼓励更多的企业走专、精、优、特、新之路。力争到 2025 年底,国家级制造业单项冠军企业达到100 家,国家级专精特新"小巨人"企业达到 600 家,初步建成"三城三高地",即先进制造业集群之城、制造业单项冠军之城、工业互联网领军城市和国际智能制造新高地、全域产业治理新高地、产业生态融合发展新高地。到 2035 年,基本建成现代化产业体系,全面实现产业基础高级化、产业链现代化和产业治理现代化,建成国际领先、国内一流的制造业强市。

三、为混合所有制改革、"两个毫不动摇"政策的全面实施积累了先行探索经验

　　宁波是改革开放的先行地，也是民营经济的重要发祥地。"八八战略"首条就是对浙江体制机制优势，特别是非公有制经济在全省经济发展全局中的重要作用的肯定。沿着"八八战略"的宏伟蓝图，宁波充分利用好民营经济，创新混合所有制改革方案，始终坚持"两个毫不动摇"政策，率先在全国实行高水平现代化建设的探索。

　　创新始终是民营经济发展壮大的不竭动力。习近平总书记在2020年的企业家座谈会上指出："改革开放以来，我国经济发展取得举世瞩目的成就，同广大企业家大力弘扬创新精神是分不开的……勇于推动生产组织创新、技术创新、市场创新，重视技术研发和人力资本投入，有效调动员工创造力，努力把企业打造成为强大的创新主体，在困境中实现凤凰涅槃、浴火重生。"[①]在浙江就职期间，习近平同志就多次阐发创新对于民营经济发展壮大的重要意义，提出要着力推进"五个转变"，实现"五个提高"，而推进"五个转变"的核心动力就是创新。多年来，宁波以创新推动产品升级迭代、经营模式更新、发展道路转型，坚持走科技自主创新道路，持续加大技术研发投入，充分发挥产业基金引导作用，支持民营企业围绕关键核心技术突破，连续多年获得全国单项冠军企业数量之冠的荣誉。企业持续发展之机、市场制胜之道在于创新，企业要不断增加创新研发投入，促进创新链、产业链、市场需求有机衔接，争当创新驱动发展先行军。在"八八战略"的指引下，宁波继续坚持以创新引领民营经济高质量发展，出台《关于促进民营经济高质量发展的实施意见》，有效提升全市民营企业创新转型能力，让民营经济创新源泉充分涌流，创造活力充分迸发，为推进"六争

---

① 习近平：《论把握新发展阶段、贯彻新发展理念、构建新发展格局》，中央文献出版社2021年版，第360页。

攻坚"、建设"名城名都"提供有力保障。

　　始终坚持做大做强非公有制经济的立场不动摇。非公有制经济与公有制经济相得益彰,是宁波乃至浙江地区拥有的明显的体制机制优势。党的二十大报告中也明确指出,"优化民营企业发展环境,依法保护民营企业产权和企业家权益,促进民营经济发展壮大"①。多年来,宁波始终坚持做大做强非公有制经济的立场不动摇,推动民营经济为全市经济发展大局做出更大贡献。宁波在发展民营经济上取得的成就,为"两个毫不动摇"政策的提出进行了先行探索。2018年,习近平总书记在民营企业座谈会上指出:"在全面建成小康社会,进而全面建设社会主义现代化国家的新征程中,我国民营经济只能壮大、不能弱化,不仅不能'离场',而且要走向更加广阔的舞台。"②这为宁波民营经济发展注入了强心剂,为民营经济更快更好发展营造了良好的环境。宁波立足实际,抓抢机遇,着力推进民营经济转型发展、创新发展、跨越发展,出台《关于促进民营经济高质量发展的实施意见》,推出25条举措,在降成本、助融资、破壁垒、促转型、拓市场等方面,支持民营经济做大做强。"新25条",与之前的优化营商环境"80条"、全市民营经济发展大会等,都是宁波为贯彻落实习近平总书记在全国民营企业座谈会上重要讲话精神、推动民营经济高质量发展所推出的举措。

　　以混合所有制改革带动资本布局调整。2000—2002年,在宁波市委、市政府部署下,全市工业国企开展以产权制度改革和用工制度改革为核心的"两项制度改革"。多年来,宁波勇于攻克改革"深水区",打造出多种经济成分共生共荣、相得益彰、共同发展的大好局面。党的十八届三中全会强调,混合所有制经济是基本经济制度的重要实现形式,是促进不同所有制企业优势互补、协调融合、共同发展的重要路径。习近平总书记在党的十八届三中全会上指出:"积极发展混合

---

　　①　习近平:《高举中国特色社会主义伟大旗帜　为全面建设社会主义现代化国家而团结奋斗——在中国共产党第二十次全国代表大会上的报告》,人民出版社2022年版,第29页。
　　②　习近平:《在民营企业座谈会上的讲话》,人民出版社2018年版,第7页。

所有制经济。……混合所有制经济，是基本经济制度的重要实现形式，有利于国有资本放大功能、保值增值、提高竞争力，有利于各种所有制资本取长补短、相互促进、共同发展。"①这是新形势下坚持公有制主体地位，增强国有经济活力、控制力、影响力的一个有效途径和必然选择。为此，宁波按照中共中央、国务院印发的《关于深化国有企业改革的指导意见》，以解决突出问题和矛盾为切入点，继续增强国企持续发展能力；以推进治理体系和治理能力现代化为抓手，着力提升国企管控水平；以管企业为主向以管资本为主转变，着力完善国有资产监管体制，进一步提升国企发展质量和效益，更好地发挥国企的功能和作用，积极通过发展混合所有制企业、实施混合所有制改革，全面优化和调整宁波市属国有企业产业布局，为全市实现"两个基本"、建设"四好"示范区、跻身全国大城市第一方队做出新的贡献。

四、为加快建设国内国际双循环枢纽城市积累了经验

面对深刻变化的国内外环境，党中央高瞻远瞩、审时度势，作出了加快构建以国内大循环为主体、国内国际双循环相互促进的新发展格局的重大决策。浙江省委也提出在"十四五"时期，要率先在全国范围内构建新发展格局，基本建成国内大循环的战略支点、国内国际双循环的战略枢纽。改革开放40多年来，宁波是国内国际双循环的先行探索者、直接受益者。在"十四五"时期，宁波坚持实施扩大内需战略，推进供给侧结构性改革与需求侧管理相结合，加快形成全链条、多要素、高效率的双循环，打造国内大循环重要支点，建设链接全球的港航物流枢纽、贯通内外的贸易枢纽、战略资源的配置枢纽和制度型开放高地。

促进消费提质扩容。在"十四五"规划中，宁波坚持扩大内需这个

---

① 习近平：《中共中央关于全面深化改革若干重大问题的决定》，人民出版社2013年版，第10页。

战略基点,使国内市场成为最终需求的主要来源。坚持以人的全生命周期需求为导向,紧扣收入、就业、教育、医疗卫生、社会保障等重点。一是丰富消费载体,优化全市商业网点布局,构建便民生活服务圈。同时,建设国际消费中心城市,高品质打造核心商圈,积极引进国际高端业态。实施商业名街创建行动,高标准建设国家级步行街,大力发展智慧零售、跨界零售等新业态,促进线上消费平台健康发展,开拓城乡消费市场。二是培育消费热点。实施传统消费提档升级行动,满足新型消费需求。促进住房消费、汽车消费健康发展,扩大信息消费,适当增加公共消费。大力发展新兴消费,推进消费结构优化。完善公共交通配套服务,激发夜间经济潜力。推进国家体育消费试点城市建设。力求到2025年,社会消费品零售总额超过6000亿元。三是优化消费环境。创新消费品代理进口模式,打造进口商品"世界超市"。开展消费改革攻坚行动,实施新产品监管"松绑"计划,建立强制性标准实施与质量监管相结合的负面清单管理模式。实施公共消费场所国际化、数字化提升工程,健全消费品质量监管体系,创新消费维权体制机制。积极培育专业化消费金融机构,鼓励创新消费金融产品和服务。全面落实带薪休假制度,扩大节假日消费。实施快递业"两进一出"工程,建设全国快递示范城市高质量引进来和高水平走出去双向互动。

拓展有效投资空间。一是拓展投资新领域。实施新一轮扩大有效投资行动,实现固定资产投资增速与经济增长基本同步,促进投资质量提升和结构优化。推进新型基础设施、新型城镇化、交通水利、能源等重大工程建设,实施一批标志性重大项目。积极引导民间投资重点投向科技创新、高新产业、交通设施、生态环保、公共服务等领域。着力扩大产业投资,推动企业设备更新和技术改造,实施一批强链、补链、延链重点项目。健全项目动态调整和滚动推进机制,强化重大项目建设用地、用海、用能、资金、环境等要素支撑。二是创新投融资机制。完善政银企合作机制,充分发挥银行资金主渠道和保险资金相配套的作用,积极争取中央预算内投资、地方政府专项债券、企业债券支持,加大对重大项目的金融支持。加强政府与社会资本合作项目投资与建设管理,规范有序推广PPP(政府和社会资本合作)模式。稳妥推进基础设施领域不动产投资信托基金试点,制定实施重大交通基础设施投融资政策。加快推进融资平台公司实体化、市场化转型,提升资本运作能力。进一步拓展重大项目境内外融资渠道,扩大直接融资规模。

着力提升开放型经济优势。一是积极建设"一带一路"枢纽城市。稳步推进"一带一路"综合试验区建设,深入实施港口联通、产业合作、贸易往来和民心沟通等工程。纵深推进"一带一路"中意(宁波)园区建设,深化中国—中东欧经贸合作示范区建设,探索建设中欧经贸合作平台。健全"一带一路"建设推进工作机制,增强双向开放通道功能。同时,加强国际航空、国际航运、国际货运专列等国际干线通道建设,有效贯通内外贸,打造国内国际双循环的战略通道。提升全球资源配置能力。提升"单一窗口"功能,实施跨境贸易便利化专项行动;推动甬商所创新发展,培育壮大国际物流企业。二是提振对外开放强度。深入实施"225"外贸双万亿行动,加快构建多元化市场体系;实施全球贸易商集聚计划,提升进口贸易促进创新示范区功能,打造国家重要进口基地。深化跨境电商综合试验区建设,积极争取跨境贸易等试点。充分利用国际合作协定,扩大区域经贸合作和贸易份额。力争到2025年,货物和服务贸易进出口总额达到2万亿元,货物出口额占全国、全省比重分别达到4%、30%。打造全球优质外资集聚地。全面落实外商投资准入前国民待遇加负面清单管理制度。坚持引资引智相结合,健全重大外资项目协调推进机制,支持企业走出去全球布局,完善境外投资管理和服务。

加快推进制度型开放。一是高水平建设浙江自贸区宁波片区。发挥国家战略叠加优势,建设链接内外、多式联运、辐射力强、成链集群的国际航运枢纽,打造具有国际影响力的油气资源配置中心、国际供应链创新中心、全球新材料科创中心、智能制造高质量发展示范区。聚焦推进投资贸易自由化便利化,实施一批重大制度创新举措,加快构建对标国际一流的开放型制度体系。服务国家能源安全,加快油气全产业链发展,建设新型国际能源贸易中心。聚焦"一带一路"沿线国家和地区,加快全球供应链服务体系建设。推进前湾、临空、甬江等联动创新区建设,释放自贸试验区改革红利。加强与上海、舟山、杭州、金义等自贸区的联动发展。二是全面接轨国际通行制度规则。充分吸收国际成熟市场经济制度经验,加快形成同国际投资贸易通行规则、规制、管理、标准相衔接的市场规则制度体系。在确保不发生系统性、区域性风险的前提下,探索开展金融、电信、互联网等行业以及知识产权、数字贸易、竞争政策等领域压力测试。

建设双循环枢纽城市必须建立内需导向的全球化战略。宁波市委、市政府以高质量供给引领创造新需求,提高研发设计水平,实施专利、标准、品牌培育工程,提升产品在价值链中的地位,打响"宁波制造"品牌。制定出口转内销支持政策,引导企业发展内外贸同线同标同质产品,推动优质甬货成为新国货。实施国内市场拓展计划,鼓励企业通过建设自主品牌、建立营销网络、借力电商平台等拓展国内市场。鼓励金融机构加大订单融资等金融支持,加大出口信用保险和国内贸易信用保险力度。支持企业参加国内外重点展会和数字展贸,办好专业性展会和产销对接会。在新形势下,宁波市委、市政府深度融入新发展格局,坚持以推动高质量发展为主题,以深化供给侧结构性改革为主线,以改革创新为根本动力,建设国内国际双循环枢纽。

改革开放 40 多年来,尤其是"八八战略"施行以来,宁波在提升经济总量和均量、实体经济内涵式发展、有序扩大对外开放、更大发挥民营经济作用等方面均取得重大突破。GDP 突破万亿元大关的历史性成就标志着宁波已经进入新征程,经济社会发展也进入新的历史阶段。立足新发展阶段,宁波将进一步坚持以"八八战略"为统领,扛起市域"重要窗口"使命,在全国乃至世界的浪潮中保持战略定力,跨步式全面推进宁波区域发展。

在港口发展方面,镇海、北仑等深水良港的建设,以及慈溪、余姚作为浙江大湾区主战场的战略部署深入推进,在未来将进一步推动宁波港口经济的转型升级。前湾新区的建设,也将为宁波下属县域经济发展注入新动能、激发新动力。根据宁波"十四五"规划,到 2035 年宁波将构筑开放互通、一体高效、绿色智能的海港、陆港、空港、信息港联动发展新格局,建成充分展示"硬核"力量的世界一流强港,成为国际性综合交通枢纽。

在实体经济发展方面,经济高质量发展将跃上新的大台阶,人均生产总值达到发达经济体水平,基本实现新型工业化、信息化、城镇化、农业农村现代化,成为浙江建设全球先进制造业基地的标杆城市,现代服务业发展实现大跨越,形成高质量现代化经济体系。新型工业化与信息化、先进制造业与现代服务业深度融合,"246"万千亿级产业集群建设目标基本实现,产业基础高级化和产业链现代化水平明显提升,形成一批国际知名企业、品牌和标准,成为全国制造业单项冠军第一城、先进制造业集群之城和国际智能制造新高地,基本建成国家制造业高质量发展试验区。

在对外开放方面,内需拉动经济增长更为有力,实现内贸、外贸一体化发展,参与国内国际经济合作和竞争新优势明显增强,成为贯通内外的国际贸易枢纽和国家重要战略资源配置中心。世界一流强港建设取得突破,高水平交通强市初步建成,浙江自贸区宁波片区出成果、出经验、出形象,港口型国家物流枢纽地位确立。全面融入长三角高质量一体化发展,杭绍甬一体化和宁波都市区建设取得重要进展。消费基础性作用突出,外贸增长方式加快转变,"225"外贸双万亿行动目标基本实现,建设成为国内大循环重要节点、国内国际双循环重要枢纽。

在发展非公经济方面,形成国际一流营商环境,持续提升吸引外资能力。在大力开拓"一带一路"沿线国家和日韩、东盟等市场,深度开发欧美发达国家市场的基础上,基本构建多元化国际贸易市场体系。强化进口贸易促进创新示范区功能,扩大能源及大宗商品、先进技术设备进口,打造国家重要进口基地。深化国家跨境电商综合试验区建设,加快推进公共海外仓建设,保持跨境电商保税进口领先优势。深化全国服务外包示范城市建设,巩固传统服务贸易,加快发展新兴服务贸易,推动服务贸易扩容提质。创新转口贸易、离岸贸易等贸易模式,推进国际贸易数字化转型,培育壮大外贸新增量,打造新型国际贸易中心城市。

宁波作为浙江乃至全国经济发展大局中的重要节点城市,承担着为全国、全省现代化建设率先探路的重大使命。今后一个时期,宁波将奋力扛起使命,努力服务"国之大者",加快实现"争创市域样板、打造一流城市、跻身第一方阵",描绘"八八战略"实施的新篇章。

第二章　推进社会治理精细化，
建设高品质现代化城市

第一节　坚持协调发展，走高品质城乡融合之路

一、促进城乡一体化发展，从根本上解决"三农"问题

习近平总书记在党的二十大报告中指出：未来 5 年我国建设的主要任务目标之一是"城乡人居环境明显改善，美丽中国建设成效显著"。[①] 我们不仅注重城市人居环境的改善，也高度重视乡村人居环境的改善。改革开放以来，我国在社会经济发展、缩小城乡差距方面取得了可喜成绩，但城乡二元制仍然存在，成为解决"三农"问题的制度瓶颈。要坚持走中国特色农业现代化道路，把推动城乡发展一体化作为解决"三农"问题的根本途径。城镇化和城乡一体化的目标一致，都是破解城乡二元结构、解决"三农"问题的根本途径，城镇化是城乡一体化的核心内容和关键环节。"八八战略"中明确提出："进一步发挥浙江的城乡协调发展优势，统筹城乡经济社会发展，加快推进城乡一体化。"2005 年 1 月，浙江制定并颁布实施了《浙江省统筹城乡发展

---

① 习近平：《高举中国特色社会主义伟大旗帜 为全面建设社会主义现代化国家而团结奋斗——在中国共产党第二十次全国代表大会上的报告》，人民出版社 2022 年版，第 26 页。

推进城乡一体化纲要》,成为全国首个省级层面的城乡一体化纲要。

宁波推进城镇化和城乡一体化必须立足区域资源禀赋,根据自然区位、资源禀赋、历史文化传承等要素特点,探索具有区域特色、遵循发展规律的发展路径。

第一,宁波拥有"得天独厚的条件",必须进一步增强中心城市的龙头作用。2002年12月20日,习近平同志在宁波调研时指出:"宁波濒海临江依湖,城市建设有着得天独厚的条件。要以更高的标准、更大的气魄、更宽的视野、更高的品位,建设现代化大都市……百里三江文化长廊和东钱湖开发建设,对这类不可再生资源的开发利用,一定要处理好利用和保护的关系,保护不好,宁肯暂缓。不干则已,要干就要干好,不留下遗憾。"[①]宁波要立足城市的核心特质、优势和国家战略转型的发展要求,明确自己的战略规划和定位,抓住机遇,实现城乡一体化发展。2004年在省人代会宁波代表团全体会议上,习近平同志强调,在"八八战略"中,宁波的优势还是很明显的,应该起到领跑和示范作用。"着重在优化城市形态,完善功能布局上下功夫,加快城市产业功能、创新功能和服务功能的培育,进一步增强中心城市的龙头作用。"[②]

第二,宁波通过城市化和城乡一体化,着力解决"三农"问题。城与乡,是人类生产生活的两大空间载体。城乡关系是人类经济社会发展中极其重要的一对关系。我国城乡分割的二元经济社会结构由来已久,是制约城乡协调发展的根本性体制障碍。解决城乡二元结构问题、统筹兼顾城乡发展,就要把城乡发展作为一个整体,科学筹划、协调推进,形成以城带乡、以乡促城、城乡互动的发展格局。"宁波城乡和区域的发展都比较平衡,要大力加快城市化进程,充分发挥县域经

---

　　①　习近平:《干在实处　走在前列——推进浙江新发展的思考与实践》,中共中央党校出版社2006年版,第486页。

　　②　习近平:《干在实处　走在前列——推进浙江新发展的思考与实践》,中共中央党校出版社2006年版,第483页。

济的优势和活力,进一步改变城乡二元结构,促进城乡一体化发展,通过城市化和城乡一体化,从根本上解决'三农'问题,让城乡居民共享现代化大都市的文明和生活。"①在发展经济的同时,也不能忽视环境、资源、社会等其他方面的建设。"在今后的发展中,宁波不仅要重视经济指标,更要重视人文指标、资源指标和环境指标;不仅要增加促进经济增长的投入,而且要增加促进社会发展的投入,努力推动经济社会协调发展和可持续发展。"②

第三,加大宁波"社会主义新农村建设"力度,提高城市管理水平。以新型城市化和新农村建设双轮驱动,推进城乡一体化的战略路径,要求以新型城市化战略来加快推进城市化进程,推动社会主义新农村建设。2004年习近平同志在省委常委会听取宁波市工作汇报时,指出:"要加快编制统筹城乡发展规划,进一步优化村镇建设和产业布局,加大农村基础设施建设力度,切实抓好'百村示范,千村整治'工程,建设新农村。"③"大力加强城市基础设施建设,提高城市管理水平。"④

二、加大就业、收入分配、社会保障以及医疗、教育等同人民群众切身利益息息相关的制度创新

"八八战略"把"进一步发挥浙江的体制机制优势"作为第一条。"进一步发挥浙江的体制机制优势"的战略决策,来源于对国际国内宏观背景的把握以及对浙江经济社会发展阶段变化的科学分析。

---

① 习近平:《干在实处 走在前列——推进浙江新发展的思考与实践》,中共中央党校出版社2006年版,第486页。

② 习近平:《干在实处 走在前列——推进浙江新发展的思考与实践》,中共中央党校出版社2006年版,第484页。

③ 习近平:《干在实处 走在前列——推进浙江新发展的思考与实践》,中共中央党校出版社2006年版,第483页。

④ 习近平:《干在实处 走在前列——推进浙江新发展的思考与实践》,中共中央党校出版社2006年版,第483页。

第一，宁波推进制度创新需要响应人民诉求。只有干在实处，才能走在前列。干在实处，其重点是改革。浙江发展的活力之源就在于改革，就在于率先建立了能够调动千百万人积极性、激发千百万人创造力的体制机制。要把促进社会公平正义、增进人民福祉作为一面镜子，审视各方面体制机制和政策规定，哪里有不符合促进社会公平正义的问题，哪里就需要改革；哪个领域、哪个环节问题突出，哪个领域、哪个环节就是改革的重点。

第二，宁波推进制度创新需要带领人民致富。作为中国改革开放先发地之一，宁波以勇立潮头的"宁波精神"，在社会主义市场经济大潮中一马当先。改革开放 40 多年来，宁波脱颖而出，变成现在的中心城市、开放城市、现代化滨海大都市，实现了从一个普通沿海城市到浙东经济大市的历史性跨越。改革进入深水区，必然涉及利益格局的深刻调整，在这个过程中，如何站在人民立场上把握处理涉及改革的重大问题，从人民利益出发谋划改革思路，制定改革措施，并维护社会和谐稳定，带领全体人民致富奔小康，是宁波市委、市政府一直高度关注的问题。扎扎实实地帮助群众解决困难，实实在在地为群众谋取利益。密切关注在宏观统计数字掩盖下的不平衡问题，高度重视"平均数不是大多数"的问题，切实关心和解决部分困难群众的生产生活问题。2021 年，宁波响应中央和省委号召，明确打造"共同富裕先行市"的新目标，着力解决发展不平衡问题，力争早日实现共同富裕。

第三，宁波推进制度创新需要广大人民满意。在推动改革的过程中，坚持广泛听取群众意见，找准群众最盼、最急、最忧的问题做改革文章，从群众最关心的领域改起，让群众的"问题清单"变成"满意清单"，让群众实实在在感受到改革带来的成果，最大限度凝聚制度创新正能量。

三、加大扶贫济困力度，关心和改善困难群体生活，关心和保护困难群体的合法权益

2020 年我们如期完成了新时代脱贫攻坚目标任务，创造了人类减贫史上的伟大奇迹。这是以习近平同志为核心的党中央坚强领导的结果，是全党全国各族人民团结奋斗的结果，充分体现了中国特色社会主义制度的显著优势。在这一伟大的历史进程中，宁波市坚决贯彻党中央和省委决策部署，把办好自己的事和助力对口地区发展统筹起来，对标争先、真抓实干，接力以进、与时俱进，推动扶贫协作和低收入群众高水平全面小康攻坚工作取得了一系列重要成果。宁波市深入学习贯彻习近平总书记关于脱贫攻坚的重要讲话精神，翻篇归零再出发，接续奋斗再攀高，积极探索实现共同富裕的新路径，在全面建设社会主义现代化国家的新征程中充分彰显"重要窗口"模范生的担当作为。

全面小康是全体人民的小康。公平均衡，全民共享，是中国共产党人在小康路上始终追求的目标，共享是人人享有、各得其所，不是少数人共享、一部分人共享。

第一，宁波在全省建设全面小康的道路上具有重要地位。"宁波是我国重点沿海开放城市，是我省对外开放的重要窗口……全省对外开放做得好不好，外贸出口的增长能不能持续，吸引外资做得好不好，'走出去'战略实施得好不好，首先看宁波。"①作为改革开放的排头兵，宁波的小康建设不仅仅影响全省小康建设的进度安排，更是在全国范围内具有重要的战略意义。2002 年，习近平同志在宁波考察调查时强调："继续积极推进'山海协作'，扎实开展多种形式的帮扶活动，为

---

① 习近平：《干在实处　走在前列——推进浙江新发展的思考与实践》，中共中央党校出版社 2006 年版，第 487 页。

全省区域经济的协调发展作出应有的贡献。"①要坚持宗旨，以民为本，做到情为民所系，权为民所用，利为民所谋，在推进全省提前基本实现现代化的新征途中，经受新的考验，交出合格的答卷。

第二，宁波的领导干部在扶贫济困中要起到带头作用。老百姓身边的每件小事都是大事。要扎扎实实地帮助群众解决困难，实实在在地为群众谋取利益，把群众当成自己的亲人。

第三，宁波要把关心和改善困难群体生活的工作落在实处。把帮助群众解决实际困难，特别是帮扶城乡困难群众，放到更为突出的位置。出于各种个体原因和受到社会结构性因素的影响，部分社会成员陷于贫困及生存困境。为社会贫弱群体提供支持与帮助，是社会公平发展的客观要求，也是源头治理的基本内容。

四、按照"五个统筹"要求大胆创新实践

改革开放 40 多年来，宁波从一个沿海商埠小城跃升为长三角南翼经济中心、"一带一路"倡议支点和长江经济带的"龙头龙眼"。站在新的发展起点，宁波市紧紧围绕"'八八战略'再深化、改革开放再出发"，坚持一条路子走下去、一张蓝图绘到底，深化"大学习大调研大抓落实"活动，推进"六争攻坚、三年攀高"行动，大力实施"拥江揽湖滨海"战略，推进大湾区大花园大通道大都市区建设，打造前湾新区、甬江科创区，巩固提升宁波作为长三角南翼经济中心的地位，按照"五个统筹"要求大胆创新实践，推动宁波走在高质量发展前列。

"统筹发展"主要包括以下 5 个方面。

第一，统筹城乡发展。明确规划统筹的指导思想，按照城乡一体化和新型城市化的总体要求，以城乡全面协调发展为目标，以加快构筑现代都市为抓手，以做大做强中心城市为重点，始终坚持城乡规划

---

① 习近平：《干在实处　走在前列——推进浙江新发展的思考与实践》，中共中央党校出版社2006 年版，第 486 页。

的基础地位,充分发挥城乡规划对城乡统筹协调发展和空间资源配置的统筹引领和导向作用,促进宁波城乡经济社会健康有序发展。2006年在宁波召开的县(市)区党政负责人座谈会上,习近平同志就已经提出:"要加快编制统筹城乡发展规划,进一步优化村镇建设和产业布局,加大农村基础设施建设力度,切实抓好'百村示范,千村整治'工程,建设新农村。"①

　　第二,统筹区域发展。强化区域规划统筹是基本建成现代化滨海大都市,基本实现现代化的必然要求,也是推进新型城镇化、实现全域都市化的主要抓手,更是促进经济社会转型、提升宁波城市综合竞争力的现实需要,对于保障城市全局利益、整体利益、长远利益和公共利益至关重要,意义重大。② 在 2004 年的省委常委会上,习近平同志对宁波提出要求:"要注重从整体上加强规划与建设,进一步明确各县市区的功能定位,加快中心镇开发建设,逐步形成一批各具特色的卫星城市,促进市区与县市协调发展。大力加强城市基础设施建设,提高城市管理水平。"③

　　第三,统筹经济社会发展。宁波要切实扛起唱好"双城记"、当好模范生的使命担当,充分体现高水平全面建设社会主义现代化的目标要求。深刻把握忠实践行"八八战略"、奋力打造"重要窗口"这个总要求。浙江省委明确将书写忠实践行"八八战略"的新篇章、展示奋力打造"重要窗口"的新成果,作为新发展阶段浙江必须担负的历史使命。宁波市围绕这个总要求,全面落实中央和省委全会决策部署,在发展目标、战略重点、任务举措上自我加压、拉高标杆,努力体现走在前列、当好模范生的要求。

---

　　① 习近平:《干在实处　走在前列——推进浙江新发展的思考与实践》,中共中央党校出版社2006 年版,第 483 页。

　　② 《宁波市人民政府关于强化规划统筹促进城乡全面协调发展的若干意见》,《宁波市人民政府公报》2014 年第 1 期。

　　③ 习近平:《干在实处　走在前列——推进浙江新发展的思考与实践》,中共中央党校出版社2006 年版,第 483 页。

第四,统筹人与自然和谐发展。生态保护是每个地球公民的职责,每个人都要行动起来,积极参与其中,养成文明健康的生活方式和消费方式。宁波聚焦生态文明体制机制创新、加大生态环境治理力度、推进绿色发展转型等生态文明建设重点领域,在美丽宁波创建中,实现生态文明建设全面迈上新台阶,树立绿色发展新理念,全面改善城乡生态面貌。

第五,统筹国内发展和对外开放。2004 年习近平同志在省委常委会听取宁波工作汇报时指出:"要继续办好国家级开发区和宁波保税区,充分发挥他们在利用外资、扩大出口和发展加工贸易中的重要作用。进一步办好浙洽会、消博会、服装节等重大对外经贸活动,更好地发挥宁波在全省对外开放中的'窗口'作用。"①要不断优化投资环境,持续吸引外资、广泛招引内资,集聚各方面优质资源要素为宁波所用。同时,要支持优势企业走出去开展国际并购,想方设法争取多购进过去因受限难以买进的高技术产品、关键零部件和核心技术,成为能够与国际一流企业同台竞争的跨国企业。

第二节　创新基层治理模式,搭建社会公共服务新平台

一、社会公共服务的宁波"81890"模式

2001 年成立的宁波"81890"求助服务中心结合政府、市场和社会三大资源,为市民提供更便捷的服务和最准确的信息,实现服务、需求一体化解决,这个基层治理模式获得"中国城市管理进步奖"和"中国地方政府创新奖"。

---

①　习近平:《干在实处　走在前列——推进浙江新发展的思考与实践》,中共中央党校出版社2006 年版,第 484 页。

（一）宁波"81890"模式提出的现实性

"81890"模式其实就是一种跨部门合作模式。跨部门合作是治理理论中的新流派，安塞尔界定这个治理结构是指更多的公共部门参与到关系集体利益的决策中来，实现资源合理利用，减少机会主义，增加信任感。"81890"是宁波话"拨一拨就灵"的谐音，建于2001年8月18日，是由宁波市海曙区委、区政府投资设立的旨在转变职能、改进机关作风、优化投资环境、帮助市民解决各种生活难题的公共服务平台，政府提供公共运作成本，无偿为市民、企业提供全方位的需求信息服务，是全国最早设立的新型公共服务实体之一。"81890"通过电话、短信、微信、APP等多种渠道为市民提供各类信息服务。近年来，"81890"逐年拓展了"81890"党员服务中心、"81890"志愿服务中心等75个服务功能。"81890"先后获得了"全国文明单位""全国创先争优先进基层党组织"等200多项荣誉。商务部分别在2004年、2007年、2009年向全国推广宁波"81890"服务模式，2012年浙江省将该模式应用到全省的县（市）区。"81890"把千家万户居民的需求与成百上千的服务主体对接起来，成功地实现了无偿、无缝对接，让政府、市场、社会信息共享、联手互动，打造了"一头连百局千企，一头连千家万户"的群众服务平台。

宁波市"81890"经历了20多年的积累，已成功发展成在宁波家喻户晓的生活好帮手。一切从百姓需求出发。随着社会的快速发展，市民的生活方式发生了很大变化，生活需求呈现多样化趋势。如何最大限度地满足人民群众需求，是社会服务领域面临的一个现实课题。过去市民生活遇到问题和困难需要帮助，都不知道从哪里能得到可靠的帮助和服务。一方面百姓对服务企业感到不放心，另一方面社会上又有许多可以提供帮助的服务资源找不到平台。改变这种供求信息不对称的情况，需要一座桥梁。于是由宁波市政府牵头，架起了"81890"这座桥梁。政府构建起一个互动诚信的服务平台，让千家万户居民的需求与成百上千的服务主体成功实现了对接，演绎了政府搭台、市场运作、社会参与的服务模式。刚开通热线的时候，由于社会和企业对政府出资办热线了解甚少，加盟企业非常少，当时"81890"的负责人就带领员工们挨家挨户做宣传工作。"81890"也根据社会需求的变化，不断拓展服务功能。目前，其服务范围已辐射到整个市区乃至更大区域。"81890"呼叫平台、"81890"服务网站近年来增设了失物招领中心、党员服务中心、爱心超市、老年人应急呼叫系统、博士服务站、企业服务平台、城区社会化管理信息系统、社区服务培训中心、服务业协会、志愿者协会、月湖老年网、短信服务平台、法律咨询、未成年人服务平台、鹊桥会等服务项目，解决了过去政府一直想解决但未能解决的问题。老百姓的需求在哪里，保障就到哪里，这就是"81890"最大的一个特点。

随着城市居民生活水平的提高，生活方式也发生很大变化，居民生活需求也出现多样化的趋势。面对人民不断增长的需求，我国的社会服务体系还不完善，居民的需求得不到满足，而且也不知道如何寻找合法、有效的途径来获得满意服务，这就需要相关企业参与进来。社会服务业是一种新兴产业，它提供的是一种无形的服务，给人民以便捷舒适的生活，提高人民的幸福感。但在我国，社会服务业还不成熟，规模小、资金短缺、获取信息渠道不规范等缺点导致相关企业在发展中受限制。加之传播信息渠道不畅通，企业多采取发传单形式进行宣传，易引发市民的不信任，最终因经营不善而倒闭，从而打击相关行业自主创业的积极性。这一系列问题的根本原因在于，供需两方——服务行业和居民——在信息获取上存在不对称现象，这既影响了居民生活，又制约社会服务行业的发展。宁波创新的"81890"模式就是依托互联网等，发挥政府的公信力，整合企业和居民的需求，构建信息畅通的桥梁，解决服务困境，建设服务型政府。

（二）宁波"81890"模式的特征

宁波"81890"模式的运行是以为人民服务为目的，最大限度整合资源,推进和谐社会建设。通过政府的运作,无偿为市民、企业提供信息服务。初期投资 56 万元,年运作成本 80 万元左右。经过 4 年的建设与完善,"81890"求助服务不断创新,逐渐建成了较为完善的公共服务信息平台。该平台在组织结构上,设有办公室、接线部、执行部、网站、考评小组、义务监督员队伍、质量巡视员队伍、"81890"服务业协会、"81890"志愿者协会等。在服务资源上,"81890"整合政府公共服务资源,所有政府职能部门及公共服务单位与"81890"实现了互动。

最大限度整合资源。"81890"模式运行的主要力量就是政府、市场和社会。三者通过"81890"来实现相互合作,提供服务,满足需求。政府作为最具有公信力的力量,在平台中主要对居民提出的需求进行收集和处理,通过"81890"信息平台及时将市民的意见和需求传播出去,并与相关部门协调、解决。"81890"与政府各部门合作,化解信息鸿沟,解决群众的实际问题,同时整合了市场的资源。市民在生活中遇到的服务需求可以发布在此平台上,已加盟的企业可在此平台获取服务信息,这大大提升了企业服务效率,也方便了居民获取相关服务。这种以信息平台为依托,提供相关社会服务的做法,很好地解决了相关企业宣传难的问题。同时该平台吸纳许多愿意参与社会活动的志愿者,如"81890"红帽子志愿者队伍。他们为宁波市民提供各类个性化服务,为倡导社会公德和建设文明城市做出了巨大贡献。

转变政府职能。"81890"服务模式不同于纯公共服务,纯公共服务具有排他性,无法通过市场机制来实现供给。如果消费者所承担的公共服务成本取决于自己申报的从公共服务中获益的状况,就会出现隐瞒或少报自己真实效用水平的动机,它会导致公共服务的实际供给水平远低于最优水平。当然,如果所提供服务的代价与个人体验无关的话,就会出现工序过多的现象,从而供大于求。就是因为市场有其自身弊端,会发生失灵等状况,所以需要政府出面来提供公共服务。"81890"利用政府的公信力,将政府、市场、社会的三大资源进行了充分的整合,为随时响应群众求助、及时化解社会矛盾、不断提高群众生活品质集聚能量。该平台将市、区二级政府的服务职能等相关信息都收集整合到"81890"数据库中;服务内容从衣食住行到生老病死,基本上涵盖了群众在日常生活中的各种生活服务需求;征集了社会各界的志愿服务力量,从而可以为弱势群体提供个性化服务。"81890"与政法委、组织部、宣传部、民政局、卫生局等部门均建立了广泛的合作关系,实现信息的有效无缝对接。群众只需要记住"81890"一个号码,就可以把对城市公共管理和服务的需求、意见和建议及时传递到相关部门单位。"81890"扮演"纽带"的角色,帮助他们与相关部门单位进行协调,并监督相关问题的解决和落实,推动了服务型政府建设的进程,促进了政府"主仆归位"要求的落实。

促进产业转型。宁波"81890"服务平台制定了多个行业标准,建立了多个培训基地,对参与该平台的服务人员和管理人员进行了全面的培训。2021 年,该平台的加盟企业已增加到 951 家,年营业额增至17.5 亿元。"81890"重点进行数字化改革,实现保洁、员工、市民 3 个信用档案与市信用中心数据交互应用;面对日益增加的服务对象和服务内容,利用大数据进行合理分配,为居民提供个性化服务。互联网和大数据的应用,帮助企业实现了产业转型,创新了服务模式,从而给居民提供更多便利的服务。

(三)宁波"81890"模式的成果

"81890"作为提供公共服务的互联网平台,创新了生产方式和服务的手段,提高了居民的生活水平和企业服务效率。一是该平台可以确定人们对公共服务的需求,提高资源配置效率。二是该服务平台可网罗更广阔的信息服务资源,并利用自己的优势和独特性,成为广大组织、团体和个人心目中的重要服务角色。平台通过网络化,把更多的物质资源、信息资源、人力资源结合在一起,由点到面,无缝连接,形成了资源的聚集。三是"81890"作为重要的信息传递主体,其本身是能动的。服务对象只需要同该平台建立联系就可以获取相应的服务,无缝连接的传递方式有效避免了信息的失误。四是"81890"是政府参与建立的,其管理的科学性和系统的可信度是可以保障的。因此,市民对该平台提供的服务是充满信心的,加盟企业的安全合法经营也是有保障的。服务的提供者和消费者相互信任,沟通畅通无阻,那么社会就会更加和谐。

打造宁波服务金名片。"81890"模式20多年来历经风雨,已经成为宁波人的社会生活新模式。随着互联网和信息化的发展,"81890"继续拓展服务内容,把企业不愿做的、政府顾不到的都纳进来,进一步为政府、为社会查漏补缺。始终坚持引领和规范加盟企业,"81890"利用"互联网+"来创新服务方式。他们认为传统的热线仍有发展的空间,同时又不能脱离时代。因此除坚持传统的服务方式之外,"81890"还推出微信客户端和O2O服务,使得传统与现代相结合,服务更加全方位。

政府树立"以人为本"理念。政府工作人员是人民的公仆,在社会治理理念转变的大背景中,宁波"81890"这种模式拉近了政府与市民之间的距离,改善政府在市民心中的形象,也为政府在社会治理中转变职能开辟新的道路。

开辟社会治理的新路径。通过政府出资、企业承办的方式来运行该模式,实现政府的职能转变,推进服务型政府建设,这改变了过去政府部门职能不明、处理事务效率过低的状况。同时该模式引入市场竞争机制,从根本上改变企业服务质量,保障了市民的利益。随着社会的发展,人民群众的民主意识也不断提高。"81890"模式整合社会资源,保证其服务质量提高的同时,也把群众组织在一起,增加了市民参与社会事务的机会。

骄人的成绩和完善的制度体系。"81890"扎实有效的工作得到了市民的充分肯定和社会的广泛认可。"81890"先后获得了"第八届全国职工职业道德建设十佳单位""全国五一劳动奖状""全国精神文明建设工作先进单位""全国百家诚信服务优秀单位""国家级巾帼文明示范岗""全国优秀社区服务中心""中国城市管理进步奖政府创新奖""浙江省改革开放 30 周年典型事例 100 例"等两百余项荣誉。这一系列成绩的背后是"81890"不断完善管理和建设信用体系的结果。"81890"建立了一整套信用管理制度,使服务质量有了基本的保障,从而较好地维护了广大人民群众的利益。"81890"与加盟企业有严格的质量保证协议,与服务对象有质量回访机制。对服务企业实行严格的监控,对信誉良好的企业向社会重点推荐,对失信企业实行惩罚,促使服务行业向健康的方向发展。在服务回访中,如果企业有一次不良信誉记录,就给予黄牌警告,二次亮红牌,三次就解除加盟关系,将其"逐出""81890"服务网络。这种机制,融服务与管理于一体,促使服务逐渐走向规范。"81890"还设立了面向全国的社区服务培训中心,对服务行业中的各类服务人员进行标准化训练,并且要求加盟企业的新增就业人员上岗前接受中心培训,从而为造就一支规范的服务产业大军打下基础。"81890"还聘请了法律顾问和消费者服务质量巡视员,专门处理服务质量和价格等引起的纠纷。"81890"模式为宁波全国文明城市和最具幸福感城市的建设做出了突出贡献。如今"81890"模式还在不断完善和发展中。

二、"四张清单一张网"等基层治理的宁波模式

"四张清单"主要指政府权力清单、政府责任清单、企业投资项目负面清单、政府部门专项资金管理清单;"一张网"指的就是浙江政务服务网。习近平同志强调:"要继续加强和创新社会治理,完善中国特色社会主义社会治理体系,努力建设更高水平的平安中国,进一步增强人民群众安全感。"①"四张清单"既可以说是政府的履职清单,也可以说是政府的施政清单,总的来说是从不同的方面、角度来规范政府

---

① 《习近平关于社会主义社会建设论述摘编》,中央文献出版社 2017 年版,第135 页。

的履职行为，从而把转变政府职能的任务落到实处。其中，政府权力清单主要防止行政主体"乱作为"的问题，重点是"法无授权不可为"；政府责任清单主要防止行政主体"不作为"的问题，重点是"法定职责必须为"；企业投资项目负面清单重点是"法无禁止即可为"。"一张网"是展示"四张清单"的重要平台，是提升政府治理能力的重要载体，通过"一张网"把清单"晒"出来，接受社会监督，倒逼政府加快自身改革。同时，要不断探索政府的制度供给创新，最大限度激发市场主体和社会公众的活力。要不断地通过行政体制改革创新推动责任政府、廉洁政府、透明政府和创新政府建设，规范公权力运行机制，加强服务供给功能，改变过去"单一"的社会治理模式，努力向多元主体治理的模式迈进。

2014年，全省开始围绕"四张清单一张网"进行政府自身改革。作为改革前沿阵地的宁波，自然是一马当先，全力推进政府权力清单、企业投资项目负面清单、政府责任清单、政府部门专项资金管理清单及浙江政务服务网宁波平台的建设。

2014年，按照省里的统一部署，宁波市全力推进"四张清单一张网"改革，同年6月，浙江政务服务网宁波平台正式上线，整合40多家市级单位的政务资源，开设了42个部门服务窗口。2021年底，在全国120个主要城市的公共服务评价对比中，宁波以82.49分跻身全国第八。随着改革的推进，宁波"四张清单"已经全部编制完成并通过政务服务网公示。

（一）晒出权力，厘清责任，让权力在阳光下运行

从"法无授权不可为"到"法定职责必须为"，2014年下半年，宁波接连走出了深化自我改革的两步棋。2014年10月，宁波首份"权力清单"揭开神秘面纱。涉及44个市级部门的4189项行政权力，分为行政许可、行政处罚、行政征收、行政裁决、行政奖励、非行政许可审批、行政强制、行政给付、行政确认及其他行政权力十大类别，都可按类别

或按部门进行查询。其中,市级部门保留的行政权力 3327 项,实行属地管理的行政权力 854 项,共性行政权力 8 项,审核转报的 277 项。两个月后,宁波又晒出了 47 个市级部门的"责任清单",包含部门主要职责 473 项,细化具体工作事项 2967 项,涉及部门边界划分事项 145 项,事中事后监管制度 599 项,公共服务事项 332 项。每个市级部门的职责、与相关部门的职责边界、事中事后监管制度以及公共服务事项,都按照法律法规及有关规定作了明确的责任界定,体现了"职责法定""问题导向"的原则。

对于食品安全、安全生产、环境保护等涉及多个部门管理的职责,"责任清单"里明确了牵头部门及相关部门的职责分工,健全部门间协调配合机制,确保责任落实。譬如"全市住宅小区物业管理工作",根据相关规定,进一步明确了市公安局、住建委、城管局、市场监管局、发改委、环保局、民政局 7 个部门各自需要承担的责任。

"权力清单"把"家底"彻底兜了出来,"责任清单"则明确了行政职能部门的"分内事"。看上去虽说只是两个"清单",但背后却蕴含着深刻的意义,可以着力解决职责交叉重叠和责任缺失、服务缺位等问题,让职能部门能够在法定范围内安心做事,杜绝所谓的"没管好"或"手太长"。

同时,针对"事中事后监管",宁波市还围绕日常监管如何进行、危险隐患如何排查、行政处罚自由裁量权如何规范等,进行了清单式的梳理。根据权力保留、取消、转移、委托下放和属地管理等情况,各部门的事中事后监管制度得以明确,为从"重审批"到"重监管""重服务"的改革奠定了基础。

(二)精简事项,提高效率,简政放权优化发展环境

清权、减权、制权,对行政权力事项的厘清精简,带来的是政府行政效率的加速提升,推动政府职责体系不断优化。经过数年的努力,"四张清单一张网"的改革范围已覆盖各县(市)区、乡镇(街道)及各类

开发园区,并掀起了一场简政放权的改革大幕,多个政府部门完成了从"重审批"到"重监管""重服务"的逐步转身。法律法规没有规定,砍掉;不同部门权责交叉,理顺;红头文件自设权力,清除。逐步建立起覆盖全区各部门、街道、社区(合作社)权力规范运行的长效机制。

2015 年,宁波市社会经济调查中心组织开展了全市"四张清单一张网"企业调查,范围覆盖全市 11 个县(市)区及高新区,共获取成功样本 3307 份,涵盖工业、建筑业、房地产业、批发零售业、住宿餐饮业以及重点服务业六大行业。从调查结果来看,以往行政审批过程中存在的多项"老大难"问题,在"四张清单一张网"实施后得到了好转。其中,"不同层级政府重复审批"和"不同部门重复审核材料"的好转情况,让受访者最为满意,两者满意度分别为 74.9 分和 74.7 分。此外,"办事环节过多、耗时过长""工作人员不按规章办事""工作人员自由裁量权大"及"不同部门相互推诿扯皮"等问题也得到了一定改善,满意度均在 73 分左右。

(三)网上办事,消除"堵点",基层群众共享改革"红利"

浙江是较早推进"互联网＋政务服务"工作的省份,自 2014 年以来,以"四张清单一张网"改革为引领,不断深化全省统一架构、五级联动的浙江政务服务网建设,形成了全省事项清单统一发布、网上服务一站汇聚、数据资源集中共享的"互联网＋政务服务"体系。浙江省第十五次党代会报告指出:"牢牢把握办实每件事、赢得万人心的要求。"[1]

"云"聚平台,打造一体化网上政务服务体系。浙江政务服务网建设之初,就确定了全省一体化的顶层设计思想,力求以高度集约化的建设模式实现行政部门集中进驻、网上服务集中提供、政务信息集中

---

[1]　《忠实践行"八八战略"　坚决做到"两个维护"　在高质量发展中奋力推进中国特色社会主义共同富裕先行和省域现代化先行——在中国共产党浙江省第十五次代表大会上的报告》,《浙江日报》2022 年 6 月 27 日。

公开、数据资源集中共享。一是建设电子政务"一朵云"。搭建了省市两级架构、分域管理、安全可靠的政务云平台功能,全面实施电子政务建设"云优先"战略,为全省电子政务和公共数据的整合奠定了基础。建设统一的省级公共数据基础平台,形成贯通省、市、县三级的公共数据交换体系,为数据无缝隙流通奠定了基础。二是构建政务服务"一张网"。基于云计算技术和管理模式,建设全省政府网站集约化平台,按照"七统一"(统一门户、统一认证、统一申报、统一查询、统一互动、统一支付、统一评价)的要求,建设覆盖省、市、县、乡、村五级的政务服务"一张网"门户,集中发布标准化办事指引,公开办事过程、办理结果、评价意见,实现全省网上政务服务入口的一站式汇聚。三是实现网上办事"一站通"。基于人口、法人基础信息库和生物特征识别技术,建立全省统一的电子政务实名用户身份认证体系,实现各级行政机关网上办事系统"一点登录、全网漫游",解决网上办事身份真实性难以验证的问题。建设全省统一标准的行政权力事项库、行政权力运行系统,支撑各级行政服务中心"一窗受理、集成服务"和部门业务全程电子化流转。建设全省统一的政务咨询投诉举报平台,在以"12345"电话整合政务服务热线的同时,依托政务服务网整合各类领导的网上信箱、咨询投诉渠道,实现政务咨询投诉数据大集中。

"网"行便利,积极推广"零上门"在线服务。一是积极推行"网上申报、快递送达"。通过线上、线下互动融合,力促政务服务流程创新。建立网上办事"五星级"评级模式,推广"网上申请、信任在线、办结核验"。建立全省统一的证照快递送达体系,实现统一信息接口、统一专用信封、统一资费上限、统一服务规范,基本覆盖全省行政服务中心。二是推广全流程电子化审批。省政府颁布《浙江省公共数据和电子政务管理办法》政府规章,明确电子材料的法律效力;建设全省统一的电子印章、电子档案、电子证照技术体系,实行"一键归档、单套保存、一站查询"的行政审批电子化归档模式,为政务服务全流程在线运行提供保障。如省人力社保厅对全省专业技术人员资格实施电子证书管理,加盖可信电子签章的电子证书等同于纸质证书;全省建设部门推行建筑企业资质智能化审批,通过系统自动审核、电子流转,已实现申报零材料、受理零窗口、办件零人工、领证零上门、归档零纸件。三是大力推动移动互联网政务服务。打造全省统一的移动政务服务客户端,汇聚便民服务事项,实现"以手指头代替脚趾头"。如全省医院诊疗挂号、交通违章办理、房屋权属证明办理、纳税证明办理、社保和公积金信息查询、高考成绩和录取查询,乃至地铁购票、找车位、找公厕等应用,都可通过浙江政务服务网的手机客户端便捷办理。浙江省还积极推进政府非税收入收缴电子化改革,建设浙江政务服务网统一公共支付平台,开通交通违章罚款、执业考试报名费、学费、社保费缴纳等上百个缴费项目的网上支付渠道。

"数"通流程,大力推进协同化办事。贯彻国务院推进政务信息系统整合工作部署,围绕数据共享助力"最多跑一次"改革目标的实现。着力打通信息孤岛,促进业务协同,构建以数据跑腿代替群众跑腿的新机制。一是以系统联通促进跨部门业务协同。围绕投资项目联合审批、企业注册证照联办、不动产登记等跨部门协同业务需求,依托政务服务网,统一行政权力运行系统,积极贯通条块信息系统,支撑行政服务中心"一窗受理、集成服务"改革。打通国土、住建、地税部门的信息系统,让不动产交易、登记、纳税相关数据不再"背靠背",实现二手房交易不动产登记业务"最多跑一次"。在企业注册登记、证照办理方面,餐饮服务、住宿服务、卷烟零售、商场超市等 20 个领域分类推行"证照联办"试点,逐步实行一窗受理、一套材料、只跑一次。二是以数据共享助力政务流程优化。在全面梳理、摸清省级单位信息资源家底的基础上,公布省级数据共享清单,推动省级部门开放相关数据共享权限,为各级服务部门精简办事材料、优化流程创造条件。

三、建设"智慧宁波"的实践与成就

当下人们正处于双重社会(虚拟社会与现实社会)之中,互联网社会与现实社会一样都需要大家的共同维护。互联网是当前社会人们生活中社交、学习、娱乐必不可少的手段,网络社会服务安全的维系是一个全民共建、共同维护的巨大工程。在"互联网+"这一新的经济发展形态之下,现实社会的治理理念融入网络社会,由传统的网络社会政府管制,向主体多元化的网络社会治理转变,是社会发展的必然趋势。如何在虚拟的网络社会中贯彻社会治理理念,维系网络社会的服务与运营的安全、绿色、高效,是我们一直探讨的重要问题。

（一）宁波市推进政府数字化转型

为深入贯彻落实党的十九大关于建设网络强国、数字中国、智慧社会的战略部署,根据《浙江省深化"最多跑一次"改革推进政府数字化转型工作总体方案》精神,围绕"掌上办事之市、掌上办公之市"建设目标,以深化"最多跑一次"改革为总牵引,全面贯彻落实省政府数字化转型各项工作任务,以政府数据整合共享、业务协同为核心,全面推进政府数字化转型,创建全省数字政府建设示范市,助推"六争攻坚、三年攀高"和"名城名都"建设。

第一,发展目标。按照系统谋划、整体推进,以人为本、突出成效,整合共享、流程优化,创新应用、试点示范,安全可靠、协调发展的基本原则,加快推进宁波市政府数字化转型。初步形成纵向贯通、横向协同、上接国家和省系统,覆盖全市的数字政府体系。数字技术与政府履职实现全面深度融合,"互联网+政务服务"和"互联网+监管"全面推行,以大数据为支撑的政府决策科学化、治理精准化、服务便捷化水平显著提高。数据共享开放保障机制逐步完善,公共数据资源全面共享和有序开放,政务信息系统有效整合。数据共享开放保障机制进一步完善,"掌上办事"和"掌上办公"基本实现政府核心业务全覆盖,数字技术与政府履职全面深度融合,数字政府有力引领数字经济、数字社会发展,把宁波打造成为全省数字政府建设示范市、全国政府数字化转型的先行区和示范区。

　　第二，主要任务。全面贯彻落实省政府数字化转型各项工作任务。加强顶层设计，统筹推进"互联网＋政务服务""互联网＋监管"和城市大脑、新型智慧城市建设，打造一体化数据平台，实现基础设施、数据资源和公共应用支撑体系共建共享。做好省、市两级平台支撑，省、市、县三级应用开发和运行保障工作，推进全省统一的重大公共性应用系统、各行业重要业务应用系统的贯通应用或分级部署。推进各类政务服务移动端 APP 整合到"浙里办"APP，实现掌上办事。依托"浙政钉"平台，全面推进移动办公，实现掌上办公。做好省政府数字化转型"8＋13"重大项目先行试点、分级部署和贯通应用，推进省政府数字化转型示范试点工作。探索建设具有宁波特色的业务应用，并形成成功案例。

　　构建具有宁波特色的"四横四纵"政府数字化转型体系。"四横"是网络基础体系、大数据中心体系、应用支撑体系、数字应用体系四大方面建设任务，"四纵"是政策制度、组织保障、标准规范、安全保障四大方面保障措施。按照统分结合的原则，宁波市政府数字化转型实行市级平台支撑，市、县两级应用统筹开发和保障运行，并与国家、省级平台全面对接。公共技术平台和基础性数据资源，由市政府根据全省规划和标准实行统一建设部署，并实现省、市互联互通，各地各部门原则上不再单独新建。各地各部门新建业务应用系统，统一依托市级平台进行建设。数据资源实行市、县两级共建共享。在市大数据中心平台统一支撑下，建设市级各部门的行业数据仓、区县（市）的个性化数据仓，并统一归集数据，实行全面共享。各地各部门对国家、省、市统一部署的业务应用实现"全覆盖"，避免重复建设，可结合自身特点优化完善。对上级没有统一部署的业务应用，鼓励在市统一支撑平台和应用框架下进行创新开发，形成成功案例后在全市复制推广。市级各部门开发的特色业务应用的范围要包括区县（市）部门，避免重复建设。各区县（市）政府统筹整合本地各部门应用，做好部门新建业务应用系统的统一规划设计，避免碎片化。

第三，保障措施。一是强化组织领导和责任机制，成立由市政府主要领导担任组长的宁波市政府数字化转型工作领导小组，下设办公室（设在市政府办公厅）。各地各部门落实"一把手"责任制，建立政府数字化转型工作协调推进机制，加强对政府数字化转型的组织领导和统筹推进。建立数据资源共享责任清单制，梳理政务信息资源目录，加强数据共享需求对接与协调，明确"一数一源"数据资源供给、维护责任。建立数据共享评判机制，成立公共数据资源共享评判小组，制定数据资源共享、开放协调和评判工作流程。研究探索数据领域政策法规制定工作，加快制定《宁波市公共数据管理办法》。二是强化资金保障，整合财政预算资金，统筹设立市数字化建设（政府数字化转型）专项资金，用于政府数字化转型、大数据发展、社会信息化的推进。加强公共数据、电子政务、政府数字化转型及"互联网＋政务"相关项目建设统筹。三是强化标准支撑，对接浙江省政府数字化转型总体标准框架，编制市政府数字化转型标准规范，重点推进数据标准化、规范化建设，制定数据汇聚、数据平台、数据安全、大数据应用等标准规范。四是强化信息安全，构建全市政府网络安全工作责任体系，完善网络安全管理和数据保护机制。加强重要领域和关键基础设施密码应用，建立健全网络和信息系统密码保障体系。完善预警通报和应急机制，提高政府重要网络与信息系统的威胁感知、应急处置能力。建立政府关键信息基础设施保护制度，落实信息安全等级保护制度，加强重要政府数据安全保护，防范重要数据和公民个人信息泄露。

（二）"网格化"基层治理的宁波模式

党的十八届三中全会中用"社会治理"代替"社会管理"，"管理"向"治理"的转变，是中国特色社会主义治理体系的实践创新，标志着我国改革发展进入了一个新的阶段。在新时代探索基层社会治理新模式，稳步推进基层社会治理现代化，有利于促进社会矛盾的解决，实现中华民族的伟大复兴。

　　第一，网格化治理的背景。随着城市化发展进程的加快，各地区在社会治理方面都在不同程度上出现了问题。宁波在社会治理方面也有不少需要改善和提高的地方。宁波镇海区自 2014 年以来，积极开展"网格化管理、组团式服务"工作，既满足群众生活方式和利益需求多样化，又提高了社会治理能力和水平，对实现社会和谐稳定、人民安居乐业发挥了重要作用。宁波网格化基层治理模式经过多年的发展，已走出了一条基层社会治理的新路子。它的特点在于活用"一张网"，管好千家事。

　　第二，宁波网格化创新治理的初衷在于解决社会治理领域出现的一些难题，主要体现在以下几个方面。一是基层干部工作不到位。一些地区基层干部对群众关心不够，不能及时了解群众的生活需求和思想变化。一些基层党组织在社会治理中被边缘化，失去领导作用，甚至基层党组织对群众没有吸引力和凝聚作用。有一些基层党员干部自身素质不高，法治意识不强，在解决群众问题时护短帮亲，没有表现出一个共产党员应有的服务精神，从而导致威信缺失。二是群众力量参与社会治理不够。社会治理要明确谁是治理的主体，谁是社会治理的重要力量。基层社会治理应该发挥人民群众的作用，依靠社会力量来实现社会的安定和谐。不过，在现实的社会治理中，政府往往承担了社会治理的大部分工作，造成群众在基层社会治理中缺位。三是各职能部门各自为政。宁波的社会治理系统也坚持部门各自管理自己的事情，党建、计生、劳动监察、城市管理、社会管理、安全生产、食品安全等 10 多个职能部门都有自己的网格。部门多，职能不同，基层干部难以应对，这也影响治理的效率。宁波为解决以上治理问题，创新出基层社会治理的新模式——网格化治理模式。

　　第三，宁波网格化治理模式是枫桥模式的升级版，该模式充分利用网络平台和政府、社会力量，更快捷方便地解决问题。网格化治理的创新性体现在以下几点：一是建立综合指挥室。建立综合指挥室是为了快速、方便地处理群众突发事件，实现突发事件更快速地流转。

当事件发生时,网格管理人员可以通过手机以电子派单的形式上传到网上,并进行分流移交、处置办理、限时冻结。该平台还可以科学化地分类各种事件,如简单事件、一般事件和重大事件。针对不同的事件,可以智能地采取不同的处理方式,如一般事件就可以通过系统的逐级上报来处理。对于重大事件,可直接通过综合指挥室来上报。这种智能化的设置可以使层级对接更加高效,改变过去传递信息费时费力的状况,现在只需要一部手机就可以上报。二是采用"高、精、尖"技术推送消息。宁波市综合行政执法局(以下简称宁波市城管局)智慧城管中心将国产资源卫星的遥感、北斗卫星定位导航等"高、精、尖"技术,应用到网格化城市管理中,获取遥感影像。在实际的城市管理过程中,可以通过北斗卫星定位导航、高分辨率卫星遥感影像、实景三维和城市部件管理等多元数据集成管理。相关系统建成后,智慧城管可以利用国产卫星的定位遥感技术,实时获得台风期间该市的遥感影像,并及时掌握户外设施的破损情况,第一时间向相关部门推送。宁波市城管局已配"处置通""考评通""城管通""执法通"等北斗兼容型移动终端200部,执法车辆、环卫车辆、渣土车辆等50部车辆也装上了北斗车载定位设备。三是考核机制智能化。该模式还专门设置对网格长、网格信息管理员和网格专干员三类工作人员的考核程序。对于网格长,主要考核他们对网格内情况的掌握程度、走访频次和时间上报流转频度等。宁波镇海区庄市街道还为每个网格长配备了具有移动智慧管理功能的"甬e通"手机。安装有这个APP的手机会对照片或录音进行级别鉴定和分类,并推送至街道社会服务管理中心和各职能部门,并且实时跟踪事项办理情况。街道社会服务管理中心也可通过"甬e通"系统向网格长发送即时指令,实现信息的实时传输。针对网格信息管理员,主要考核日常台账以及信息登录情况。对于网格专干员,主要考核他们报送或流转事件的准确性等。四是积分奖励制。对网格内工作人员的奖励主要根据所承担各项事情的重要性。宁波市鄞州区东吴镇的网格长或网格员每上报一条有效信息积4分,每个积分奖励 5 元,每个季度末,镇综治办会把每个网格长的有效信息进行积分换算,并折算津贴。另外,东吴镇还制定分类激励制度,按照事件的大小和轻重缓急制定不同的积分来进行奖励,对网格内工作人员所上报的信息经过系统处理,并进行事件大小的分类,这样,在季度考核中,就可以根据积分进行奖励。五是定期培训管理者,提升管理团队的水平。对城市网格化管理者进行不定期的、有针对性的管理培训,让他们更深入地了解网格管理的知识和管理流程,随时了解更新的治理技术等,提高管理团队的整体水平,实现城市网格化管理系统价值的最大化。另外,网格团队还要宣传网格管理的理念,让更多的市民了解这一模式,让市民群众能够参与到这项模式中来,发挥市民的力量。鼓励市民将发现的信息第一时间传递给网格管理人员,使问题在第一时间内得到解决,发挥网格管理的最大潜力。

（三）宁波"互联网＋党建"与掌上微党建创新

2016 年 4 月,习近平总书记在网络安全和信息化工作座谈会上的讲话中指出:"要以信息化推进国家治理体系和治理能力现代化。"[①]

经济的快速发展和信息技术的更新带来社会的新变化,基层党建只有与信息技术相结合,才能创建党建工作新方式。深化智慧党建是经济社会发展新形势下的必然选择。随着宁波城市化的发展,宁波中心城区的建成区面积,从 2000 年的 127 平方公里扩展到 511 平方公里,增长了 3 倍多,城市快速扩张带来一系列"城市病",使基层治理三对矛盾日益凸显。一是"新与旧"的矛盾。近年来,"新宁波人"数量不断增加,宁波流动人口以每年 20％左右的速度递增,460 万人成为"新宁波人"。外来人口的涌入给宁波的社会治理带来巨大压力,宁波传统的治理方式,已不适应当前的城市化发展进程。原来那种以社区为单元的管理方式,不能适用于现在的"新宁波人"。二是"快与慢"的矛

---

① 《习近平关于社会主义经济建设论述摘编》,中央文献出版社 2017 年版,第 200 页。

盾。有人的地方就是社会,有社会的地方就会发生冲突。城市化发展的过程中,社会冲突也快速发酵。原来的冲突应急措施和方法滞后,不能及时应对冲突,如拆迁、劳资纠纷、物业管理等方面。旧的冲突应急措施需要层层上报,过程缓慢,致使冲突不能及时得到解决,导致群众不满。三是"精与粗"的矛盾。人民群众对服务精细化的要求与原有方式粗放之间存在矛盾,流动日趋频繁的党员,也需要运用信息技术来提高管理的精细化水平。政府各管理部门虽然都设有各自的网站,但是没有一个综合的治理平台,这样分而治之,严重影响管理效率。另外,群众的需求呈现多样化,需要政府提供的服务更趋向精准。党员的流动需要用更智能、更精准的技术来保证党员信息的正确性。

(四)宁波推进智慧党建的主要措施

第一,打造"两网一卡"全员动态管理系统。2004 年宁波建成连接市、区、街三级"党内信息网",2013 年创新推出党员"锋领考评网"。以"两网"为后台支撑,制发党员 IC 卡,绘制三维党建地图,创建网络 e 支部,发动城区党员按图索骥,凭卡跨区域、跨支部、跨行业参加组织活动和志愿服务。党员的一切日常活动都可以实时记录、公开查阅。一是利用网络,组织个性化的活动。创造党员网上学习平台,开发学习交流、展示和团队服务等模块,党员可以结合自身工作的特点来选择不同的内容,自行组织和参与志愿服务活动等。另外,党员也可以自行开展交流活动,这样既能达到教育的目的,传播党中央的重要指示和新思想,又能凝聚党员力量。二是利用科技,实现党员智慧管理。打造 PC 端与移动端相结合的"锋领 e 家"智慧党建平台,根据互联网企业党员信息浏览和活动参与情况,定向推送针对性的教育时讯和组团活动信息,提高教育管理效率。三是组织牵线,示范引领贯穿始终。通过区、镇两级党组织牵线搭桥,推广运用组织生活"区域联办""行业联办"等做法,跨企业、跨支部、跨区域形成党建活动联盟,推动广大互联网企业党员进一步强化党员身份意识和先锋意识。

第二，搭建"一线四终端"服务平台。"一线"，就是开通党员 "81890"服务热线和服务网页，24 小时全天候接受群众电话求助。 "四终端"，其一是建立"甬·志愿"手机 APP，涵盖志愿服务、公益众筹 等九大功能，打造"指尖上的志愿服务"。截至 2019 年 4 月，已有 2148 个党员志愿服务团队入驻，开展志愿活动 14.1 万起，认领微心愿 1.7 万个。实现了志愿服务的增速和增效。其二是建立"明日菁英"平台， 设立实习、兼职等 7 个栏目，把高校和企业连接在一起，实现人才与企 业面对面对接。另两个终端分别是"锋领红帮""8718"企业服务平台 和"宁波红"党员教育 APP。

第三，打造智慧党建平台。利用信息技术建立大数据分析，改变 信息隔绝和破解业务分割的难题。按照"五统一"原则构建智慧党建， 与上级业务部门保持标准统一、统一存储库、统一交互云、统一应用 核、统一建管用。

(五)发展"互联网＋党建"的优势

党建工作关系到党的存亡，信息化条件下的党建也要紧跟时代潮 流，利用最新的技术来助推党建工作更加精细、更具服务性。宁波的 党建工作紧跟时代潮流，坚持创新，取得了很好的成效。"互联网＋党 建"模式带来了更多的便利，促进了社会和谐，凝聚了人心。

第一，拉近政府与群众距离，实现党建工作对社会的广泛影响力。 "互联网＋党建"的模式，改变了传统的管理模式，过去政府与群众的 联系只能面对面才能实现。现在通过互联网搭起了沟通的桥梁，政府 可以与群众互通有无，畅通联系服务群众的"最后一公里"。通过网络 平台，群众可以打电话或者留言等方式来提出意见、解决问题，这种更 直接的方式，避免了群众像以前一样要花时间、精力去政府单位办事。 "互联网＋党建"让群众少走路、不走弯路、不跑断腿，轻轻松松办 实事。

第二，提升党员的素质。互联网时代，党员干部要注重提升个人素质和改变工作理念。发达的互联网带来的信息是多样化的，如何在这样的网络环境中保持自身的党性和为人民服务的精神，是党员要认真做好的一项重要工作。党建工作者要将现代化的管理理念与工作方式引入党建工作体系，认识到为人民服务是党和人民赋予的神圣工作使命，不断提升党建工作能力，并增强信息化意识。在工作中将党建和信息化结合起来，才能有的放矢，真正提升基层党建信息化工作实效。

第三，把握党建的客观环境。互联网的发展使世界变成一个地球村，拉近了各地区乃至全世界的距离。党建工作需要时刻关注、时刻警惕外部环境，它对党建工作提出的挑战是严峻的。推进党建工作信息化，实现管理理念、手段、方式的创新，是新时代基层党组织需要认真思考的大课题。信息化时代，我国的党建智慧建设探索增强了把握时代大势的意识，也推动了信息技术创新和进步。只有把握网络平台的制高点，才能牢牢抓住网民，发挥党的领导核心作用，有力巩固党的执政地位。

第四，创新党组织的工作理念。网络的开放性和透明性使党建工作更加精准和科学。网民可以跨越时间和空间，对党建工作提出意见和建议，可以随时进行沟通和交流。针对个别党员工作失当、行为失范，群众可以通过网络来进行舆论监督。基层党组织更要严格把好党员关，保证思想纯正、信念坚定、爱国爱党的优秀党员进入党组织。基层党组织的战斗堡垒作用既要体现在政治引领上，也要体现在服务群众上，每个基层党组织要定期组织干部主动联系群众、帮助群众，让群众有更多的安全感和获得感。所以，基层党建工作者必须增强阵地意识，加强热点问题和突发事件舆论引导，引导社会情绪、社会心理朝着积极健康的方向发展，积极传递党建工作的正能量，使之由"有形覆盖"转变为"有效覆盖"。

四、平安宁波建设的成就

2004 年,第十一届浙江省委作出平安浙江建设的重大决策,为浙江的发展绘制了一幅蓝图,以"平安"为核心,促进经济社会发展、维护社会和谐稳定、保障人民群众安居乐业,在完全响应国家号召的同时,根据浙江省特有的政治、经济、人文环境,将浙江省打造为一个最能体现中国民主法治建设的榜样省份,这是对"平安浙江"建设的一个现实构想。宁波紧密结合当地实际,率先把建设"平安宁波"的各项工作落到实处,营造稳定的社会政治环境、良好的治安环境、健康的经济运行环境和有序的生产生活环境,为"平安浙江"的建设做出积极贡献。

(一)构建社会治理大指挥体系

建立"市级抓统筹、区县负主责、基层强执行"的市域社会治理工作体系,统一治理力量、整合调配资源、善用立法权限,全面提升社会治理市级统筹协调能力。加强和改进乡镇(街道)党(工)委对基层各类组织的领导,深化开展农村党建"对标建强、领航振兴"行动和城市基层党建示范市建设,发挥基层党组织在社会治理中的领导核心作用。

推进县、镇两级综合指挥平台建设。在县级层面,建强县级社会矛盾纠纷调处化解中心,实现"多中心合一"。在镇级层面,推广象山县大徐镇工作经验,建强做实社会矛盾纠纷调处化解分中心,推进与镇级综合信息指挥室和基层治理"四个平台"的整合。完善综合指挥机制和日汇总、周研判机制,收集、汇总、研判突出复杂矛盾问题,综合运用源头化解、多元调解等措施,确保基层疑难问题得到有效解决。

完善执法力量整合机制。贯彻落实中共中央办公厅、国务院办公厅印发的《关于推进基层整合审批服务执法力量的实施意见》精神,大力推进乡镇(街道)综合行政执法改革试点工作,逐步实行一支队伍管执法。乡镇(街道)要强化统一指挥和统筹协调职责,整合现有县级派驻机构执法力量和资源,实行日常化、规范化的联合执法。推广建立"镇街吹哨、部门报到"制度,实现执法力量的快速反应和有效覆盖。落实乡镇(街道)对区县(市)派驻机构考核权,强化乡镇(街道)对部门职责交叉、需多部门协同解决的难点问题的综合管理权。推进"最多跑一次"改革向基层延伸,推进"互联网+政务服务"建设,努力提供普惠均等、便捷高效、智能精准的公共服务。

（二）构建矛盾纠纷大调解体系

全面构建矛盾化解平台及体系,实行高标准建设和实体化运作,全面提升矛盾属地吸附能力和及时就地化解能力,实现矛盾纠纷化解"只进一扇门""最多跑一地"。在网格层面,试行推广"解纷直通车"等线上线下结合的矛盾化解服务新模式。

推进矛盾纠纷调处化解机制建设。完善矛盾纠纷多元预防化解机制,健全人民调解、行政调解、司法调解联动工作体系,强化警调、检调、诉调、仲调、访调对接机制。完善社会力量参与矛盾纠纷调处化解处置工作机制,加强职业化、专业化调解组织和人民调解员队伍建设;拓宽人大代表、政协委员、律师和法律工作者等第三方参与矛盾化解的制度化渠道。深化推进领导干部下访接访制度和相关单位包案处理制度,落实信访代办制,保证信访工作的依法进行。

完善社会心理服务机制。推动社会心理服务纳入城乡基本公共服务体系,建立健全卫生健康部门牵头、多部门协同的社会心理服务疏导和危机干预机制。依托县、乡两级综治中心和村级综合服务管理平台建设心理咨询室,建立市、县两级社会心理服务人才库,大力开展社会公众心理健康宣传教育。

（三）构建社会治安"大防控"体系

深化对突出违法犯罪的打击整治。坚持"有黑扫黑、无黑除恶、无恶治乱",全面形成高压震慑态势,确保打深打透、除恶务尽。深化缉枪治爆斗争和禁毒"人民战争",严厉打击"盗抢骗、黄赌毒、食药环"等突出违法犯罪；依法打击各类经济犯罪，维护市场经济秩序；提升打击电信网络等新型犯罪和跨区域犯罪的能力。

加强社会治安防控网建设。优化防控力量布局，建设、完善覆盖基层的社会治安防控体系，构建紧密衔接的地面、空中、网上防线，打造高效联动的核心、外围、远端防线，形成立体化、无死角、高智能的"大防控"格局。坚持专群结合，科学调配公安民警、辅警及群防群治力量，建立专、兼职平安巡防队伍。加强特殊人群服务管理工作，深入预防青少年违法犯罪，健全政府、社会、家庭三位一体的关怀帮扶体系，落实教育、矫治、管理以及综合干预措施。

提高网络综合治理能力。建立健全网络综合治理体系，健全属地管理模式。培育积极健康、向上向善的网络文化，强化网民合法权益保护。加强网上阵地管控，深化网络安全警务室等建设，依法坚决打击整治网络谣言和有害信息，净化网络生态。推进社区、网格群众工作微信群全覆盖，发动党员、社区工作者、网格员等"进群"。推动社情民意在网上了解、矛盾纠纷在网上解决、正能量在网上聚合。

（四）构建公共安全"大联动"体系

完善包括人防、物防、技防、心防在内的全方位风险防控体系。建成市、县、乡三级应急综合指挥平台，完善突发案件、事件应急处置机制，构建实战化、扁平化、合成化应急处置模式。推进市、县综合性应急处突（处置突发事件）队伍和社会救援力量的建设，着眼基层一线，加强乡镇处突力量建设。落实公共安全属地责任、部门责任，建立行业安全稳定风险评估、化解和管控制度，确保管行业、管业务、管生产和管安全稳定同步。

完善公共安全风险监测预警体系。提高对重点领域、重点部位、重点环节的动态监测、实时预警能力。健全公共安全隐患常态化排查整治机制，推动城乡公共安全监管执法和综合治理一体化。强化综合实战演练，提高快速反应能力，实现上下衔接、统分结合。

推进公共安全风险处置机制建设。完善自然灾害防治体系和防灾、减灾、救灾工作机制，推广完善巨灾保险机制，提升自然灾害特别是台风洪涝灾害的科学防控能力。

（五）构建基层治理"大协同"体系

健全基层党组织领导下的基层群众自治机制，完善小区居民自治互助站、村级议事平台等自治模式，强化民主决策事项落实情况的反馈与监督，发挥自治章程、村规民约、居民公约作用。深入开展"枫桥式公安派出所"的创建工作，加强基层法庭、司法所规范化建设；健全村（社区）法律顾问制度，完善公益性法律服务激励机制；制定实施法治乡村建设行动纲要，深化民主法治示范村（社区）创建。广泛开展道德模范、"最美宁波人"、身边好人选树活动，推进文化礼堂"建管用育"一体化，深化开展乡风评议和"立家训、树家风"活动。

发挥社会组织的桥梁纽带作用。加强社会组织的党建，建立健全社会组织日常考核、评估管理、社会监督机制。运用孵化培育、人才引进、资金支持等新方式，积极发展枢纽型、支持型社会组织，推动在镇乡（街道）成立社区社会组织联合会等社会组织培育和工作场所。制定完善政府向社会组织转移职能事项清单、政府向社会组织购买服务清单和承接政府转移职能的社会组织清单。支持社会组织参与社会治理、开展公益事务，不断提升社会组织承接公共服务的能力和水平。

汇聚全社会参与治理的合力。完善党建带群建工作制度，建立线上线下结合的群团工作机制，增强群团组织团结教育、维护权益、服务群众功能。调动企事业单位自主自治积极性，建立企业社会责任评估和激励奖惩机制，鼓励引导企业参与社会治理。深化"保险＋治理"模式，充分发挥保险创新在健全公共安全体系、防范化解社会矛盾和优化公共服务供给等方面的作用。推动志愿服务常态化、规范化、专业化，健全志愿服务激励保障机制，完善举报奖励、公益反哺、以奖代补等激励措施。

（六）构建智慧治理"大支撑"体系

将智慧治理作为宁波市域治理的重要支撑，打造智能化发展战略的核心载体。在加快市大数据中心建设、强化云平台支撑、加快部门内部信息系统整合的基础上，构建全市"万物互联、信息融通、智慧发展、智能治理"的智能化建设体系。制定完善智能化建设的政策体系、制度体系、技术体系、发展规划、数据隐私保护管理办法，打通各部门、各系统的数据接口，提升数据资源质量和共享能力。

推进智慧治理重点项目的建设实施。进一步优化基层社会治理综合信息系统，依托宁波市政务云计算中心，进一步推进全市统一的综合信息系统标准化平台建设，完成基层平台的迭代完善。进一步对接"浙政钉"功能，推动"警网融合"全覆盖，全面整合公共视频监控系统"雪亮工程"、平安建设信息系统、综治视联网等社会治理信息系统。以全省"掌上基层"为统一入口，做强做优"e宁波"基层终端，形成一条从网格层面到市级层面的"信息高速路"。进一步强化大数据联通应用，围绕公共安全、网络安全等突出风险漏洞进行防控。应用物联网、大数据、人工智能等新技术，积极推动数据收集、汇聚、打通、共享、管理、分析、应用的全流程建设。着力解决信息系统开发模块、原型及算法等不能够满足现实需要的问题，使大数据在预测、预警、预防方面发挥更大效用。进一步加快智慧社区建设，通过积极构建"大数据"和"云平台"，建立完善智慧租户管理系统、智慧物业系统、智慧人防系统、智慧车辆管理系统、多目标视频分析系统、智慧社区服务系统等。进一步开发车辆车位智能管控、出入人流量智能监管、可疑人员自动预警、布防布控消息自动接收等智慧安防功能。

推进智慧治理的实践应用。以更高标准推进"雪亮工程"建设，全面达到"四全"要求，推进视频数据信息与人工智能技术深度融合。全面推进"智慧安防小区"等建设，提升群众安全感。建设无感生物特征聚类算法与实战基础应用系统，利用人工智能技术建立以虚拟身份

ID 为中心的档案库,深度挖掘分析目标对象的出现频率、出行特点等信息,实现分析、预警等功能。积极探索社会风险智能化排查管控机制,运用大数据技术,构建社会矛盾排查预警体系。

(七)构建以"枫桥经验"为载体的平安建设创新体系

宁波以坚持和发展"枫桥经验"为载体,以推进创新项目建设为抓手,积极探索新形势下社会治理的有效路径。不断完善"创新管理、综合治理、维护稳定、促进发展"的新载体、新机制,努力提高基层社会治理能力和水平,为推进经济转型发展和社会和谐稳定创造良好环境。

坚持整合资源,参与社会治理。大力推进乡镇(街道)社会服务管理中心和城乡社区便民服务中心建设,全市 153 个乡镇(街道)全部建立社会服务管理中心,2825 个社区(村)建立了便民服务中心。到目前为止,宁波 3352 家党群服务中心形成了覆盖城乡、上下联动的党群服务矩阵,把阵地建在群众的家门口。中心实行矛盾纠纷联调、社会治安联防、重点问题联治、突发事件联处、基层平安联创、社会治理联抓、便民实事联办,为市民提供"进一家门、办多样事"的服务。探索建立社区联合党委、协商议事组织、公共服务中心的"三位一体"的新型社区组织体系,引导社区群众和社会组织有序参与社会治理,使"社会协同"有了运作平台、"公众参与"有了可靠保障、"政府负责"得到有效落实。

坚持网格管理,提升社会治理能力。大力推行"网格化管理、社会化服务",形成"管理到户、服务到人"的工作格局。截至 2022 年底,全市共划分 12429 个网格,落实专、兼职网格管理员 63062 名,组建服务团队 2.5 万支、服务成员 16 余万人。发展城管义工、平安志愿者、巾帼志愿者等各类志愿者队伍 2223 支,志愿者达 67 万人,其中注册志愿者 35.9 万人。还有 18 万名和谐促进员,分布在各楼道墙门,同时村民小组、企业班组为老百姓提供服务。这些基层网格日益成为化解社会矛盾纠纷、提供公共服务、维护居民安全、活跃社区文化、凝聚各方力量的主体单元,进一步夯实了社会治理的基层基础。

坚持拓展领域,延伸社会治理。重点围绕创新探索"两新"组织服务管理机制,引导各类"两新"组织成为协同社会治理、共建"平安宁波"的重要主体。以企业综治工作室规范化建设为重点,以创建"和谐(平安)企业"为载体,以建立社会责任评价体系为抓手,推动实现非公经济组织社会责任的落实。建立市、县两级社会组织服务中心,构建区域性社会组织培训孵化、服务管理的枢纽平台,通过"孵化"社会组织,来参与社会服务管理。

坚持法治方式,推进社会治理。全面推进民主法治示范村(社区)等基层法治试点的创建,建立基层法治促进员制度,推广"小巷法官"经验,推进社会诚信体系和征信系统建设。深化重大决策社会稳定风险评估规范化工作,防止因决策不当引发社会矛盾。近三年全市各级共开展重大决策事项评估 2076 件,停止或暂缓实施 93 件。为推进法律服务下基层,全市已建成 455 个基层法律援助工作站,基本形成半小时法律援助圈,保证城乡群众享受到便捷高效法律专业服务。积极创新调解机制,建立县(市)区社会矛盾联合调处中心,在全国率先探索推行医患纠纷、交通事故、劳动争议以及物业纠纷等多元化调解模式。全市已建立行业性、专业性调委会 97 个,涉及消费、交通、医疗、劳动、物业、教育等行业领域,70%的矛盾纠纷通过专业化调解得到解决。

坚持信息技术,优化社会治理。加强基层社会管理综合信息系统建设,研发了集基础信息、日常工作、事件处理、研判分析、考核评估、视频集成、远程交流、系统管理及个性化功能于一体的"8+X"功能模块,并在全市、全省推广运行,实现基础信息网上录入、办事服务网上管理、工作过程网上监督、责任目标网上考核。全市已开通系统用户账号四千余个,所有乡镇(街道)和村(社区)全部开通,已录入重点人员、场所、组织、出租房屋等各类信息,构建起全面覆盖、动态跟踪、联通共享、功能齐全的智能社会管理信息平台,缩减纸质台账,减轻基层负担，提高工作效率，提升了社会治理的科学化、信息化水平。

（八）创新社会治理方式，促进"平安宁波"建设

实现社会治理方式的创新，促进"平安宁波"建设。

第一，改进社会治理方式。坚持系统治理、依法治理、综合治理、源头治理，加快形成党委领导、政府负责、社会协同、公众参与、法治保障的社会治理机制。健全社会治理创新项目的立项管理、动态调整、协作联动、考核评估等工作机制，探索建立开放高效、统一联通的社会治理信息系统和共享机制。改革信访工作制度，把涉法涉诉信访纳入法治轨道解决，建立涉法涉诉信访依法终结制度。研究制定《宁波市人民调解条例》，健全人民调解、行政调解、司法调解联动工作体系。健全基层社会管理服务机制，全面推行城乡社区"一委一居一中心"组织模式。推动网格化管理、社会化服务工作体系与基层和谐促进网络紧密衔接，健全基层综合服务管理平台。健全实有人口动态管理体系，完善流动人口管理服务机制，推行居住证制度，探索建立积分制公共服务政策，优化外来人口素质结构。

第二，激发社会组织活力。改革社会组织登记管理制度，建立直接登记和备案登记相结合的新型登记模式。重点培育和优先发展行业协会商会、科技服务、公益慈善、城乡社区服务类社会组织，加快构建现代社会组织体制。推动行业协会商会与行政机关真正脱钩，探索"一业多会"模式。创新政社合作方式，建立公益项目创投机制，健全政府购买社会组织服务制度，制定政府向社会组织转移职能和购买服务指导性目录。构建社会组织服务管理网络，完善监管体系。加强社会工作者队伍建设，支持和发展志愿者组织。

第三，健全公共安全体系。完善食品药品安全监管体制机制，探索加强食品药品安全风险监测、管理及信息公开机制。建立最严格的覆盖全过程的监管制度，建立食品原产地可追溯制度和质量标识制度，保障食品药品安全。完善安全生产管理体制，建立隐患排查治理

体系和安全预防控制体系，有效防范较大事故，坚决遏制重特大安全事故。健全防灾、减灾、救灾体系。加强社会治安综合治理，完善立体化社会治安防控体系，依法严密防范和严厉打击各类违法犯罪活动。建立社会稳定"三色预警"机制，深化社会稳定风险评估机制，完善重大不稳定问题领导包案、挂牌督办机制。推进应急联动体系建设，健全涉恐涉暴活动预防和应急处置机制。加快完善互联网应用和管理的体制机制，加大依法管理网络力度，确保网络和信息安全。深化国家安全人民防线建设，不断完善专群结合的国家安全工作体系。

第三节　推动社会治理创新，争创社会主义现代化先行市

一、推动宁波社会治理理念、举措与评价方式的根本转变

社会治理是国家治理的重要组成部分，是推进国家治理体系和治理能力现代化的一项重要工作。2019 年 1 月，习近平总书记在中央政法工作会议上所作的重要讲话中强调："坚持以人民为中心的发展思想，加快推进社会治理现代化。"①党的二十大报告中指出，未来 5 年要深入推进国家治理体系和治理能力现代化。在这方面，宁波要把加强和创新社会治理摆到更加突出的位置，既要贯彻落实好中央关于社会治理的大政方针、制度安排、决策部署，又要立足地方实际对本区域社会治理统筹谋划、周密部署、推动实践，激发基层社会治理新动能，加快推进社会治理现代化。宁波经验表明，社会治理创新和治理能力建设的根本之道是在政府与社会、市场之间建立一种合作治理的模式与

---

① 《习近平谈治国理政》（第三卷），外文出版社 2020 年版，第 352 页。

格局,最大限度地发挥政府机制、市场机制和社会机制的功能优势。

（一）当前社会治理创新与变革的缘起

伴随着经济和政治体制改革的不断深入,社会分化日益加剧,新的社会阶层和社会组织不断涌现。在体制转轨的过程中,由社会利益的分化而引发社会矛盾的现象日渐增多,社会治理因此面临着诸多的挑战。

第一,多元化、复杂化的社会深层次结构,与传统社会治理方式之间存在冲突。经济体制改革与政治体制改革的深入化,已经使原有的一元化的社会结构逐渐解构,进而迫使政企分开、国家与社会生活分离,最终使得一元化的国家与个人、社会共生的社会模式得以瓦解。在逐渐解构一元化社会治理结构的过程中,势必加快社会的流动性以及公民的再组织化,从而形成多元化的社会主体。深化改革势必也会影响政府体制下的单位,原本体制内人员逐渐向社会人角色发生转变,从而扩大了社会流动人员的基数,层次结构也进一步复杂化。

第二,公共服务供给不能有效满足多样性的社会需求,市场化改革在瓦解和重组传统社会结构的同时,也促进公共需求的持续增长。公共服务领域,公共服务需求的无限性和供给能力有限性之间的矛盾日益凸显。这种矛盾的客观存在,既反映出当前公共服务管理体制失灵的一面,同时也成为推动公共服务供给体制变革与创新的重要动力。宁波城市化进程走在全国前列,经济社会发展的各项指标也名列前茅。尽管经济发展对社会发展具有一定的促进作用,但是不能有效地解决社会各个方面的问题。倘若外在经济环境发展过快,社会发展的步伐没有及时跟上,经济发展中所引发的新矛盾,势必会成为影响社会稳定与和谐的诱因。结果可能导致社会冲突加剧,进而影响到社会公平、正义大环境建设,甚至会造成社会不稳定的局面。因此,采取何种方式去改变政府单方面向社会公众供给服务的状况,同时借助何种恰当的方式去满足多元化的社会需求,这两大问题的解决迫在眉睫。

（二）推进社会治理现代化的内涵要素

推进社会治理现代化的内涵要素可从以下 3 个层面进行理解：一是社会治理作为社会建设的一项重大任务，是国家治理的重要组成部分，是关乎经济发展、利益分配、公共事业发展、基本民生、社会矛盾解决等几乎所有领域的系统工程；二是推进社会治理现代化，是推进国家治理能力现代化的一项重要工作，其构成要素包括推进社会治理理念现代化、社会治理工作布局现代化、社会治理体制现代化、社会治理方式现代化、社会治理能力现代化；三是推进社会治理现代化的最终目的是社会治理体系基本健全、社会治理能力明显提升、社会风险有效化解、社会生态得到优化，增强人民群众的获得感、幸福感、安全感。

（三）社会治理的创新和发展趋向与当今中国面临的问题和挑战

中国的发展需要改革和战略转型，转型不仅包括经济转型，而且包括社会转型。其中，社会治理体制的变革，是社会转型过程中的重要环节。社会治理体制的变革建立在政府职能的切实转型和多元参与格局的基础之上。社会治理有别于社会管理，两者虽仅一字之差但有内涵上的本质不同。社会管理强调的是政府单一的主导行为，而社会治理重点突出的是社会力量的多元参与，是多元主体的共同治理。社会治理体制的创新是以政府职能转变为前提条件的。然而，强调政府职能转型并不意味着政府职能的消失，强调社会公众参与也并不是完全否定政府在社会事务中的主导地位和重要作用。社会治理具有复杂性、多样性等特点，任何一个组织的能力都是有限的，都无法从根本上解决所有的社会矛盾和问题，解决问题的根本出路是在政府机制、市场机制和社会机制之间寻求一种多元机制的协同治理方式，努力发挥各自的优势，实现共建共管共赢的格局。

（四）推进社会治理现代化的工作重点

一是推进社会治理现代化，要以习近平新时代中国特色社会主义思想为指导。党的十八大以来,党中央牢牢把握"完善和发展中国特色社会主义制度,推进国家治理体系和治理能力现代化",并以全面深化改革为总目标,从"社会管理"到"社会治理",实现了社会治理理念的现代化;通过完善党委领导、政府负责、社会协同、公众参与、法治保障的社会治理体制,打造社会治理格局的现代化;通过提高社会化、法治化、智能化、专业化水平,实现社会治理能力的现代化。二是推进社会治理现代化,要坚持以人民为中心。推进社会治理现代化要"以人民为中心"有三层含义:其一,我们党是执政党,因此党极其重视国家治理,而社会治理是国家治理的重要组成部分,人民又是社会治理的基础,所以要以人民为中心;其二,推进社会治理现代化的宗旨是为人民谋福利,增强人民的获得感、幸福感、安全感;其三,推进社会治理现代化的主体是人民,通过让人民群众成为社会治理最广泛的参与者,从而加快推进社会治理现代化。三是推进社会治理现代化,要发挥党建的统领作用。通过党建统领,实现社会治理各主体间的协调和配合。在社会治理中加强党建统领作用,既符合党"全心全意为人民服务"的宗旨,也契合"以人民为中心"的社会治理的最终目的。四是推进社会治理现代化,要加快推进基层社会治理现代化。社会治理领域的新问题和新挑战较多出现在基层,新实践和新经验也在基层不断积累,因此,基层社会治理现代化是社会治理现代化的重点和突破口。

（五）推进社会治理现代化的思路

以党建为引领、以人民为中心、以基层为载体、以政府为主导。一是以党建为引领,推进社会治理现代化。推进党建工作,发挥党组织的核心作用,通过统筹政府、社会和各方力量,形成协同效应,构建党委领导、政府负责、社会参与、各方协同的社会治理体制。推进党建工作,以"党建带社建",带动各类社会组织,构建社会治理的共建共治格局。二是以人民为中心,推进社会治理现代化。人民群众是基层社会治理的创新源泉,充分发挥人民的聪明才智。创新组织群众、发动群众的机制,调动群众参与的积极性、主动性、创造性,打造人人有责、人人尽责的基层社会治理共同体。三是以基层为载体,推进社会治理现代化。通过社会治理重心向基层下移,持续总结基层社会治理的丰富经验,不断增强基层社会治理精细化水平,推进社会治理能力现代化。四是以政府为主导,推进社会治理现代化。政府在社会治理中的主导作用,一方面是健全治理体制机制,完善治理政策法规;另一方面是引导和支持其他主体参与社会治理,发挥其他主体的积极作用,加快推进社会治理现代化进程。

（六）推进社会治理现代化的举措

坚持以人民为中心的发展思想,以防范化解基层社会风险矛盾为着力点,以坚持和发展"枫桥经验"为抓手,以共建共治共享为格局,充分发挥政治、自治、法治、德治、智治"五治"作用。实现政府治理、社会调节及自我治理三者的协同效应,加快推进基层社会治理现代化,不断增强人民群众的获得感、幸福感、安全感。以党建引领社会治理,把党建贯穿于社会治理的全过程和各方面。通过人民群众对社会治理的依法理性有序参与,实现在党的领导下居民的良性自治,发挥人民群众自治的自我组织、自我管理、自我服务的特色和优势。社会治理中的法治包括成文法之治和对法治精神的尊崇与践行,也包括引导民众守法、找法、靠法。德治是指社会治理中除了遵守法律法规外,还要发挥道德规范的自律作用;通过构建多层次、多样化的社会规则体系,引导社会治理各主体以道德规范为准则参与社会治理,促进自治、法治与德治共同发挥作用。结合互联网思维,运用智能化手段创新社会治理,推动互联网的"最大变量"转变为社会治理现代化的"最大增量"。

二、宁波为城乡一体化发展战略积累了先行探索实践经验

宁波市政府早在"十五"期间就提出了实现城乡一体化,提前实现

进入全面建成小康社会的奋斗目标。经过多年的努力，宁波市逐渐形成了具有鲜明地方特色的以城镇化为主导的城乡一体化发展模式。习近平总书记在党的二十大报告中更是指出，要"坚持农业农村优先发展，坚持城乡融合发展，畅通城乡要素流动"①。

（一）城镇化在宁波城乡一体化过程中的作用

宁波市农村第二、三产业较为发达，宁波人经商历史悠久，所以传统意义上的农民比例非常低。随着非农经济发展水平的快速提高，以及城镇化进程的逐步加快，大量农村人口涌向城市，外来人口比例逐渐增高，这些新市民在生活就业、养老保险、子女教育以及医疗卫生保障等方面没有享受到与本地居民同等的待遇，这严重影响社会的和谐稳定。

城镇化就是通过农村工业化将大量农村人口转变为城镇人口，使之享受城镇生活方式的重要途径。它可以从根本上优化农村的产业结构、生产生活方式以及价值观念，加快农村生产要素向城镇的集聚，提高农民收入水平和生活质量，最大限度缩小城乡居民的收入差距。农村城镇化是宁波城乡一体化战略的重要载体和根本驱动力。习近平同志明确提出："必须健全体制机制，形成以工促农、以城带乡、工农互惠、城乡一体的新型工农城乡关系，让广大农民平等参与现代化进程、共同分享现代化成果。"②宁波城镇化强调城乡协调发展和人文生态的和谐发展，在实践中探索出一系列适合宁波区域经济和社会发展的新理念和新举措。

（二）宁波以城镇化为主导的城乡一体化发展路径的选择

近年来，宁波始终坚持以提升城镇化发展质量为主导的城乡一体化发展战略，以增强城镇主导功能、提升综合服务能力为重点，推进城镇化发展由规模扩张、形态建设向功能提升、内涵发展的战略性转变，

---

① 习近平：《高举中国特色社会主义伟大旗帜　为全面建设社会主义现代化国家而团结奋斗——在中国共产党第二十次全国代表大会上的报告》，人民出版社 2022 年版，第 31 页。

② 习近平：《论坚持全面深化改革》，中央文献出版社 2018 年版，第 35 页。

在建设长三角南翼经济中心和现代化国际港口城市进程中迈出了重要一步。

第一，加快农村土地流转。农村土地流转是发展产业化农业，加快城市化进程，促进农村城镇化建设的有效路径。宁波主要通过以下两个具有特色的农村土地流转途径加快农村城镇化进程，其一是以开发区建制的城市化征地模式。以宁波国家高新技术开发区为代表，通过市政府规划，将指定区域的整片土地征用为市区国有土地，享有特殊的土地开发管理政策，原有农民也同时成为被征地农民，享受相应的养老保险、医疗保险、劳动培训与就业指导等基本社会保障。其二是通过城中村的改造，将城中村土地依法转为国有，并将农户转移到建设住宅安置小区。

第二，建设特色小城镇体系。小城镇建设是具有中国特色的城乡一体化发展方式，是农村向城市主动融合的基础阶段。当前，农业劳动生产率相对低下，土地流转过程中农民没有充分享受到社会经济发展的成果，农民和城市居民之间的收入差距不断拉大。而小城镇可以吸引城市的人才与资金，同时可以把滞留在农村的剩余劳动力吸引到城镇二、三产业，提高农民的经济收入，缩小农民和城市居民的收入差距，是城市扩展的良好缓冲区域。宁波小城镇数量多，通过成功打造一批重点镇、特色镇、卫星镇和专业镇，走上了宁波特色城镇化的正确道路。以卫星镇建设为例，2009 年底，宁波确定泗门、石浦、慈城、溪口、观海卫、西店、集士港 7 个镇为卫星城改革试点镇。2011 年 9 月，周巷镇也加入其中。按照"产业培育特色化、特色产业集群化"思路，城镇积极推进转型发展、集约发展，促进传统块状经济向现代产业集群转变，各具特色的卫星城镇迅速成长。目前，周巷、观海卫、石浦、集士港等卫星城产业集群化发展态势已经形成。梁弄镇、莼湖镇等已跻身浙江十大特色乡镇。泗门镇、梁弄镇、陆埠镇被列为全国重点镇。各镇之间通过物流、信息流、资金流和交通网络紧密连接起来，共同发展。

第三，发挥临港城镇的贸易枢纽作用。宁波与浙江省其他城市相比，港口优势得天独厚。宁波港由北仑港区、镇海港区、大榭港区、穿山港区、梅山港区、象山港区和宁波老港区组成，是一个集内河港、河口港和海港于一体，大、中、小泊位配套的多功能、综合性的现代化大港，是国内集装箱、矿石、原油、液体化工以及煤炭、粮食等散杂货中转和储存基地。为此，宁波大力发展港口运输、石化、电力、钢铁、造纸、造船和原材料为主体的临港工业以及金融、商贸、旅游、房地产等服务业，大量吸引周边农村的劳动力，形成一批港口特色鲜明的城镇。宁波各地区的产品大多为出口外贸型，临港城镇可以为它们搭建一个良好的出口平台，成为连接全国乃至全球的贸易枢纽，极大地促进宁波城乡的融合和发展。

第四，提升新农村建设水平。现阶段新农村建设不是农村的独立发展，而是在城市的帮助下和城市共同发展。如此，一方面消除农村的偏僻状况及与外界隔绝的状态；另一方面消除人口大量集中在大城市的反常现象。宁波市新阶段的社会主义新农村建设是以打破城乡分离为目标，把农村发展放到城市融合的大背景下进行新一轮的统筹规划。通过转变农村生产方式，走农村产业化的道路，改善农村经济基础，加强农村精神文明建设以及提高农民综合素质等方式来推进新农村建设。一是巩固农业基础地位的同时，创新农业发展方式，确保农业经济发展每年都有进步甚至超越；二是构建新型农业经营体系，形成具有本地特色的主导产业，让改革红利成为农民持续增收的重要渠道；三是加强农村基层组织和精神文明建设，狠抓农村社会治理，改善村容村貌；四是加强社会保障、提高收入水平、扩大发展空间，使农民具有获得感和满足感，增强农村发展活力，逐步缩小城乡差距，促进城乡共同繁荣，并为城乡一体化的进一步深化做好准备。

第五，通过"镇改市"推动城市化建设。城市化是城乡一体化的基础，城市发展过程中可以把"软实力"范畴的城市要素传递到乡镇，同时吸引大量农村人口。乡镇和城市的区别主要在于功能，长期以来，乡镇主要功能在于"三农"，再加上行政级别的原因，缺少相应的经济管理、社会管理、公共设施管理和行政管理权，管理和服务水平在短时间内跟不上城市的发展要求，已成为制约发展的瓶颈。"镇改市"可以在一定范围内消除城市工业与乡村工业的界限，加强产业间的联系。从宁波的大都市发展诉求和趋势来看，今后城市空间的扩张、功能的完善、人口的疏解很大程度上将依托城市外围解决。宁波非常需要小城镇的发展来容纳新市民，提高社会分工水平。"镇改市"是我国新型城镇化进程中的必然要求，它不只是一个名称的更换，更涉及管理体制机制的改革与创新，是中国新型城镇化进程中的重要一环。宁波于2014年入围国家新型城镇化试点城市名单。余姚市泗门镇、慈溪市周巷镇、奉化区溪口镇都是宁波"镇改市"的首选乡镇。

（三）宁波的城镇化存在的主要问题和对策

城镇化水平虚高，农民市民化进程缓慢。城镇常住人口统计中，把大量户籍在农村的农民工以及他们的亲属都统计为在城镇居住超过半年的常住人口，造成了统计数据虚高的事实。而当前我国的城镇化并不是完全、彻底的城镇化，大量农民只是完成了向农民工的转变，还没有真正成为市民，他们长期处于城乡两栖流动状态。城镇人口数量偏少，人口密度不高，说明城镇对农村人口的吸引力不高。城镇化的核心问题是人的问题，是农村人口的城镇化问题，农民市民化是城镇化发展的重要推动力。城市有能力和义务支持农民市民化，分担农民市民化成本。针对农民市民化进程缓慢的问题，一方面要快速提高城镇发展水平，吸引更多的农民转移到城镇工作和生活；另一方面要加快新农村建设，提高农民生产生活和受教育的水平，从而整体进入城镇体系。

农村产业化布局不合理，缺少集群效应。长期以来，"小、散、低"一直是宁波农村产业化的特点。分散式的产业布局使得城镇低水平重复建设严重，基础设施配套水平低，容易造成基础资源的浪费，严重阻碍了工业化质量和区域经济集聚能力的提高。据统计，宁波各县

（市）之间的产业结构相似系数高达90％以上，低水平生产能力过剩现象十分明显，乡镇之间生产资料和市场竞争日益激烈。这种不合理的产业布局导致专业化优势、地区优势和产业集群优势都得不到充分发挥。产业发展是城镇化的根本支撑，构建宁波农村主导产业和配套产业协调发展的产业格局，加快农村产业结构的调整，是转变现有产业不合理布局的有效方式。政府应该尽快制定政策，指导城乡产业空间布局与资源配置，在城乡一体化发展规划中要明确各城镇的功能定位和产业发展方向，最大可能避免产业重复投入与低水平、不合理竞争。建设和培育一批定位科学、特色鲜明的产业集群，充分发挥集群优势，吸引更多人口就业，并以创业带动就业。

宁波以城镇化为主导的城乡一体化发展模式，是"八八战略"在城乡发展实践中的生动体现。从当前宁波的经济发展形势看，总体上已经进入以工促农、以城带乡、城乡全面融合的发展阶段。虽然城乡一体化已有了显著的进步，但与其他发达地区和城市相比还有一些需要完善的地方，主要表现在四级城镇体系中，首位城市发展缓慢，小城镇遍地开花，中间层次的副中心城市和重点镇相对薄弱。另外，政策碎片化现象突出，乡镇同城市相比，基础设施和公共服务差别比较大。所以，宁波城乡一体化建设仍需要不断进行理论深化和实践探索，以获得更多更好的研究成果和实践经验。

三、宁波为"精准扶贫"政策积累了先行探索实践经验

习近平同志指出："东西部扶贫协作和对口支援，是推动区域协调发展、协同发展、共同发展的大战略，是加强区域合作、优化产业布局、拓展对内对外开放新空间的大布局，是实现先富帮后富、最终实现共同富裕目标的大举措。"[1]

---

[1]　《习近平关于社会主义经济建设论述摘编》，中央文献出版社2017年版，第231页。

自 1992 年起，宁波先后与新疆库车市、西藏比如县、青海天峻县、宁夏吴忠市、重庆万州区、贵州黔西南州、吉林延边州，以及省内的丽水、衢州、温州的有关地区分别建立起了扶贫协作、对口支援以及山海协作、对口合作等结对关系。宁波市始终坚持着眼大局、服务大局，把先富带后富作为义不容辞的重大政治责任，全力以赴、高位推进，有力助推了对口地区的脱贫攻坚、民族团结、边疆稳固和经济社会发展。

（一）贯彻总书记讲话精神，保持扶贫工作高位推进

宁波高度重视帮扶协作工作，坚持把深入学习习近平总书记关于扶贫工作系列重要讲话精神摆在突出位置。坚决贯彻落实党中央、国务院和省委、省政府的决策部署，不断提高政治站位，强化责任担当，在这场史无前例的脱贫攻坚战中贡献宁波力量，交出高分答卷。

第一，设立帮扶协作专业机构。在新一轮机构改革大幅整合精简部门的情况下，市委、市政府为推进帮扶协作工作更加精准、更加聚焦，坚持以"第一政治责任"的站位和"长期坚持下去"的长远眼光，在原市经合局基础上，新组建成立市支援合作局，作为市政府工作部门专职负责东西部扶贫协作、对口支援和山海协作等工作。同时，还增设局下属正处级事业单位宁波市支援合作促进中心，承担对口地区投资环境研究及来甬投资洽谈、产业合作、社会力量参与帮扶的宣传发动等职责，极大地充实了对口支援队伍力量。

第二，夯实对口工作领导体系。调整充实宁波市对口工作领导小组，市委书记和市长分别担任领导小组组长和常务副组长，亲自研究部署、亲自推动落实，并带头建立"个人履职专门台账"，定期对账对表。坚持定期召开市对口工作领导小组会议和专题会议，市委常委会和市政府常务会议定期听取汇报，研究对口工作。先后出台了《关于助力东西部扶贫协作地区脱贫攻坚的实施意见》等 22 个政策文件。各区县（市）党委政府主要领导，也积极赴对口县（市）开展调研对接、项目考察、重点商定等工作。同时，在全市年度目标管理考核项目压

缩 30％以上的情况下,不仅继续将东西部扶贫协作、山海协作纳入考核,还翻倍提高了分值。

第三,常态化开展互访交流。建立了党政领导互访机制,市、县两级党委政府主要领导每年定期前往对口地区对接工作,商议重大事宜,解决重要问题。市、县相关职能部门根据重点任务分工,开展专项工作对接,推动政策、资金、项目、医疗等资源,向民生领域倾斜聚焦,协力推进各领域的支援合作向纵深发展。紧密结合对口支援地区实际,量身定制"一方案、两清单",逐个制定援助方案,明确对方所需和我方所能"两张清单"。目前,宁波市已形成了以政府为主导、各阶层积极参与、上下联动的立体式支援合作新局面。

(二)准确把握帮扶协作职责定位,构建"五个四"工作体系

在整个帮扶体系中,对口支援部门是典型的枢纽型机关。对比西部地区扶贫机构的工作内容、方法和职能,"帮"这一核心关键词尤为突出,必须"帮好、帮对、帮到位"。基于以上两点认识,宁波全力构建"五个四"的对口帮扶体系(即一个职能定位和四项核心运行体系),形成全市上下整体推进的扶贫协作格局。

找准角色,确立"四个部"的职能定位。一是市委、市政府的"参谋部"。从责任的角度看,脱贫攻坚的责任主体是贫困地区的党委政府,东西部扶贫协作工作的帮扶责任主体是帮扶方所在党委政府。根据党中央精准脱贫攻坚的指示要求,要时刻把握全国扶贫工作动态,及时准确地向市委、市政府提出工作建议,当好参谋。二是市直各部门和各区县(市)的"指挥部"。紧跟新形势、新任务、新要求,围绕市委、市政府的工作要求,以"体系化"为抓手,强势统筹,强力出手,牵头协调指导全市各部门、各单位开展好工作。三是前方工作队的"保障部"。为派驻对口地区的前方帮扶工作队,提供包括工作协调对接、运行经费、身心关爱等全方位的服务保障。四是结对地区所需与宁波所能之间的"协调部"。牢固树立"分内事"的理念,把对口地区的发展当

作宁波自身的发展，把贫困群众的需要当作自身的需要，主动作为、尽心尽力，提供力所能及的支持和帮助。

统筹布局，构建"四个四"的核心运行体系。第一个"四"，构建"四轮驱动"的工作体系，整合各方力量，推动建立市委、市政府领导决策体系，对口工作领导小组办公室强力协调体系，区县（市）、市直部门和前方工作队责任体系，社会力量全面参与体系，更有效地汇聚对口帮扶的强大合力。第二个"四"，做优"四大制度"的运行机制。建立标准化台账制度、工作督办交办制度、"最多报一次"前后方响应制度、扶贫工作品牌化和交流推广制度，统筹协调、突出规范，提升工作运行效能。第三个"四"，打造"四个我"的队伍建设载体。局党组层面组织开展"攻坚创优、我做表率"主题活动，党员干部层面开展"攻坚创优、我做贡献"主题活动，全局干部职工层面开展"全局参与、我献一计"专题活动，会同市级有关部门开展"挂职干部、我来关爱"专项活动，提高能力、激发热情、凝心聚力，营造争先创优良好氛围。第四个"四"，用好"四时评价"制度。推行年度考核、季度点评、月度排名、每天通报工作制度，把上级要求变为可量化、可考评的刚性指标，实施挂图作战，对完成进度进行定量评估，显著提升攻坚成效。四大体系，动静结合、互为表里，相互咬合、严密无缝，通过体制构建和机制运行，力争各项工作走在全国前列。

整体推进，形成"一盘棋"的扶贫协作格局。在市委、市政府极度重视和对口工作领导小组强力统筹下，全市各地各部门迅速行动、周密部署、有力落实。各区县（市）均挂牌成立了支援合作局，做到"有人帮扶、有钱帮扶、有机构帮扶、有政策帮扶、有办法帮扶"的对口帮扶工作"五个有"。组织、经信、教育、人社、商务等相关部门也坚决扛起抓总体、抓领域、抓协调的帮扶职责，盯牢目标、落实责任，成立工作专班，出台专项帮扶政策、指导意见，强有力推进对口帮扶重点工作落实、落细、落到位。前方帮扶工作队加强工作协调、资金监管、项目督查，提高帮扶质量和效率。对口办（对口支援办公室）加强与前方、后方、对方的协调对接,扎实履行好总牵头、总协调、总推进、总参谋的职责。全市上下形成了结对双方共商、市县两级共推、部门间共助、前后方共抓的扶贫协作新格局。

(三)紧盯精准扶贫基本方略,努力实现高水平全面小康

多年来,宁波始终把深度贫困县和建档立卡贫困户作为攻坚重点。统筹整合资源聚焦发力,先后帮助黔西南州普安县、贞丰县、册亨县脱贫摘帽,兴义市、兴仁市、安龙县和义龙新区剩余农村贫困人口全部脱贫,晴隆、望谟 2 个挂牌督战县和 6 个挂牌督战村全部达到摘帽退出条件。延边州最后两个贫困县汪清县、安图县脱贫摘帽。西藏比如县、新疆库车市、青海天峻县等国定贫困县相继脱贫摘帽。宁波市先后被国务院授予"民族团结模范集体""全国东西扶贫协作先进集体""全国扶贫开发先进集体"等称号。回顾多年的帮扶协作工作,宁波始终做到"七个坚持"。

第一,坚持精准实施项目抓帮扶。多年来的实践证明,实施好帮扶项目是精准扶贫、精准脱贫的重要载体,也是巩固脱贫成果、阻断致贫返贫的有效之举。按照"早拨款、早启动、早见效"的思路,每年第一时间拨付财政援助资金,加强对所有项目的前期调研和论证,快速推进项目的立项、审批、招投标等各个环节。建立利益链接机制,每个项目的利润分配精准链接贫困户,深度绑定、挂钩机制和利益链接机制走在全国前列。2017 年以来,宁波持续加大资金投入,不断强化项目论证,督促落实项目建设,累计落实东西部扶贫协作帮扶项目 846 个,惠及贫困人口 46.69 万人次。实施援疆项目 34 个、援藏项目 8 个、援青项目 20 个、援三峡项目 7 个,重点帮助了民生改善、产业发展、公共服务、交流交往交融等。

第二,坚持扩大产业合作抓帮扶。汇聚"政府、市场、社会"三方力量,协同产业合作要素,带动产业合作和对口精准脱贫。把鼓励和引导更多的龙头企业落户贫困地区,作为摆脱贫困的治本之策;把发展壮大小微企业,作为贫困群众就业增收和致富的最直接途径。制定实施了《宁波市关于引导和支持企业参与对口地区产业合作的若干意见》,组建了宁波市国内投资与合作交流协会和产业合作专班,搭建了产业合作服务平台和产业联盟,表彰了一批脱贫攻坚"产业合作样板企业"。2018年以来,累计组织1000余家企业赴对口地区开展投资考察,达成产业合作项目178个,实到资金131.3亿元,惠及贫困人口近6万人次。总投资20亿元的延边州杉杉新能源汽车项目已整车量产,总投资30亿元的万洋众创产业园已入驻企业14家,总投资19.5亿元的红狮水泥项目成为援疆以来最大的产业合作项目,西藏那曲市比如县长荣娜秀制衣项目成为宁波市首个实体援藏项目。还有开通珲春经扎鲁比诺港至宁波的货物跨境运输航线,为吉林大宗货物出省开辟了新的陆海联运通道。

第三,坚持智志并重抓帮扶。从直接效果来看,智力帮扶的确不像资金、项目、产业等援助立竿见影,但要从根本上拔穷根、治穷病,智力帮扶就显得更为重要。多年来,宁波始终坚持扶贫与扶智扶志相结合,精准对接选派需求,精准把握选派方向,精准设置选派条件,好中选优、优中选强,逐步探索出一条"干部＋理念、校长＋老师、院长＋医生、专家＋设备"的全链化智力帮扶之路,有效提升对口支援地区的教育、医疗、农业、科技等领域整体水平。

第四,坚持稳岗就业抓帮扶。坚持把促进充分就业作为改善民生的优选目标,突出由政府促进就业向政府牵引加市场调节就业转变,由个体就业向整家(族、亲)、整村共同就业转变,由外来劳动力向培养新宁波人转变。建立劳务协作定期会商制度,完善劳务协作和人才招聘、技能人才培训协作、人力资源产业协作等五项工作机制。开展"甬上乐业"专项行动,线下设立宁波人才市场分市场、劳务协作工作站、劳务协作专区等实体点。线上开通热线电话、微信公众号、人力资源机构等平台,实时更新推送就业岗位信息,汇总对口地区劳动力就业情况。同时,派出小分队赴对口地区,通过实地走访、座谈对接、单独交流等形式,逐镇逐村进行"扫雷式"排摸,实施"定人定岗式"对接,精准吸纳建档立卡贫困户,千方百计让建档立卡贫困户有事干、有收入。仅 2019 年,共举办现场招聘会 40 场次,推送就业岗位信息 8 万次,提供各类就业岗位 6123 个,吸纳 1785 人次贫困劳动力来甬就业。目前,重庆、新疆、贵州、吉林等对口地区在宁波市的务工人员达 100 余万人次。

第五,坚持消费扶贫抓帮扶。将消费扶贫放在更加突出位置,把对口地区的农特产品销售,变为造福当地农民的"富矿区"。宁波市成立消费扶贫专班,出台了《深入开展消费扶贫助力对口贫困地区脱贫攻坚实施方案》《关于组织全市工会积极实施消费扶贫助力脱贫攻坚的通知》等文件,建立消费扶贫企业目录,签署购销战略协议。举办"消费扶贫、机关先行"活动,大力推动对口地区农特产品进机关、进企业、进学校、进医院、进社区,引导党员干部、工会组织采取"以购代捐""以买代帮"方式参与消费扶贫。打造"街区化＋市场化＋专业化"的消费扶贫综合体——山丘市集,引进和龙金达莱丝路、延吉长白娃参茸馆、味道延吉、甬爱黔西南馆等主力品牌店铺。支持对口地区企业在宁波开设农特产品直销点,鼓励相关企业来甬参加年货展销会、食博会、中东欧博览会等活动。

第六,坚持全面发动抓帮扶。宁波历来具有扶贫济困的传统美德,是一座历史悠久的爱心之城。特别是在这场史无前例的脱贫攻坚战中,无论是爱心市民还是爱心组织,无论是本地企业家还是身在异国他乡的"宁波帮"人士,纷纷加入社会帮扶行列,汇聚成支持脱贫攻坚的强大合力,让"爱心宁波·尚德甬城"成为宁波一张亮丽的名片。宁波率先启动"中国社会扶贫网"全面推广活动,大力开展"万企帮万村"精准扶贫行动,动员宁波市企业与对口支援地区开展结对帮扶。市、县联动开展了"国家扶贫日"、"海山相连·万人助学"、"图书传递"、"牵手·共健康"营养晚餐计划等一系列扶贫爱心活动,在促进宁波文明城市创建的同时,也加深了与对口地区的深情厚谊。

第七，坚持创新思路抓帮扶。把创新思路和方法运用于脱贫攻坚战全过程，起到四两拨千斤的作用。以"市点题，县破题，成果共享"为模式，项目化、课题化推进扶贫协作过程中的难点攻关，探索一批创新做法；成立"宁波市对口协作和反贫困研究院"，为开展对口协作提供智力支持，利用宁波开放城市优势讲好"扶贫故事"；探索"扶贫协作＋定点扶贫"模式，与公安部扶贫办建立"甬安合作"机制，发挥"1＋1＞2"的叠加效应，涌现出一批实实在在的合作成果；成立"宁波产业合作服务中心"，积极为长毛兔产业（农业）、万洋产业园（小微工业企业）、感恩白茶产业园等重点示范园区赋能，走出了一条"互补共赢型"的产业合作新路子。

四、为宁波建设"市域治理现代化示范城市"和"民生幸福标杆城市"指明了方向

习近平总书记在党的二十大报告中指出，要"推进以人为核心的新型城镇化，加快农业转移人口市民化。以城市群、都市圈为依托构建大中小城市协调发展格局，推进以县城为重要载体的城镇化建设"[①]。宁波在国家治理战略布局和省域治理总体框架下，准确把握宁波的发展方位、现实基础、使命责任，提出了高水平推进市域治理现代化的总体要求、主要目标和工作任务，以干在实处的举措、走在前列的标准、勇立潮头的担当为内容，奋力谱写高水平推进市域治理现代化的宁波篇章。

（一）高水平推进市域治理现代化的制度逻辑

市域治理是国家治理的有机组成部分，市域治理现代化在国家治理体系和治理能力现代化中起着基础性作用。高水平推进市域治理现代化，既是国家治理体系和治理能力现代化在市域的集中体现和贯

---

① 习近平：《高举中国特色社会主义伟大旗帜　为全面建设社会主义现代化国家而团结奋斗——在中国共产党第二十次全国代表大会上的报告》，人民出版社 2022 年版，第 32 页。

彻落实,也是实现区域治理现代化建设目标的必然之举。

第一,高水平推进市域治理现代化的制度谋划。宁波市委十三届七次全会审议通过的《中共宁波市委关于高水平推进市域治理现代化的决定》(以下简称《决定》),分为 8 个部分,第一部分对宁波高水平推进市域治理现代化的指引性力量和目标要求进行了总体阐述;第二至七部分从政治、经济、文化、社会、法治、综合等方面,提出了宁波高水平推进市域治理现代化的六大制度保障——党的领导制度体系、市场化资源配置体系、先进文化法治制度体系、社会治理体系、现代法治体系和区域统筹发展制度体系;第八部分提出要"全面提升治理能力",这既是国家治理能力现代化在市域的体现,也是对市域治理六大制度优势能否转化为治理效能提出的能力要求。《决定》紧密结合宁波实际,在深入学习党的十九届四中全会精神和省委十四届六次全会部署的基础上,出台一系列制度安排和行动方案,为高水平推进市域治理现代化作出了制度谋划。

第二,在空间维度上,市域治理在国家治理中居于承上启下的重要位置。在主要目标清晰、根本遵循明确的情形下,高水平推进市域治理现代化,需要仔细领会以下三种关系:首先是《决定》和党的十九届四中全会精神、省委十四届六次全会部署之间的关联;其次是市域治理现代化六大制度安排相互之间的关联;最后是六大制度安排和具体行动方案之间的关联。

(二)高水平推进市域治理现代化需要把握的特征

第一,高水平推进市域治理现代化要把握系统性和区域性。从"国家治理现代化—省域治理现代化—市域治理现代化—县域治理现代化"整体视角来看,市域治理现代化是国家治理现代化大系统和省域治理现代化次级系统中的重要组成部分,既有从属于整体系统的显著特征,也有其突出的区域特性,这一点从《决定》第一部分中高水平推进市域治理现代化的基本原则和主要目标中可见。如主要目标中提出:"到我们党成立一百年时,'最多跑一次'牵引各领域改革全面突破、全面见效,形成一套更加完善的市域治理制度体系,数字化支撑全面覆盖各领域,治理能力进一步提升,为高水平全面建成小康社会提供更高效能的保障,为实现市域治理现代化打下坚实基础;到 2035 年时,基本实现市域治理现代化,形成与建设'名城名都'相适应的高水平整体治理效能;到新中国成立一百年时,高水平实现市域治理现代化,成为展示中国特色社会主义制度优越性的市域治理示范城市。"

第二,高水平推进市域治理现代化要把握整体性和特色性。市域治理现代化六大制度安排各自独立,又相互紧密联系,共同构成一个政府有为、市场有效、社会有序、民众幸福安全的活力四射的市域治理共同体。政治、经济、文化、社会、法治、综合等六大方面,缺了哪一项制度,少了哪一个环节,都构不成一个圆满的图景,难以完全达到高水平市域治理现代化目标。显然,六大制度安排之间是密不可分的整体,而细看每一项制度安排,又各自特色鲜明。如在"健全现代法治体系、推进更高标准法治宁波建设"这一制度安排中的健全行政运行体制机制方面,提出要"全面优化行政决策、行政执行、行政组织、行政监督体制,分层分类完善政府权力清单和责任清单,加快打造全国法治政府建设示范市",在这里法治的特色性凸显。

第三,高水平推进市域治理现代化要把握协同性和互动性。市域治理现代化,立足区域现实,回应中央决策、省域部署,同时根本制度遵循、行动方案已出台,而其多层级目标的贯彻落实和完全实现,首先依赖于市域内不同部门、不同领域的协同与互动,即不同制度安排之间的各自制度效能充分发挥,以及各项制度合体后整体治理效能的全面发挥,需要市域内各级政府及不同领域各部门,在市域治理现代化目标下的通力合作和良性互动。其次,有赖于各项制度安排内部行动方案的有效性,以及实际运行中行动方案和制度安排之间的一致和协同。唯有如此,才能将静态的制度安排和行动方案转化为动态的实践和理想的实现。最后,还有赖于与六大制度安排所需要和相适应的治理能力的协同与互动。市域治理现代化包括治理体系和治理能力现代化两个环节,唯有制度和能力两环步调一致、两相匹配,才能真正变制度优势为治理效能,变治理效能为发展胜势,使宁波在高水平推进市域治理现代化中再创新优势、再现新作为。

(三)高水平推进市域治理现代化关键在党

宁波市委十三届七次全会提出,到新中国成立一百年时,高水平实现市域治理现代化,以成为展示中国特色社会主义制度优越性的市域治理示范城市为奋斗目标,而实现这个目标关键在党,关键在坚持党的全面领导。

要完善党领导社会治理现代化的制度体系,把党的领导贯彻到市域治理现代化的各个领域。通过总揽全局、协调各方的党的领导制度体系,把党的领导贯彻到政府、人大、政协、企事业单位、社会组织等各个领域。宁波市委十三届七次全会提出要健全党的议事决策制度,强化党委职能部门的统一归口协调管理职能,要完善党委对人大工作的领导制度,完善党领导下的政协工作制度,健全政党协商工作机制,坚持大统战工作格局,完善党管武装工作机制。这5个方面的制度构成了具有宁波特色的党对社会治理现代化全面领导的制度体系。为贯彻落实好党的十九届四中全会精神、省委十四届六次全会精神,切实把党的领导落实到国家治理各领域、各方面、各环节提供了根本的制度保证。

完善清廉宁波建设机制,把全面从严治党引向深入。把党建设得更加坚强有力,既是高水平推进市域治理现代化的根本保证,也是我们党领导的社会治理成效的具体体现。只有把党建设得更加清廉,才能赢得人民的信任和支持。要坚持和完善对腐败行为的惩处机制,加大惩处力度,使党员领导干部不敢腐。要坚持反腐败无禁区、全覆盖、零容忍,坚持重遏制、强高压、长震慑,节奏不变、力度不减、尺度不松。要完善固本培元、标本兼治的廉政教育机制,加强信念、理念教育,使党员领导干部不想腐。要完善纠正"四风"的整治机制,把官僚主义、形式主义问题摆在突出位置,着重围绕管党治党、防范化解重大风险、扶贫及帮扶、污染防治、思想政治、舆论宣传、扫黑除恶、"最多跑一次"改革、"六争攻坚、三年攀高"行动、"平安宁波"等 10 个重点领域进行建设。

完善干部队伍建设制度,建设善治理、敢担当的高素质干部队伍。高水平推进市域治理现代化,必须依靠一支高素质的干部队伍来组织实施。要重视选拔任用敢担当、善治理的领导干部,把制度执行力和治理能力作为干部选拔任用的重要依据,实现优秀者优先、有为者有位。要大力加强干部培训,努力提高各级干部队伍推进市域治理现代化的能力。要加强各级领导干部社会治理能力的培训,通过实施分类培训、精准化培训、岗位培训等方式,不断提升领导干部社会治理能力。要加强干部基层一线、艰苦环境的锻炼,让党员领导干部在实践中提高社会治理能力。要建立考核干部治理水平和成效的相关机制,完善容错纠错机制,让广大党员干部在社会治理中敢于担当作为。

(四)努力推进民生幸福标杆城市建设

"推动民生事业发展继续走在全国全省前列,建设民生幸福标杆城市",这是宁波"十四五"发展的重要目标。什么是幸福标杆城市?《中共中央　国务院关于支持深圳建设中国特色社会主义先行示范区的意见》中曾这样表述:"打造民生幸福标杆,形成共建共治共享共同富裕的民生发展格局。"标杆就是样板、就是榜样。建设民生幸福标杆城市,意味着在发展理念、规划设计、投入强度、建设成果,以及群众满意度、获得感等方面都要走在前列,高人一招、胜人一筹。确立这一宏伟目标,既令人期待、催人奋进,又任务艰巨、压力巨大。把光明前景变为美好现实,在众多城市中脱颖而出,至少需要在几个方面努力。

第一,抉择能力。世界上最重要的事,不在于我们在何处,而在于我们朝着什么方向走。坚持正确方向,才能事半功倍;方向发生偏差,往往会跟"民生幸福"渐行渐远,甚至南辕北辙。中央经济工作会议强调,"人民至上是作出正确抉择的根本前提"。"十三五"时期,宁波市坚持不懈抓好增进民生福祉的各项工作,大力兴办稳就业、老旧住宅小区改造、中小学校和幼儿园扩容、养老助老服务等民生实事,不断增强人民的获得感、幸福感、安全感,实现全国文明城市"六连冠"。然而,改善民生永无止境,在新的发展阶段还有大量的事情要做。比如,目前服务优良、价格实惠的养老机构一床难求,居家养老服务还处在初创阶段;高校数量和质量不尽如人意,人才培养受到一定局限;有些中小学名校生源超出一倍以上,优质教育资源配置不均衡;医院诊疗水平同沪、杭等城市相比还有一定差距;房价居高不下,"住不起"的问题还比较突出……总之,群众期盼已然"升级",从劳有所得到劳有厚得,从住有所居到住有宜居,从老有所养到老有颐养,从病有所医到病有良医,从学有所教到学有优教……建设民生幸福标杆城市,就要体恤民情,以"逢山开路、遇水架桥"的决心,向百姓生活的痛点难点"开刀",持续发力、久久为功。

第二,谋划水平。受新冠疫情影响,一些企业遭遇"订单荒",不仅被迫辞退员工,导致失业率增加,消费水平降低,而且上下游企业生产也受到影响,甚至造成产业链断裂。国家通过减免税收等方式加大对企业的扶持力度,特别是搞活中小企业这个最大的劳动力吸纳器。这不仅稳定了就业,提高了居民收入,提升了社会购买力,构建起完整的内需体系,还增加了税收,提高了公共积累,使生产、分配、流通各环节实现良性循环,为高质量发展提供强大支撑。建设民生幸福标杆城市,不能盲目行动,要避免就事论事,头痛医头、脚痛医脚,而应把握事物的相互联系,总揽全局,高屋建瓴,坚持系统观念,对经济和社会、内需和外需、城市和乡村、民生和治理、发展和安全等各方面关系,尽可能以"人之所需"为标准进行考量,进行科学的顶层设计,并体现在相应的制度安排和政策制定当中,力求作出正确决策。通过统筹谋划、整体推进,破解发展新难题,厚植发展新优势,培育发展新动能,推动我国经济高质量发展，满足人民多层次、多样化需求。

第三，投入强度。建设民生幸福标杆城市需要把城市建设的各个方面落到实处，而且许多事情不是短期内能够完成的，没有真金白银作为保障只能是画饼充饥。改革开放以来，宁波已经积累起巨大的财力、物力，为民众愿望的迫切实现打下了坚实物质基础。"十四五"乃至更长时期，世界经济形势仍然复杂严峻，复苏不稳定、不平衡，我国经济社会发展将面临各种风险挑战，甚至会遇到难以想象的惊涛骇浪，财政收支将不可避免地面临考验。应该始终把民生问题放在心上、抓在手上，坚持过紧日子，让利于民，厉行节约，精打细算，集中更多财力物力，健全为民办实事长效机制，及时推出有力度、有温度的举措，坚持全覆盖、保基本、促均衡、提品质，集中精力加强普惠性、基础性、兜底性民生建设，投入民生基础设施建设，推进民生保障事业持续发展，提高百姓满意度。

第三章　打造美丽中国先行示范区，实现人与自然和谐发展

　　浩瀚无垠的宇宙只有一个地球，这是我们赖以生存的共同家园。习近平总书记在党的二十大报告中明确指出："大自然是人类赖以生存发展的基本条件。"①因此，我们要秉持人类命运共同体理念，携手应对气候环境领域的挑战，加大生态环境保护力度，守护好这颗蓝色星球。宁波深入践行"绿水青山就是金山银山"、大力发展循环经济等重要理念，积极拓宽绿水青山向金山银山的转化通道，满足人民群众对美丽环境和美好生活的期待和需求，实现从"一点美"迈向"全域美"、从"一时美"迈向"持久美"的跃迁，打造全域美丽大花园和美丽中国先行示范区，努力实现人与自然和谐发展。

第一节　用"绿色"做底色，以生态促发展

一、经济发展要走可持续发展道路

　　早在 150 年前，恩格斯就提出："我们不要过分陶醉于我们人类对自然界的胜利。对于每一次这样的胜利，自然界都对我们进行报复。每一次胜利，起初确实取得了我们预期的结果，但是往后和再往后却

---

① 习近平：《高举中国特色社会主义伟大旗帜　为全面建设社会主义现代化国家而团结奋斗——在中国共产党第二十次全国代表大会上的报告》，人民出版社 2022 年版，第 49 页。

发生完全不同的、出乎预料的影响,常常把最初的结果又消除了。"①
100 多年后的 2017 年,习近平总书记在联合国日内瓦总部向世界发出
了构建人类命运共同体的"中国声音":"我们不能吃祖宗饭、断子孙
路,用破坏性方式搞发展。绿水青山就是金山银山。我们应该遵循天
人合一、道法自然的理念,寻求永续发展之路。"②习近平同志在浙江工
作期间就提出了许多关于可持续发展方面的重要指示,对改善宁波生
态环境质量具有十分重要的作用。

第一,打造"绿色浙江",倡导可持续发展。习近平同志指出:"'生
态兴则文明兴,生态衰则文明衰。'推进生态省建设,打造'绿色浙江',
是保护和发展生产力的客观需要。"③在大力发展经济时,若是以牺牲
生态环境为代价实现了经济的快速增长,那么这种经济发展模式是粗
放的、不可持续的。通过牺牲生态环境而发展起来的经济,在短期内
可能会取得很大的成果,但是长此以往,与人类息息相关的生存环境
不断遭到破坏,会严重影响人们的生活质量和健康状况,日后很大可
能需要花费更大的代价去修复污染严重的生态环境。"不要以环境为
代价,去推动经济增长,因为这样的增长不是发展。反过来讲,为了使
我们留下最美好的、最宝贵的,我们也要有所不为,也可能甚至会牺牲
一些增长速度,这就是要在经济结构上,舍去一些严重污染环境的高
能耗产业……一定不要说再想着走老路,还是迷恋着过去的那种发展
模式。"④因此,宁波要一手抓经济发展,一手抓生态保护,两手都要抓,
两手都要硬。

第二,既要 GDP,又要绿色 GDP。习近平同志在 2004 年就指出:
"要科学制定干部政绩的考核评价指标,形成正确的用人导向和用人

---

① 《马克思恩格斯选集》(第三卷),人民出版社 2012 年版,第 998 页。
② 《习近平谈治国理政》(第二卷),外文出版社 2017 年版,第 544 页。
③ 习近平:《干在实处 走在前列——推进浙江新发展的思考与实践》,中共中央党校出版社
2006 年版,第 186 页。
④ 中央党校采访实录编辑室:《习近平在浙江》(下册),中共中央党校出版社 2021 年版,第 221 页。

制度。各地的实际情况不同，衡量政绩的要求和侧重点也应有所不同。要看 GDP，但不能唯 GDP。"①"今后衡量领导干部政绩，首先要坚持群众公认、注重实绩的原则，并以此作为考评干部的重要尺度。"②在这一重要理念的指导下，浙江省委、省政府在 2004 年 10 月出台了符合浙江实际、具有浙江特色的干部考核评价指标体系，并开始在地方推进试点工作。所谓"绿色政绩观"是指树立绿色 GDP 观念，探索绿色 GDP 核算，推行生态审计制度，建立领导干部生态环境保护和建设实绩考核制度，并将建设生态省目标任务的完成情况作为评价各级领导班子和干部政绩的重要内容。我们不仅要大力发展经济，还要在发展经济的同时兼顾生态环境的保护，要以绿色可持续的方式发展经济，这样才能够由粗放式的发展逐渐转变为集约式的发展。宁波遵循这一理念，不断探索差别化的政绩考核，使绿色 GDP 考核体系不断完善。

第三，提出"绿水青山就是金山银山"的重要理念，促进生态优势转化为经济优势，大力发展生态经济。2005 年 8 月，习近平同志到浙江湖州安吉余村考察时提出："我省'七山一水两分田'，许多地方'绿水逶迤去，青山相向开'，拥有良好的生态优势。如果能够把这些生态环境优势转化为生态农业、生态工业、生态旅游等生态经济的优势，那么绿水青山也就变成了金山银山。……绿水青山与金山银山既会产生矛盾，又可辩证统一。"③"绿水青山就是金山银山"理念的提出对宁波生态文明的发展产生了重大的影响，同时也让宁波市各地区对经济发展与生态文明建设之间的关系有了全新的认知，宁波各地努力践行这一发展理念。但是生态优势如何转化为经济优势？"绿水青山"如何源源不断地带来"金山银山"？这在当时是安吉人的困惑，同时也是宁波各地区普遍存在的困惑。宁波位于东海之滨，是中外闻名的商

① 习近平：《之江新语》，浙江人民出版社 2007 年版，第 30 页。
② 习近平：《之江新语》，浙江人民出版社 2007 年版，第 73 页。
③ 习近平：《之江新语》，浙江人民出版社 2007 年版，第 153 页。

埠,是长江三角洲南翼的经济中心城市和重化工业基地,也是中国华东地区重要工业城市。作为工业大市,如何以生态优先、绿色发展为导向,让生态优美和经济富裕同步进行,让绿色生态带动经济发展,是当时摆在宁波面前的重大任务。

按照"绿水青山"与"金山银山"的辩证关系,宁波从顶层设计、制度创新到全面部署,始终坚持生态立市,始终坚持可持续发展的理念,以绿色发展为导向,努力构建生态经济、生态环境、生态文化、生态社会四大生态体系。

二、全面推进生态市建设

国际经验表明,人均 GDP 从 1000 美元到 3000 美元的发展阶段,是经济社会结构发生深刻变化的重要阶段。21 世纪初,我国已经进入这一新的发展阶段,保持经济快速发展的难度加大,资源环境的制约也更加明显。这种"成长的烦恼"和"制约的疼痛"使得宁波的发展空间受限。作为经济大市、出口大市,于内,宁波水污染、大气污染、海洋污染和农业面源污染问题比较突出;于外,出口贸易越来越多地面临发达国家"绿色壁垒"挑战。"环境保护是我国一项基本国策,功在当代,利在千秋。标准怎么定都应该,花再大代价也值得。治理环境,不能犹豫,要动真格的,来不得半点虚的。"[1]如果不从根本上转变经济的增长方式,这样的高增长必然会带来资源消耗和污染物排放总量的剧增,造成严重的环境污染问题,反过来将会严重制约经济社会的可持续发展。

第一,实行清洁生产,实现粗放型生产向集约型生产的转化,推进绿色发展和低碳发展。

"发展不能竭泽而渔,断送了子孙的后路。粗放型增长的路子,

---

①　中央党校采访实录编辑室:《习近平在浙江》(上册),中共中央党校出版社 2021 年版,第 255 页。

'好日子先过'，资源环境将难以支撑，子孙后代也难以为继。"[①]2002年12月习近平同志提出，要以建设生态省为重要载体和突破口，加快建设"绿色浙江"，努力实现人口、资源、环境协调发展。"2003年7月11日，省委召开生态省建设动员大会，习近平同志亲自作动员讲话，强调生态省建设要以人与自然和谐为主线，以加快发展为主题，以提高人民生活质量为根本出发点，以体制创新、科技创新和管理创新为动力，在全面建设小康社会、提前基本实现现代化的进程中，坚定不移地实施可持续发展战略，使浙江走上生产发展、生活富裕、生态良好的文明发展道路。他明确了生态省建设的目标、任务、措施，从此掀起了浙江生态省建设的高潮。"[②]浙江生态省建设的主要任务是，全面推进生态工业与清洁生产、生态环境治理、生态城镇建设、农村环境综合整治等十大重点领域建设，加快建设以循环经济为核心的生态经济体系、可持续利用的自然资源保障体系、山川秀美的生态环境体系、人与自然和谐的人口生态体系、科学高效的能力支持保障体系等五大体系。

第二，大力发展循环经济，转变高增长、高能耗的经济增长方式，有利于建设资源节约型和环境友好型社会。

习近平同志指出："以最小的资源环境代价谋求经济、社会最大限度的发展，以最小的社会、经济成本保护资源和环境，既不为发展而牺牲环境，也不为单纯保护而放弃发展，既创建一流的生态环境和生活质量，又确保社会经济持续快速健康发展，从而走上一条科技先导型、资源节约型、清洁生产型、生态保护型、循环经济型的经济发展之路。"[③]在保持经济持续健康发展的同时，要避免出现新的污染，治本之策是大力发展循环经济。循环经济的完整表达是资源循环型经济，是

①　习近平：《干在实处　走在前列——推进浙江新发展的思考与实践》，中共中央党校出版社2006年版，第23页。

②　中央党校采访实录编辑室：《习近平在浙江》（上册），中共中央党校出版社2021年版，第256—257页。

③　《绿水青山就是金山银山——习近平总书记在浙江的探索与实践·绿色篇》，《浙江日报》2017年10月8日。

以资源节约和循环利用为特征的经济发展模式。循环经济的特征是低开采、高利用、低排放。所有的物质和能源能在这个不断进行的经济循环中得到合理和持久的利用，以把经济活动对自然环境的影响降到尽可能小的程度。循环经济与可持续发展一脉相承，强调社会经济系统与自然生态系统和谐共生，是集经济、技术和社会于一体的系统工程。循环经济不是单纯的经济问题，也不是单纯的技术问题和环保问题，而是以协调人与自然关系为准则，模拟自然生态系统运行方式和规律，使社会生产从数量型的物质增长转向质量型的服务增长。

传统的经济模式是一种由"资源—产品—污染排放"所构成的物质单向直线过程。在这种经济中，人们以越来越高的强度把地球上的物质和能源开采出来，在生产加工和消费过程中又把污染物和废弃物排放到环境中去，对资源的利用常常是粗放的和一次性的，通过把资源持续不断地变成废弃物来实现经济的数量型增长，导致许多自然资源的短缺与枯竭，并酿成了灾难性环境污染后果。创造的财富越多，消耗的资源和产生的废弃物就越多，对环境资源的负面影响也就越大。传统经济将自然生态系统作为取料场和垃圾场，完全是一种不合理的线性经济。而循环经济是一种生态型的闭环经济，形成合理的封闭循环，它要求人类经济活动按照自然生态系统模式，组织成一个"资源—产品—再生资源"的物质反复循环流动过程。在循环经济里没有真正的废弃物，只有放错了地方的资源。循环经济以尽可能小的资源消耗和环境成本，获得尽可能大的经济和社会效益，从而使经济系统与自然生态系统的物质循环过程相互和谐，促使资源得以永续利用。因此，循环经济是对"大量生产、大量消费、大量废弃"的传统经济模式的根本变革。

宁波要树立循环经济理念，探索发展循环经济的有效途径，推动实现"资源—产品—污染排放"所构成的传统模式转变为"资源—产品—再生资源"所构成的循环经济模式。例如，依托宁波石化等一批石化产业园区建设，推进炼化一体化项目，提升了炼油和乙烯生产能力，延伸发展了合成树脂、合成橡胶、聚碳酸酯等石化产业链；以废弃物资源化利用、中水回用、余热利用为重点，在纺织印染、皮革制造、造纸等行业构建了能量和物质梯级利用的循环型产业结构等等。产业集聚给循环经济产业链中的各个小企业提供了更好的平台，使得资源循环利用更加灵活、便捷，并进一步降低产品成本，提高产品的市场竞争力，吸引更多的企业加入循环经济。各地结合自己的产业基础和环境功能，不断调整优化生产力布局，推进技术创新，实施清洁生产，促进经济发展加快从先污染后治理、高消耗高污染型向资源节约型和环境友好型转变。

宁波是长江三角洲的重化工业基地，也是中国华东地区的重要工业城市。因此，宁波要坚持开源与节约并重的原则，积极抓好要素资源配置的规划和建设，扩大能源、资金等要素供给；在全社会开展节能、节地、节水活动，提高土地等有限资源要素的利用效率，推进资源节约型社会建设。推行清洁生产在生产方式上是一场根本性的变革，能够为宁波建设环境友好型社会奠定坚实基础。所谓清洁生产是指不断完善改进设计、使用清洁的能源和原料、采用先进的工艺设计与设备、综合利用等措施，从源头削减污染，不断提高资源的利用效率，减少或者避免生产、服务和产品使用过程中污染物的产生和排放，以减轻或者消除对人类健康和生态环境的危害。提升企业清洁生产水平，使得工业实现绿色低碳循环发展，努力实现从"高消耗、高污染、低效益"向"低消耗、低污染、高效益"的转变。

第三，坚持环境保护与生态修复两条线齐头并进。

宁波作为海滨城市，伴海而生，因海而兴。千百年来，人们耕海牧渔，尽情享受着大海无私的馈赠。曾几何时，随着海洋生态污染和过度捕捞，这片海域一度面临渔业资源的枯竭，以致"东海无鱼"。因此，着眼于整个海洋生态系统，治理修复海洋环境、推动渔区形成绿色的生产生活方式显得尤为迫切。习近平同志指出："治理修复海洋环境是一项造福子孙后代的大事，各级各地要高度重视这项工作，正确处理发展海洋经济与海洋环境保护和生态建设的关系，高度重视海洋环境综合治理,加强陆域污染源的治理和控制,加强对海上生产经营活动的环境监管,加强对重大海洋、海岸工程的环境评估,实施海洋生物资源保护和生态环境修复工程。"①

三、切实加强环境保护和治理

建设生态文明是中华民族永续发展的千年大计。人类因自然而生,人与自然在一定意义上是一种生命共同体,对自然的伤害最终会伤及人类自身。人类只有尊重自然规律,才能够有效防止在开发利用自然上走弯路。要坚持人与自然和谐相处的基本方略,就必须尊重自然、顺应自然、保护自然,切实加强环境保护和生态治理,保护好人类赖以生存的地球家园。宁波通过"千村示范、万村整治",建立生态补偿机制、生态示范区和自然保护区等有效途径,不断加强环境的保护与治理,大大提高了生态环境质量。

第一,在"千村示范、万村整治"的推动下,持续加强宁波各地区农村的生态环境保护。

浙江是习近平新时代中国特色社会主义思想的重要萌发地、中国美丽乡村建设的重要发源地。建设生态省,打造"绿色浙江",农村是重难点,也是主战场。2003年6月,浙江省委、省政府召开专题会议部署"千村示范、万村整治"工程,提出以中心村建设为重点,推动城市基础设施向农村延伸,推动城市公共服务事业向农村覆盖,推动城市文明向农村辐射。"实践证明'千村示范、万村整治'作为一项'生态工程',是推动生态省建设的有效载体,既保护了'绿水青山',又带来了'金山银山',使越来越多的村庄成了绿色生态富民家园,形成经济生态化、生态经济化的良性循环。"②这一工程将村庄整治、经济发展与环

---

① 习近平:《干在实处　走在前列——推进浙江新发展的思考与实践》,中共中央党校出版社2006年版,第222页。

② 习近平:《干在实处　走在前列——推进浙江新发展的思考与实践》,中共中央党校出版社2006年版,第162页。

境保护三者结合起来，村子里环境优美，空气清新，还逐渐发展起来了旅游业，实现了民生、经济与生态的共赢。

第二，建立生态补偿机制并且对生态脆弱地区和保护地区进行特殊的治理。

习近平同志指出："以人为本，其中很重要的一条，就是不能在发展过程中摧残人自身生存的环境。如果人口资源环境出现了严重的偏差，还有谁能够安居乐业，和谐社会又从何谈起？"[①]在经济发展与环境保护产生冲突时，一味地追求经济的快速发展，势必会付出高生态成本的代价。所谓生态成本是指进行经济生产导致生态系统的破坏后，再人为修复所需要的代价。以河流取水为例，传统工业取水，只考虑取水的工程、机械和人工成本，而不考虑水资源的成本，并认为水资源是取之不尽、用之不竭的。这种认识在水是富有资源时是对的，如取用海水；但如在取水后形成断流，破坏了下游生态系统，就不仅有水资源成本，而且有高昂的水生态系统成本；而向水中排污，破坏水的质量，这是另一种用水，同样有高昂的环境代价。浙江省结合"千村示范、万村整治""万里清水河道""生态富民""千万饮水""绿色家园"等生态工程建设，制定了一系列激励政策，支持各地保护和建设生态环境。

资源环境的利用开发受益者，有责任向提供优良生态环境的地区和人们提供适当的经济利益补偿。因经济社会活动对生态环境造成破坏或污染的，责任主体不仅有责任修复生态环境，而且有责任为此对受损者做出适当的经济赔偿。建立和完善生态补偿机制，让承担较多生态保护任务的地区不再成为经济社会发展的"牺牲者"，无疑是有效保护资源环境的重要途径。浙江在这方面已取得了一些行之有效的经验，如生态环境保护与各地政府的"钱袋子"、官员的"帽子"挂钩，

---

① 习近平：《干在实处　走在前列——推进浙江新发展的思考与实践》，中共中央党校出版社2006年版，第190页。

异地开发、下山脱贫、生态脱贫等区域间生态补偿方式。2005年,浙江省生态补偿的相关政策进一步制度化、规范化。如明确规定加大财政转移支付中生态补偿的力度。对按时完成环境保护工作任务、达到区域生态环境保护要求的地区,兑现相应的财力补助和奖励。对移民下山后将原宅基地改为农林用地的农户,对迁出小岛的渔民,当地可根据实际给予一次性经济补偿。在积极开辟生态补偿经费来源等方面,通过发挥浙江省的体制机制优势,积极探索资源使用权、排污权交易等市场化的生态补偿模式,引导社会各方参与环境保护和生态建设,全力建设我们共同的绿色家园。

第三,通过建设生态示范区和自然保护区,促进人与自然和谐共生。

"GDP快速增长是政绩,生态保护和建设也是政绩。"[1]发展进入新阶段,人民群众对于良好生态环境的要求越来越高。发展与保护之间的矛盾也变得更加突出。习近平同志特别强调:"发展应该是与人协调、与环境和谐的发展。过去,我们环保意识不太强,大家对环境保护工作也不太重视,人们对环境的要求也不太强烈。现在,人们的生活水平提高了,对环保的理性思考和感性认识都提高了。在这种情况下,如果我们对环保工作仍然不闻不问,甚至对环境污染行为不加控制和制止,人民群众就会以不同的形式来要求我们去整治。"[2]

"生态环境方面欠的债迟还不如早还,早还早主动,否则没法向后人交代。"[3]早在进行生态文明建设顶层设计时,习近平同志就将环境污染整治当成生态省建设的一项基础性、标志性工作。为了加快消除人与自然的不和谐因素,2004年10月,浙江开启了"811"环境污染整治行动。"8"指的是浙江省八大水系;"11"既是指全省11个设区市,

---

① 习近平:《之江新语》,浙江人民出版社2007年版,第30页。
② 《绿水青山就是金山银山——习近平总书记在浙江的探索与实践·绿色篇》,《浙江日报》2017年10月8日。
③ 习近平:《之江新语》,浙江人民出版社2007年版,第141页。

也指当年浙江省政府划定的区域性、结构性污染特别突出的 11 个省级环保重点监管区。"811"整治行动，意在整治重点流域、重点区域、重点行业和企业，控制污染物排放总量，推进环保基础设施建设，强化环境执法和监测。对于无法做到稳定达标排放、严重污染环境的企业，将一律实行停产治理和强制性清洁生产审核，达标无望的坚决予以关停。只有坚持绿色发展，大力建设资源节约型和环境友好型社会，建设山清水秀的美丽宁波，才能为人民群众创造干净、舒适的生产生活环境，为子孙后代留下一片蓝天净土。

宁波位于中国东部沿海，是历史上著名的"鱼米之乡"，人民群众在"江南水乡"如诗如画般的环境中，生活安详富足。近年来，由于经济高速发展，老百姓的生产、生活给生态环境造成一定压力，局部地区环境污染现状不容忽视。良好生态环境是最公平的公共产品，是最普惠的民生福祉。要以坚持发展、保护环境、相信科学、依法诉求为原则，把保证经济发展，治理环境污染，保障群众利益，维护社会稳定等各项工作有机结合起来，进一步加强群众工作，进一步加强法制教育，进一步加强督查力度。生态本身就是经济，保护生态，生态就会回馈你。以促进人与自然和谐共处为重点，不断强化生态保护，坚持生态保护与环境治理并重的方针，在具有重要生态功能作用的区域建立一批重要生态功能保护区，实施重点保护。对具有特殊生态功能，虽已受到一定程度损坏，但采取有效措施可以恢复的，要实施抢救性保护。高度重视生态良好地区和重点资源开发地区的环境保护与生态建设。进一步做好珍稀濒危物种的抢救与保护，强化临安天目山、平阳南麂岛、凤阳山—百山祖、定海五峙山鸟岛等生物多样性自然保护区的保护力度，禁止在核心区和缓冲区开展各类开发活动。在物种丰富、具有自然生态系统代表性、资源未受破坏的地区，合理增建森林、野生动植物、湿地和海洋等自然保护区，切实强化对生态功能保护区和自然保护区的建设与管理。

第二节　持续用力，久久为功，推动生态文明建设再上新台阶

一、生态环境质量全面好转

宁波市根据浙江省生态省建设的指示精神，为深入推进宁波生态市建设，于 2005 年 1 月 13 日市十二届人大常委会第十七次会议中审议通过了《宁波生态市建设规划》（以下简称《规划》），2005 年 2 月由宁波市政府正式颁布实施。《规划》总体上分为 3 个建设阶段：启动期（2003—2007 年）、发展期（2008—2012 年）、深化期（2013—2020 年）。《规划》的总体目标是要充分发挥宁波市区域经济特色和生态环境优势，在发展中加强生态环境建设，经过 20 年左右的努力，基本实现人口规模、素质与生产力发展要求相适应，经济社会发展与资源环境承载力相适应，把宁波建设成为具有比较发达的生态经济、优美的生态环境、宜人的生态人居、繁荣的生态文化、人与自然和谐相处的可持续发展的现代化国际港口城市。只有把绿水青山保护好，才能不断把金山银山做得更大，宁波各地区致力于走低碳发展的道路，从源头上控制污染，改善生态环境质量。

在"绿水青山就是金山银山"理念指引下，宁波按照"五位一体"总体布局和"四个全面"战略布局，以"八八战略"为统领，围绕"六争攻坚、三年攀高"专项行动，一张蓝图绘到底，使生态文明建设成为宁波经济发展的重要底色。宁波从治水、治气、治土三方面推进区域生态环境质量逐渐改善。

没有良好的生态环境，就没有城市的未来。近年来，在"绿水青山就是金山银山"理念的指引下，宁波生态文明建设已经贯穿融入经济

社会发展的全过程，生态环境质量持续改善。其中环境空气质量稳定达到国家二级标准，县级及以上饮用水源地水质常年保持百分百达标。在2019年发布的中国绿色城市指数前50名中，宁波排第16位，在进入人均可支配收入超过5万元的城市中排第5位。在全国"绿水青山就是金山银山"发展百强县评比中，宁海县排名第2位。

为了全面打造天蓝地绿水清的良好生态环境，宁波坚决打好蓝天保卫战、治水提升战、治土攻坚战三大战略。在治气方面，开展细颗粒物和臭氧"双控双减"，包括完善扬尘综合治理，深化工业废气整治，持续推进"低散乱"企业整治、小微企业入园和三大国家级园区的循环化改造，强化机动车船治理。2022年，宁波市环境空气质量综合指数在全国168个重点城市中排名17，同比提高3位；6项常规污染物年均浓度连续6年达到国家二级标准。在治水方面，加大水环境统筹整治提升的力度，实施控源头、截污染、生态提升行动，2020年完成了16个工业园区和30个乡镇（街道）省级"污水零直排区"的创建。2021年，市控以上地表水断面水质优良率同比上升5.4个百分点；功能达标率同比上升2.2个百分点；县级及以上集中式饮用水源水质保持100%达标。近岸海域国控点水质改善幅度位列全省第一，达到有监测记录以来历史最优水平。制定以改善水环境质量力核心的《宁波市"甬有碧水"行动方案》，该方案坚持问题导向与目标导向，精准发力、系统治理，旨在加大水环境保护力度，统筹水资源利用、水生态保护和水环境治理，着力解决群众身边的突出水环境问题，将"甬有碧水"打造成宁波治水工作的"金名片"。不断加强农村污染防治，2022年实现农村生活污水处理设施标准化运营全覆盖。强化饮用水水源保护，加大陆海统筹，削减污染物入海通量，提升近岸海域的水质。在治土方面，持续提高固体废弃物和土壤治理能力，深入开展"无废城市"建设，力争到2025年基本实现监管无盲区、产废无增长、资源无浪费和固体废弃物无倾倒。2021年，宁波完成1个污染地块治理修复项目，新启动实施2个污染地块治理修复项目，落实暂不开发利用污染地块的管控措施。实施农用地安全利用,全年未发生因土壤污染引发食用农产品超标的事件,受污染耕地安全利用率和污染地块安全利用率超额完成两个93%的目标。

在生态文明建设中,海曙区以改善生态环境质量为核心,全力打好蓝天保卫、治水提升、净土清废三大战役。清理"散乱污"企业,治理挥发性有机物(VOCs)等废气排放企业,建成"污水零直排区";治理修复污染土壤,不断提升固废减量化、资源化、无害化处理水平。如今海曙区的区域生态环境质量明显改善。空气质量优良率超过90%,PM2.5浓度逐年大幅下降;集中式饮用水水源地水质常年保持100%达标,地表水环境质量优良率逐年上升;污染地块安全利用率和危险废物利用处置率达100%。同时,还将加大城区的绿化园林建设,扩大公共绿地面积,提升城市绿化水平,并结合乡村振兴战略,做好村镇绿化美化。今后的绿化重点将是坚持"生态优先"战略,树立绿色发展理念,统筹推进城乡绿化建设,努力建设"蓝天碧水绿地、宜业宜居宜游"的秀美海曙。在寸土寸金的海曙区,把金贵的土地空间留给花花草草,看似有些"奢侈",实则带来的是"无价"的财富。

慈溪市在创建卫生城市工作的深入推进下,一项项环保行动也在全市各地快速推进,清水、蓝天、治污三大行动,让慈溪天蓝、水清、空气清新的美丽家园渐渐"显山露水"。目前,慈溪市已成功创建成浙江省生态市和环保模范城市。"五水共治"让碧波重返江河。这些年,慈溪市通过综合治水,水生态环境逐步改善,2016年3月,慈溪市捧回象征着全省"五水共治"最高荣誉的"大禹鼎",治水成效显著。为了让天空更蓝,治气举措一项紧跟一项。慈溪市大力开展了煤炭、扬尘、机动车、工业废气、焚烧等大气污染源综合治理工作,加强了建筑工地、工程车辆、道路的防尘措施,开展了秸秆、垃圾露天焚烧专项整治,启动了挥发性有机物(VOCs)专项整治。赢得一方净土,全方位的生态治理势在必行。慈溪市铁腕重拳相继完成了六大重污染行业和合用场所整治,治污治患也治理了城市乱象。铁腕除"污",让环境质量亮丽升级。民心所向，政之所行。生态环境的持续改善，离不开慈溪市实施的三大行动——以"治气抑尘"为核心的清洁空气行动、以"五水共治"为契机的清洁水体行动和以"夯实基础"为目标的清洁治污行动。

宁波坚持"绿水青山就是金山银山"的发展理念，加快推进生态文明建设和村庄水环境整治提升，摸索出了一条资源开发、灾害防御、生态保护"三位一体"的协调发展之路。在生态环境保护中，水源地保护是重中之重。过去，宁波市民饮用水主要依赖白溪、周公宅、皎口等八大水库。2020 年 6 月，宁波市最大境外引水工程钦寸水库的通水，极大地提高了宁波水资源的保障能力，改善了水环境。为切实加强饮用水水源地保护工作，全市各地不遗余力：慈溪、余姚分别实施了里杜湖、梅湖、牟山湖、陆埠库底清淤工程，增加库容，改善水质；横山、亭下、白溪水库通过生态放养鱼类实施净水渔业，使水库内形成稳定生物链；宁海关闭水源地旅游景区项目，水源区内污染企业和畜禽养殖场的数量和规模均得到了较好控制……改善环境质量，推动经济发展的最终落脚点是让百姓受益。宁波持续巩固扩大农村水环境治理成效，创新开展了"镇乡水环境试点项目建设"工作，逐步从"单个村或单条河道整治"向"区域整治、以镇乡为单元系统整治"转变，切实改善镇、村河道水环境面貌。

水是宁波生态文明建设的重要基础。近年来，北仑通过全面落实河长制，建立河道管理机构，落实专项资金，持续推进体制创新、机制创新、管理创新和技术创新，从政府单一治水向全社会共建共享共治共管提升，从"安全""生态""美丽"向"幸福"汇流，打造工业强区幸福河湖试点县（市、区）。2022 年，北仑创建了小浃江、中河、芦江大河等 6 条省级美丽河湖，7 个水美乡镇，10 个水美村庄，完成 30 处水系沟通工程、50 个村庄水环境治理项目建设。从生态系统整体性和流域系统性出发，统筹协调上下游、左右岸、干支流关系，以区五水办（河长办）等为应急联动响应单位，有效解决河道水质异常事件，打牢治水根基。

宁海县以污染防治为突破口,全力打好蓝天保卫、护水斩污、清废净土污染防治攻坚战,不断保障区域生态环境质量,为县域经济可持续发展保驾护航。紧抓项目推进,提升污染整治成效。高强度推进大气污染防治,加快能源结构调整。有序推进大气环境监测,重要物流通道大气监测站建设完成选址。高要求推进土壤污染防治,推进宁海县危险废物统一收集转运试点工作,截至 2020 年 10 月,4 个乡镇及工业集聚区均已落实仓库用房,试点单位正在按要求开展项目建设。制定《宁海县一般工业固体废物收运体系建设工作方案》,完成一般工业固体废物填埋场初步选址及建设比选方案。交通、市场监管等部门对全县危险废物经营单位的规范化管理、处置收费、危险废物转运等进行联合执法检查。系列综合举措为区域优质生态环境奠定了扎实基础。

二、生态环境保护和治理取得突出成就

宁波通过"亩均论英雄"改革、大力发展循环经济、"五水共治"等系统措施,推动宁波生态环境保护和治理取得突出成就。

第一,宁波各地积极推行"亩均论英雄"改革,始终走在全省的前列。

浙江省"七山一水二分田"的地形状况决定了必须走"亩均论英雄"的高质量发展道路。要树立以创新驱动追求亩产效益的鲜明导向,倒逼企业突破资源要素瓶颈制约,实施"腾笼换鸟",做大做强"头雁",促进更多资源加快向优势区域、优势产业、优势企业集中。不再唯"量"论英雄,而是靠"质"论成败。宁波的"亩均论英雄"改革始终走在全省前列。自宁波市各地深入推进"亩均论英雄"改革以来,宁波市工业亩均税收、亩均增加值、全员劳动生产率、单位能耗增加值、单位排放增加值等指标均实现较快增长,单位资源要素投入产出效益不断提高,主要指标在全省持续领先。

不以规模、速度为标准，而以亩均、排放、能耗、创新等综合因素"论英雄"。近年来，象山县以"亩均论英雄"改革为抓手，坚持正向激励和反向倒逼"两手抓"，实施用地、用电等资源要素差别化政策，促进优胜劣汰，推动经济结构调整和产业高质量发展。根据综合评价得分，象山县对单位资源占用产出绩效差、综合效益差的企业进行重点整治甚至淘汰。2019 年，54 家低效企业全部出清，合计盘活土地面积 1511.57 亩（1 亩约 0.067 公顷，全书同），腾出用能 802.67 吨标煤，腾出环境容量指标 185 吨，新增产值 19650 万元，新增税收 1090.4 万元。2019 年，象山县有 15 家企业上榜宁波市制造业"亩产英雄 500 强"，3 家企业进入宁波市"246"产业"亩均效益"领跑者名单。

在"十三五"期间，镇海区一方面围绕提升"亩均效益"，抓好产业迭代升级。通过狠抓优质产业项目投资、产业提质增效、产业科技创新这关键三招，促进了一批重大项目相继落地，大力推进传统制造业智能化改造和科技投入，否定了高污染高排放项目 200 多个。经过努力，镇海区跻身"全省亩均税收十强""全省亩均增加值十强"。另一方面，镇海区铁腕推进生态环境治理，坚持把"生态驱动"作为全区发展的首要战略，累计投入 120 多亿元打好蓝天、碧水、净土三大污染防治攻坚战，生态环境质量显著改善。

慈溪市"亩均论英雄"改革推动企业不断优化资源要素配置。2020 年初，宁波发布 2019 年制造业"亩产英雄 500 强"榜单，慈溪市宁波公牛电器、浙江长华汽车零部件股份有限公司等 85 家企业入围，数量居宁波市各区（县、市）首位。慈溪市通过规划引领、部门联动、腾笼换鸟等举措，进一步建立健全"以亩产论英雄"为导向的转型升级机制，推动资源要素向高绩效企业集聚，引导、倒逼各镇（街道、园区）及其企业实现资源要素优化配置。"亩均论英雄"如同一根引导工业转型升级的指挥棒。从"总量论英雄"到"亩均论英雄"，慈溪市的企业通过智能化改造、平台化服务、品牌增效等措施，稳步提高"亩均效益"。

奉化区强化"亩均论英雄"理念,推动城市经济蓬勃发展。2016年底以来,奉化抓住融入宁波城市圈的历史发展机遇,大胆改革,部署实施一系列新政策,不断释放撤市设区红利,抓住招商引资"牛鼻子",以"同城化"发展为抓手,组织实施"五大攻坚战",构建大交通网络,打造科创大平台新高地,强化"亩均论英雄"理念,引进新能源、新材料战略性新兴产业,大力培育"小而美"苗子企业,干部"四联四跑"深化"三服务",持续优化区域营商环境,推动产业升级,城市经济蓬勃发展,不断刷新发展纪录。攻坚克难,一年一个新台阶。2017年,奉化区完成财政总收入71.03亿元,一般公共预算收入42.94亿元,到2020年财政总收入便突破百亿元大关,一般公共预算收入64.51亿元,增幅达40.8%和50.2%,年均增长分别为12.1%和14.53%。财政收入的连年递增,为奉化区改善民生提供了资金保障,新增财力近70%用于民生和社会事业,公共财政支出安排优先用于民生"提标扩面",最大限度办好惠民实事。2020年,全区一般公共预算支出为85.33亿元,其中民生支出61.86亿元,占比72.5%。奉化区2020年财政总收入完成100.06亿元,首次突破百亿元大关,增幅达11%,为"十四五"良好开局奠定重要基础。

余姚市深化"亩均论英雄"改革,亩均税收大幅度提高。近年来,余姚市坚持高质量发展理念,把落实和推进土地资源节约集约利用作为加快现代化建设的重要抓手,多措并举,积极探索实践节约集约利用资源的新模式、新机制,节约集约用地取得了积极成效。据统计,2019年,余姚市累计批准具体建设项目供地14861亩,其中存量建设用地3859亩,单位建设用地GDP同比上升11.75%。余姚市已完成的城镇低效用地再开发项目中,工矿仓储用地平均容积率提高了1.3倍,亩均税收提高了1.8倍。2021年2月,省自然资源厅发文公布了2019年度省级国土资源节约集约模范县(市、区)名单,余姚市榜上有名。

第二,宁波大力发展循环经济,以壮士断腕的决心告别"黑色

GDP"，拥抱"绿色低碳崛起"。

2003年宁波市经济发展中的素质性、结构性、体制性矛盾依然十分突出。经济仍属于以量扩张为主的传统粗放式发展模式，导致资源消耗大，土地利用效率偏低，空气和水环境质量下降。产业结构还不够合理。总体上，宁波市经济发展仍呈粗放型格局，循环经济体系尚未根本建立。2004年后宁波市致力于将循环经济的理念贯穿于资源投入、企业生产、产品消费及其废弃的全过程，不断提高资源利用效率，把传统的、依赖资源净消耗线性增加的发展，转变为依靠生态型资源循环来发展的经济，推动"资源—产品—污染排放"的传统经济模式向"资源—产品—再生资源"的循环经济模式转变。推动发展模式从先污染后治理型向生态亲和型转变，增长方式从高消耗、高污染型向资源节约型和生态环保型转变，形成具有宁波特色的生态经济格局。建设资源节约型社会，鼓励利用再生资源，发展循环经济，推行清洁生产，积极探索生态经济补偿、排污权交易和环保治理设施市场化运作机制。

宁波深化生态市建设，大力发展循环经济，提高资源利用效率。深化生态市建设，重视饮用水源保护、农村环境保护和生态修复，推进重点区域、流域和行业的污染整治，强化土地资源保护和集约节约利用，加强沿海防护林建设和平原绿化工作，荣获"国家森林城市"称号。大力发展循环经济。积极开展循环经济国家、省、市三级试点，加大政策扶持力度，创建市级循环经济示范区，争创国家循环经济示范城市。推进循环经济规模化发展，重点围绕石化、钢铁、能源等重大产业和核心资源，积极构建生态型临港工业产业链、废弃物综合利用产业链、农产品加工循环产业链等，促使产业链上下游企业通过生产装置互联、原料产品互供、副产品集中统一使用，实现能源资源循环利用、综合利用和梯级利用。积极实施再生资源回收利用工程，创新资源利用方式，逐步建立全社会再生资源回收和循环利用体系，大力倡导垃圾分类回收处理模式，促进能源、水资源、土地、废弃物、海洋资源等的综合利用，提高全市生产要素集约利用水平。

大榭开发区通过发展循环经济，实现了产业上下游循环对接。2019 年，宁波市大榭开发区获批第四批国家级绿色园区，是同批次全市唯一的国家级绿色园区。大榭临港石化产业以绿色为底色，不断创新高质量发展，2019 年大榭综合发展指标跻身全国 676 家化工园区前五强，单位面积利润全国第一，形成以大榭石化为代表的油品全产业链、万华宁波为代表的聚氨酯全产业链、东华能源为代表的轻烃全产业链三大核心产业集群。同时，大榭开发区加快企业能耗"瘦身"，实现绿色转型。2019 年，大榭实施节能改造、资源综合利用等项目 19 个，总投资约 1.9 亿元，年节能量约 6 万吨标煤，年节水量约 55.5 万吨。

北仑区深化国家循环经济试点示范区建设，建立园区"绿岛"管理模式。洋洋东方大港，改革开放前哨。2020 年是北仑发展史上具有里程碑意义的一年。在变局中开局、在克难中求进、在创新中提升，北仑交出了"两手硬、两战赢"的高分答卷，北仑发展站上新起点、迈入新境界。北仑持续推进绿色转型，擦亮生态新名片。加强污染防治，加快实现全域"北仑蓝"，推进细颗粒物和臭氧"双控双减"，持续淘汰国三及以下柴油货车，加大工业源、移动源治理力度，启动"无异味园区"创建。持续改善水生态，加强工业园区"污水零直排"排查整改，加快建设柴桥净化水厂等项目，50％以上的河道保持三类以上水质，污水日处理能力突破 50 万吨。纵深推进"无废城市"建设，加强塑料污染防治，加快建设工业固废填埋、医疗废物处置改造提升等项目，固废资源化利用能力达到 1.84 万吨/日。积极开展二氧化碳排放达峰行动，大力引进液化天然气（LNG）、氢能、光伏等新能源项目，力争单位工业增加值能耗下降 3.5％、规上工业能耗总量控制在 416 万吨标煤，加快构建绿色低碳发展格局，完善支柱产业循环经济链条。

绿色发展成为宁波经济迈向高质量发展的根本。宁波各地均以壮士断腕的决心，坚决舍弃"黑色 GDP"，拥抱"绿色低碳崛起"。镇海区，不惜牺牲数亿元产值，将九龙湖镇40多家紧固件企业的酸洗废液集中处理，实现了行业集群发展；杭州湾新区，拿出超过五分之一的年财政收入，关停漂印染园区，发展新兴产业……利用价格杠杆淘汰落后产能，倒逼产业转型升级，宁波走在了全省前列。宁波在全省率先对不锈钢行业实施差别电价政策，并将实施范围扩大至铸造业。2022年，宁波累计整治"低散乱弱"、高耗低效企业3431家，淘汰落后产能企业451家，建成绿色工厂686家。传统制造业绿色化转型也是宁波聚力发展的方向之一。近年来，宁波以绿色制造示范创建为抓手，着力构建覆盖全产业链和产品全生命周期的绿色制造体系。2020年，宁波市入选国家级绿色工厂15家，占全省总数的35%。

第三，大力推进治污水、防洪水、排涝水、保供水、抓节水等"五水共治"，着力改善水生态环境。

根据2013年《浙江省水利普查公报》，浙江省人均水资源量只有1760立方米，已经逼近了世界公认的1700立方米的警戒线。虽然浙江单位面积水资源可以排到中国第四，但由于水资源80%分布在山区，因而人口集中、经济发达的浙东是重点缺水地区。而且浙江水资源还存在着供需缺口大、结构矛盾突出、污染严重、有效利用率低等四大突出问题。从生态的角度看，治水就是抓生态环境保护。浙江"缺水"，有海岛地区资源性缺水制约，也有一些山区工程性缺水因素，但主要是污染造成的水质性缺水。"江南水乡没水喝"，主要因为过于依赖资源环境消耗的粗放增长模式。面对青山不再、绿水不再的尴尬，必须牢固树立"绿水青山就是金山银山"和"山水林田湖是一个生命共同体"的理念，以"功成不必在我"的胸襟和对浙江可持续发展的担当，围绕治水目标，把水质指标作为硬约束倒逼转型，以短期阵痛换来长远的绿色发展、持续发展。

水是生命之源、生产之要、生态之基。浙江因水而名、因水而兴、因水而美，是著名的水乡。在浙江这样的江南水乡，水环境综合治理与转型升级紧密相连、互为表里，只有把治水作为转型升级中最关键的突破口，才能真正实现有质量、有效益、可持续发展。哲学上讲纲举目张，治水就是浙江转型升级的"纲"。浙江省委、省政府做出以治水为突破口、打好转型升级"组合拳"的重大决策，提出要以大禹治水的精神，以"重整山河"的雄心壮志，以砸锅卖铁的决心，举全省之力，坚持"科学治水、依法治水、铁腕治水、全民治水"，大力推进治污水、防洪水、排涝水、保供水、抓节水等"五水共治"。通过治水，治出转型升级，治好老祖宗留给我们的绿水青山，治服洪水之虎，治去内涝之患，与自然和谐相处，努力走出"绿水青山就是金山银山"的发展新路。

　　宁波市各地区围绕"五水共治"，着眼于改善水生态环境。坚持特色营造与滨水游憩相结合，加强城市水域景观绿化和水环境整治，对城市海岸线、内河、湖泊等水域沿岸、相关设施及周边进行绿化美化，对线性单调、生硬的非生态硬质驳岸，在满足防洪、通航和安全的前提下，应用植物措施和水域生态建设材料进行生态改造。宁波市北仑区作为全省重要的工业强区之一，地处临江靠海的"风水之地"，面临比其他区域更加强烈的治水愿望和更为突出的治水难度。北仑区围绕"五水共治"中心工作，坚持以法治理念为指引，打好"法治组合拳"，部门联合、密切协作、多措并举，依法治水、科学治水、法治护航治水工作成效突出。2015年，区域已全面消除垃圾河、黑臭河，多数河段达到Ⅳ类水质标准，"水清、流畅、岸绿、景美"的水生态环境初步展现，治水工作赢得了各级领导肯定和群众普遍认可。北仑区依法护航"五水共治"，一是坚持普法先行，创新依法治水"山海线"；二是坚持社会发动，划分依法治水"责任田"；三是坚持铁腕推进，打响依法治水"攻坚战"；四是坚持执法必严，设置依法治水"警戒线"；五是坚持治管并重，共奏依法治水"同心曲"。依法建立机制，进一步明确常态长效管理职责。

　　守护河道，就是保护水生态，就是守护我们的家园。宁波境内河流众多，系统整治建设江河水系、全面改善河道生态环境，从城市扩至广袤的乡村，从三江口走向绵延青山、广阔平原。近年来，宁波各地全方位建设河道、洁净河道、美化河道、联通河道，河畅、水清、岸绿的景象再现四明大地。鄞州区境内河网密布，是典型的江南水乡。鄞州水利部门深入落实"清淤泥、拆违建、活水体、治河岸、美水景"五大措施，建设美丽河道，基本形成与经济社会发展相适应的亲水宜居的美丽河湖生态保护体系。北仑区为确保河道保洁养护工作深度推进、广度拓展，创新建立日常保洁、长效养护、巡查监管和部门联动"四大机制"，形成一套建管并重、行之有效的河道长效管理保障体系。如今，"水清、流畅、岸绿、景美"的水生态环境初步展现。奉化区通过改革管理机构、搭建智慧平台、实施管养分离等措施实现了对三江（剡江、县江、东江）河道的高效管理，达到了"水清、岸洁、流畅"的管理目标。

　　宁波持续加强水污染防治，保障水生态环境的安全。宁波与东海相邻，拥有一条绵长而曲折的海岸线。这条海岸线全长 1672 公里，居于全省首位。优越的海洋资源为宁波经济提供了坚强的支撑，但是开发利用也带来了"伤害"。海岸带脏乱差、滨海湿地退化、海洋生态系统弱化等一系列问题，给宁波海洋生态系统敲响了警钟。大部分海洋污染都是问题在水里，根源在岸上。近年来，宁波以建设海洋经济发展示范区为契机，全面开展区域环境污染整治，污水管网建设推进有力，陆源污染物治理成效显著。2019 年，奉化区、宁海县、象山县分别完成污水管网建设 36.5 公里、35.8 公里和 47.5 公里，重点入海排污口在线监控实现全面覆盖并稳定达标。另外，在强化污染防治的同时，宁波加大力度修复海洋资源。积极推进"蓝色海湾""南红北柳""生态岛礁"等重大生态修复工程。其中，象山港、梅山湾蓝色海湾整治行动综合治理工程已经建成，花岙岛生态岛礁项目已接近尾声，梅山湾通过岸线整治修复、生态廊道构建和湿地保护修复等工程的实施，大幅度改善了当地海洋生态环境，被省自然资源厅推荐为自然资源部生态保护修复典型案例。

　　宁波市以水环境治理控源、截污、生态提升三大行动为载体，以美丽河湖创建为抓手，统筹协调全市力量推进"五水共治"工作，深入推进"清三河"工作，整治垃圾河、黑河、臭河，顺利完成"十三五"期间相关治水目标，全市水生态环境各线工作取得进展。在治水进程中，宁波坚持全域治水、全面治水、全民治水、全力治水、全速治水的工作思路，从而消灭河道污染源头。

三、生态文明建设提档升级

生态创建工作是宁波生态市建设的必备基础，也是推进生态文明建设的有效载体。"千村示范、万村整治"是习近平同志在浙江工作期间亲自谋划、亲自部署、亲自推动的一项重大工程。多年来，宁波按照习近平同志当年的部署要求，坚持一任接着一任干、一张蓝图绘到底，乡村环境面貌明显改观，乡村产业支撑明显加强，农民生活品质明显提高，基层治理能力明显提升，交出了美丽乡村建设的高分答卷。宁波按照全省深化"千万工程"建设新时代美丽乡村现场会、全省乡村产业高质量发展现场推进会的部署要求，拉高标杆、补齐短板、夯实基础，全面打造新时代美丽乡村，率先推进农业农村现代化，努力在全省乡村振兴中争先进位，为当好浙江建设"重要窗口"模范生增光添彩。枕山、拥江、揽湖、滨海、沿湾的自然禀赋，是宁波打造大花园美丽城市的天然优势。宁波串联美景，彰显人文，加快推进生态产品价值转化。自浙江省第十四次党代会做出谋划实施"大花园"建设行动纲要的重大部署以来，宁波市着力把生态经济培育为发展的新引擎，加快建设全域美丽全民富裕的大花园。

宁海县坚持绿色生态发展，积极发展七色美丽经济，打造高质量全域旅游的"宁海样板"。2020年11月浙江省发展改革委、生态环境厅、交通运输厅、文化和旅游厅联合公布了第三批10个全省大花园示范县建设单位，宁海县榜上有名，成为宁波唯一的第三批全省大花园示范县建设单位。近年来，宁海立足绿色生态发展优势，积极抢抓省市重大战略机遇，主动融入省委、省政府大花园建设的决策部署，坚定不移走"绿水青山就是金山银山"发展路子。从大花园示范县创建条件来看，当前，宁海具备山海资源、文旅资源、交通区位、改革创新等五大优势。宁海瞄准生态产业化和产业生态化两条主线，以创建国家全域旅游示范区为起点，以前童古镇创 5A 级景区和深甽温泉创国家级旅游度假区为龙头，整合带动全县旅游资源开发，加快推进全域景观化工程，突出景区升 A、民宿升档、产品升值、品牌升华、配套升级"五大重点"。立足宁海依山傍海的资源禀赋和丰厚人文底蕴优势，全域串联美丽城市、美丽城镇、美丽乡村、美丽田园、美丽庭院、美丽河湖，积极发展"绿色休闲、银色养老、古色文化、碧色山泉、蓝色海湾、彩色田园、特色民宿"七色美丽经济，做大做强幸福产业。率先启动浙东唐诗之路建设，打造旅游业态美、山水生态美、乡愁活态美、城市形态美、生活富态美的高质量全域旅游"宁海样板"。以高质量、绿色化、智能化为方向，加快打造宁海"365"制造业产业体系，打造一批绿色智能制造协同创新共同体。大力发展现代物流、现代金融、电子商务等优势产业，突破发展文化创意、商务服务、科技信息等新兴产业，推动生产性服务业向专业化和价值链高端延伸、生活性服务业向精细化和高品质转变。建立以生态系统生产总值（GEP）为核心的"绿水青山就是金山银山"转化评估体系，推动生态资源向生态资产、生态资本高效转化。

奉化区推动"名山名湾"建设，念好"山海经"。在"十三五"期间，奉化高度重视沿海东部的协调发展，组建专项班子、创新工作机制，提出统筹莼湖、裘村、松岙 3 个镇（街道）联动发展的基本构想和实施意见，明确打造"宁波滨海旅游休闲区"、建设"宁波湾滨海大花园"的战略目标，为"十四五"高质量发展奠定扎实基础。东部松岙恒大新城建设快速推进、西部产业园区转型升级迅速、中部旅游度假区建设亮点突出。区域"东城西园中游"统筹联动的规划格局初步形成，宁波湾滨海新城、渔港经济区、经济开发区、旅游度假区"一城三区"四大平台建设初具规模。此外，一系列重大研究谋划与国家级资源利用同步推进，区域先后被列入"联合国开发计划署绿色发展中国试点""宁波海洋经济发展示范区奉化功能区”和“国家级渔港经济区”建设，以及“中国社科院研究生院教学科研基地”“'一带一路'国家文化交流中心”等国际文化交流窗口。

鄞州区开展“百日行动”，改善农村人居环境的生态质量。从2020年6月开始至2020年9月30日，鄞州在全区范围内开展农村人居环境整治提升“百日行动”，力争通过“百日行动”，实现生活垃圾分类行政村覆盖率100%，生活垃圾总量基本实现“零增长”，处理实现“零填埋”，持续深化“千万工程”，为全国文明城市创建和建设新时代美丽乡村示范县增光添彩。此次“百日行动”以“三清四整五提升”为主要内容，对“两路两侧”、屋顶垃圾等重点区域开展集中治理，大力整治村庄中存在的“脏乱差”问题，提升非市场化保洁水平、垃圾分类水平和庭院美化水平，全区致力于将鄞州乡村建设成为美美与共、人人有礼的美丽大花园。其中，“三清”攻坚指的是清理废弃杂物、清理村内沟渠、清理农业生产废弃物，“百日行动”根据“全覆盖、无死角、彻清理”的原则，聚焦房前屋后、田间地头、庭院堤坝、村间道路、溪河两岸“五大区域”，在门口、路口、村口、溪口“四大关口”开展地毯式清扫整治；“四整”攻坚则聚力整治乱搭乱建、乱停乱放、乱涂乱画、乱丢乱拉等农村环境卫生问题，对标“干净、整洁、有序”原则进行整治，重点治理“空中蜘蛛网”、乱拉乱挂、线杆倾斜、垃圾乱丢、车辆乱停等影响村庄安全和村容村貌的现象，打造一批有品质、有活力、有风情的新时代美丽乡村；“五提升”攻坚聚焦乡村日常生活细节，抓住文明“关键小节”，向全区村民倡导学习垃圾分类、文明就餐、随手志愿、文明乡风等小知识，并向农户普及生活垃圾前端源头分类意识，提升垃圾源头分类的精准率和垃圾分类处置水平。“百日行动”分4个阶段推进，在部署安排阶段，各镇结合实际，因地制宜制定实施方案，明确时间节点、工作要求和重点任务；在排查梳理阶段，围绕“三清四整五提升”开展拉网式全方位排查，梳理问题分类，形成整改推进清单；在整改落实阶段，根据整改推进清单排出时间表、路线图，分类分层分批开展集中攻坚落实，坚持挂图作战、对图销号，实现攻坚一批、销号一批、提升一批；在督查总结阶段，不断建立健全农村人居环境整治提升长效机制，巩固和深化"百日行动"成果，把鄞州打造成"拥江揽湖滨海"的美丽大花园。

象山县的生态文明建设不断升级，着力打造滨海大花园样板。2020 年 12 月，浙江省发改委公布浙江省大花园示范县建设十大优秀典型案例，象山报送的《展现渔乡风情，点亮美丽经济——象山全力打造滨海大花园样板》从全省 22 个参评案例中脱颖而出，成功入选浙江省大花园示范县建设十大优秀典型案例名单，这是宁波市唯一的大花园示范县典型案例。近年来，象山积极践行绿色发展理念，发挥滨海资源优势，围绕打造全省滨海大花园样板目标，全力推进大花园建设，不断发展壮大美丽经济，成功跻身浙江省大花园示范典型创建类单位。围绕国家级全域旅游示范区创建，象山不断提升大花园旅游品质，获评"四好农村路"全国示范县、浙江省全域旅游示范县，并且入选全省首批万里美丽经济交通走廊示范县。目前，象山县主城区成功创建 3A 级景区城，已挂牌 A 级景区乡镇 5 个、A 级景区村庄 104 个，累计建成陆上风电场 4 个、集中式光伏发电站 6 个，空气优良率、PM2.5 等环境指标居全市前列，有序开展生态产品价值实现机制研究和"两山合作社"组建等体制机制创新工作。未来，象山将深入实施"人人成园丁、处处成花园"行动，抓住宁波国家海洋经济发展示范区主体区建设和亚运赛事承办机遇，高质量建设兼具"山、海、港、滩、岛"的海上"大花园"，努力打造"重要窗口"的半岛风景线。

2020 年以来，东钱湖镇深化新时代美丽城镇建设，推进全域景区化，积极构建"开放、活力、智慧"的国际化文旅融合新标杆。2020 年实施 67 个项目，累计投资 14 亿元。根据政府规划，东钱湖以"国际客厅"和文化交往为发展方向，打造生态优先的世界级文化湖区，重点关注国际会议、文化创意、旅游度假、科教体等功能发展。东钱湖的发展呈现出三大趋势，即从旅游度假专业化向区域功能综合性转变，从以湖为主体向湖城融合组团式转变，从城市"后花园"向城市"主战场"

"副中心""城中湖"转变。东钱湖镇先后完成相关规划的编制,明确任务书、路线图、责任表、项目库,全力保障美丽城镇设计落地。该镇聚焦创智,把牢产业新动向,全力支持企业发展壮大。着力发展湖区经济,打造"东方硅谷、创智钱湖"。目前东钱湖总体城市设计成果已成形,宁波院士中心建成投用,已有多名院士进"家",通过"科技＋"模式,推动优质人才、项目、机构和资本集聚,总部经济、数字经济和智慧经济等高端产业发展进入快车道。同时,该镇聚焦文旅,把握融合新趋势。东钱湖加强生态环境保护,全力开展清淤、退渔、截污、植树、生态修复,拆除沿湖坟墓、村落、厂矿,改善环境,湖区水质从五类提高到三类。加速文旅产业融合,形成独具特色的湖泊休闲度假主题产品体系,如以环湖酒店群为依托的多层次差异化住宿产品体系,以骑行、舟行、车行、步行为核心的"四行东钱湖"主题户外休闲运动产品体系,以"十里四香"、陶公、韩岭为代表的水乡、田园特色乡村旅游产品体系,以国际湖泊休闲节为统领的旅游节庆产品体系和以南湖岸线、马山湿地、下水湿地三大休闲综合体为核心的旅游板块体系等。下一步,东钱湖镇将进一步补齐建设短板,为构建美丽城市、美丽城镇、美丽乡村有机贯通的美丽浙江建设体系,加快建设全市美丽大花园贡献力量。

四、绿色发展与经济增长相得益彰、成就显著

宁波是中国近代工业的发源地之一。中华人民共和国成立后,特别是改革开放以后,宁波被国家和浙江省列为重点投资地区,工业进入快速发展时期。在工业化进程中,许多地区走了"先污染后治理"的老路,环境保护与经济发展的关系一直困扰着许多地区。改革开放以来,宁波市工业经济在总量上不断扩大的同时,其结构也发生了显著的变化,宁波的重工业比重不断上升,轻工业比重逐渐下降。重工业的发展不可避免地给生态环境带来污染,由此生态环境遭到不同程度的破坏。近几年来,随着国家与政府意识到环境保护的重要性,保护

生态环境的理念深入人心，宁波市也积极转变经济发展的结构。浙江省第十五次党代会报告指出："牢牢把握让绿色成为浙江发展最动人色彩的要求。"[①]宁波在"绿水青山就是金山银山"理念指导下，根据自身特点和优势，紧紧围绕建设绿色都市、农业强市的目标，深入推进农业供给侧结构性改革，充分发挥政府与市场的双重作用，按照"优质高效、特色精品、绿色生态、美丽田园、产业融合、健康养生"的要求，扎实推进绿色都市农业示范区建设。结合绿色都市农业示范区建设打造田园综合体，把绿色都市农业示范区打造成优质产品的主产区、宜居城市的后花园和可持续发展的样板区。

宁波各区以及市、县因地制宜，积极实践"绿水青山就是金山银山"的理念。例如宁波鄞州区，过去是烟囱林立的工业大区，为求经济的快速发展，生态环境遭到破坏。现在鄞州区壮士断腕，告别"黑色GDP"，拥抱"绿色低碳崛起"，呈现出一幅民富区美的生态画卷。鄞州区用鲜明的事实证明，在实现生态环境保护的同时，经济也能够实现发展。绿水青山可以转变为金山银山，生态优势也可以转变为经济优势。

镇海区牢固树立绿色发展理念，城乡人均可支配收入差距逐渐缩小。镇海区既是全国重要绿色石化基地、全国工业百强区、全国综合实力百强区，也是国家生态文明建设示范区、中国最具幸福感城市，还是著名的院士之乡、商帮故里。镇海区之前为发展经济，区域呈现"脏乱差"，生态环境恶化，之后全域化治理环境污染，守护一方青山绿水，努力实现产业和能源结构逐步向"低碳化"方向发展。"十三五"以来，在党中央、国务院和省市党委、政府的坚强领导下，镇海区主动适应新常态，牢固树立发展新理念，一路披荆斩棘，高歌猛进，地区生产总值迈上千亿元台阶，走出了一条生产高效、生活富裕、生态优良的"三生

---

① 《忠实践行"八八战略"　坚决做到"两个维护"　在高质量发展中奋力推进中国特色社会主义共同富裕先行和省域现代化先行——在中国共产党浙江省第十五次代表大会上的报告》，《浙江日报》2022 年 6 月 27 日。

融合"高质量发展之路。

宁海县抓住生态这一最大优势,加快生态优势转化为经济优势。宁海以省文旅产业融合试验区创建为契机,实施"全域旅游再出发"八大工程,旅游发展模式由"景区旅游"向"全域旅游"转变,成功创建全市唯一的首批国家全域旅游示范区和全国"绿水青山就是金山银山"理念实践创新基地。以"宁波民宿看宁海"的决心,宁海大力发展乡村旅游和民宿产业,全县民宿数量、床位数量、营业额均以每年翻番的速度增长。如今,越来越多的村民搭上全域旅游的快车,实现了从"卖特产"到"卖生态""卖体验""卖文化"的转变,打开了生态产品价值实现通道。宁海深入践行"绿水青山就是金山银山"发展理念,坚持"生态产业化,产业生态化"发展路径,关停并转"低散乱"落后产能,重塑高质量产业体系,大力发展绿色经济,综合实力大幅跃升。紧盯构建更高质量的"3＋3＋X"产业体系,启动"365"工业产业升级计划,文具、模具、汽车及零部件等传统产业发展优势进一步巩固,新材料、新能源、生物医药等产业已成为工业经济新的增长点,同时一大批"大好高新"项目顺利落地,成功打造中国文具产业基地等 5 个工业"国字号"基地、5 大百亿元产业。2019 年 11 月 16 日,在湖北省十堰市举行的中国生态文明论坛年会上,生态环境部对第三批国家"绿水青山就是金山银山"实践创新基地进行表彰命名,宁海是宁波市唯一获得这块"国字号"生态金牌的县(市)区。宁海围绕创建"绿水青山就是金山银山"理念实践创新基地,坚持"生态立县""全域生态""经营生态"理念,探索形成宁海特色的"绿水青山就是金山银山"转化模式,开辟"绿水青山就是金山银山"理念实践新格局。

象山县重视海洋生态环境保护,积极建设生态示范区。象山位于浙江东部,是一个三面环海的半岛县,素有"东方不老岛"之美誉。2017 年被命名为国家生态文明建设示范区。近年来,象山把海洋开发与保护贯穿于生态示范区建设的始终,走出了一条富有滨海特色的生态发展之路。象山积极构建海洋生态环境保护体系。一是加强对海域建设项目的环境影响评价，组织编制了一系列海洋环境保护规划。二是建立了多个岛礁、湿地、渔业资源保护区。三是加强港口岸线的保护和无居民岛礁开发利用的管理，开展人工岛礁投放试点，积极保护和合理开发近海渔业资源，加强海洋环境行政管理和监察工作。四是加强联合执法和环境专项整治行动，严肃查处不法排污企业，严格控制陆源污染和养殖污染。五是大力推广生态健康海水养殖，建设水产品绿色基地。

同时，象山大力发展海洋生态经济。一是大力发展滨海生态旅游。紧紧围绕康疗度假、避暑休闲度假等，开发出一系列海洋、海岛生态旅游项目。举办中国开渔节、海鲜节等旅游文化活动，推进旅游经济的发展，推动绿色消费体系的形成，促进渔文化的振兴。二是大力发展生态渔业。优化捕捞作业结构，改进作业方式，推进远洋渔业，提高精养水平，加强网箱养殖示范区建设，推进生态高效养殖，严格实施渔船报废制度，发挥滨海岛礁资源优势，培育发展休闲渔业。三是大力发展生态工业。为减少污染，节约成本，象山在印染行业大力推行清洁生产，全年减少废水排放量180万吨。在水产品加工行业开展循环经济探索，初步形成了捕捞—精深加工—系列产品（鱼丸、鱼罐头等）—下脚料废水的再生利用（提炼鱼粉、水解渔浸膏）的循环生产模式，实现海洋资源的高值利用。资源丰富的象山支撑起一个工业强县。象山的工业也经过污染的阵痛，尤其是在县域经济发展的初期，留下很多污染的痕迹。生态建设的步伐，改变了企业片面追求经济的路线图，新的路标通向"双赢"。一条新的工业生态链条把节约资源和能源放在首位，在法治和文明的规范下，实现了资源的循环使用和污染的源头治理，点燃了工业生态的希望之光，步入新型工业化的新里程。全县致力于构建工业生态的链条，编织工业生态网。

湾底村曾经是鄞州区有名的穷村，现在早已脱胎换骨变身为"绿富美"新区。湾底村根据自身生态优势，建立了一个有着百花争艳、百果常鲜的天宫庄园。天宫庄园也就成为湾底村的"绿色富矿"。村子不仅变美了，也变富裕了。湾底村的村民们认为守着绿水青山并不是守着贫穷，因为如果充分利用这些绿水青山，就能够逐渐将其转变为金山银山。2022年，湾底村净资产已达12亿元多，村集体年可用资金4458万元，每年用于股东分红2000多万元。鄞州区的湾底村能够实现华丽转身，源于2003年9月24日习近平同志在湾底村调研"千村示范、万村整治"工作，他强调必须把村庄整治与发展经济结合起来，与治理保护农村生态环境结合起来，走出一条以城带乡、以工促农、城乡一体化发展的新路子。[①]　第二年，村里就组建了天宫庄园休闲旅游有限公司，举办首届桑果节，走上一条农业旅游之路。

　　滕头村依靠生态农业和低碳工业带动了经济的健康持续发展。宁波市奉化区的滕头村并不大，只有300多户，村子里还不到1000人，村域面积5平方公里。但就是这样一个小村，却成为唯一入选2010年上海世博会"城市最佳实践区"的乡村案例，向世界发出"乡村，让城市更向往"的呼唤。滕头村的发家致富之路，是对"绿水青山就是金山银山"理念的最好诠释。从20世纪80年代开始，滕头村两委决定发展生态高效农业，探索经济与生态双赢的路子。他们开始组建园林公司、林果特产队等，在全村800多亩土地上开辟出花卉苗木基地、蔬果园、畜牧场等，形成水里养鱼、岸上养牛、地里种菜的自然循环，滕头村也逐渐成为一个生态旅游景区。2017年底，滕头村的绿化率达到近70%，全村社会总产值超过95亿元，村民人均年收入达6.35万元。滕头村所取得的经济成就实质上得益于环境保护，通过工业化发展村庄，同时又能保持完整的生态优势，这是形成生态农业、低碳工业、特色产业等联动发展格局的关键。滕头村真正实现了"绿水青山"与"金山银山"的共赢。

　　余姚市坚持"生态经济化、经济生态化"的理念，推动经济收入不断增长。余姚市四明山镇通过举办"宁波市群众登山大会"以及"红枫

---

① 《城乡统筹，叩开美好生活大门》，《浙江日报》2021年6月21日。

樱花节"等系列旅游活动,精心做好生态旅游文章。2016 年上半年,该镇实现旅游总收入 4800 万元,同比增长 17%。2016 年上半年,四明山镇紧紧围绕"向生态要效益、向转型要增长、向创新要驱动"的工作思路,坚持生态优先,实现生态旅游、生态农业稳步推进。旅游资源整合取得成效。为改善旅游基础设施,2016 年上半年,该镇投入 550 万元,对集镇旅游景观、梨洲村红枫谷景观以及两条游步道进行了完善和改建。为挖潜增效,该镇指导旅游接待企业开展项目提升,启动唐田、杨湖、宓家山村庄发展(旅游景观)规划编制工作,为打造旅游精品村、发展乡村民宿奠定基础。地质公园四明台入选宁波市十大观景平台,仰天湖晨曦台和冷水孔观景台被列入余姚市四明山区域发展项目,四明山青虎湾岗(宁波之巅)项目建设得到进一步推进。另外,四明山的生态农业转型亮点纷呈。该镇通过落实责任加快生态修复,镇与村、村与农户分级签订森林生态复绿责任协议书,2016 年,共完成生态修复 2485 亩。同时,该镇还通过创新推动农业转型,拓宽山区群众致富渠道。在梨洲、茶培和北溪 3 个村建立香榧示范基地,大力引导各村发展"一村一品"特色产业,打造茶产业精品,建设生态果园。

　　北仑区举办的乡村旅游季活动是促进乡村振兴的有效途径。大碶寻樱赏花游、现场手工非遗展、杨梅采摘体验、美丽乡村健身行……在 2020 年宁波乡村旅游季活动闭幕式上,北仑交出了一份亮眼的成绩单:发放的千万元文旅体惠民休闲大礼包撬动消费超过 1000 万元。2020 年宁波乡村旅游季活动于 4 月 23 日启动,是疫情防控期间"调结构、扩内需、促消费"的应时之举,是提振经济发展、促进乡村振兴的有效路径,更是准确识变、科学应变、主动求变、化危为机的有力举措。活动包括都市田园、缤纷四明、斑斓海岸和古镇风情等 4 个板块,串联起全市 24 个重点旅游乡镇,100 多项特色农事民俗活动,推出 236 项"美食""美宿""美购""美道"特色产品和 60 个特惠旅游套餐,形成"镇镇有品牌、周周有活动"的乡村旅游系列活动。北仑区在春晓、大碶两个乡村全域旅游区的示范引领下,各街道都积极参与其中,举办了赏花、非遗、采摘、美丽乡村健身行等各类活动近20场,发布了6条精品乡村旅游线路,发放了千万元文旅体惠民休闲大礼包,撬动消费超过1000万元,充分展示了北仑的美丽生态、非遗文化、体育亮点和旅游特色。近年来,北仑区依托独特而美丽的山、海、港、城等资源,大力推动文化、旅游、体育融合发展,加快打造金龙线、银龙线、秀美山川等精品文旅线;加快布局乡村休闲、赛事体验、红色旅游、滨海运动等文旅新业态;加快提升旅游品质,全力创建乡村全域旅游、A级景区、风情小镇、精品民宿等品牌,形成了全域旅游竞相发展的良好局面。

守得一片绿,能换金山来。以"美丽资源"换来"美丽经济",以"美丽经济"反哺"美丽乡村",宁波已经在绿水青山与金山银山间找到了一条持久、循环、低碳、绿色发展的路径——"生态＋旅游"。2020年7月,浙江省首批民宿(农家乐)助力乡村振兴改革试点名单出炉,宁海桥头胡街道汶溪翠谷成功入选,是宁波唯一的改革试点。这条集乡风文明和旅游观光为一体的旅游精品线路,依托丰富的山水田园、乡土文化资源,把汶溪沿线的东吕、岙马、双林等7个村串珠成链,乡村旅游、养生养老、休闲度假、餐饮住宿、艺术创作等功能应有尽有。以"宜游"为目标,宁波不断拓展"绿水青山就是金山银山"转化通道,挖掘乡村特色文化,彰显"一乡一品、一村一韵",全力构建乡村文化符号和乡村旅游品牌,让乡村和旅游产生叠加效益,让山水资源释放出更大经济价值。汶溪翠谷这样的样本,宁波有很多。宁波在全国首创乡村全域旅游示范区建设,并已培育形成20余个各具特色的乡村旅游目的地,其中象山县茅洋乡成功创建宁波市首个省级乡村旅游产业集聚区。此外,宁海县鹿山村等5个村成功被列入全国乡村旅游重点村名录;奉化区溪口镇等5个乡镇(街道)由省政府命名为浙江省旅游风情小镇,海曙区高桥镇等7个乡镇(街道)被命名为首批宁波市非物质文化遗产特色小镇;象山县枫康石斛养生园等21个单位成功创建首批省采摘旅游体验基地……未来几年,宁波将在美丽生活、美丽经济、美丽生态"三美"融合中,加快推进全域旅游,激活乡村经济新动能。一方面，培育一批乡村旅游新业态，推动乡村旅游产业要素集聚和转型升级，尤其是把民宿经济培育成为撬动宁波市乡村旅游转型升级的新支点；另一方面，坚持用景村一体的思路打造村庄，通过分类指导、文化渗透、多业融合等方式，优化乡村旅游产品结构，探索乡村文旅融合新路子。

第三节　发展"绿色浙江"，打造全域美丽宜居品质城市

一、为宁波开启"建设全域美丽宜居品质城市"征程奠定了基础

随着我国社会主要矛盾转化为人民日益增长的美好生活需要和不平衡不充分的发展之间的矛盾，人民群众对良好生态环境的需要已经成为社会主要矛盾的重要方面，人民群众热切期盼加快提高生态环境质量。因此当前的生态文明建设已经进入提供更多优质生态产品以满足人民日益增长的优美生态环境需要的攻坚期，也到了有条件有能力解决生态环境突出问题的窗口期。习近平总书记在党的二十大报告中指出："深入推进环境污染防治。坚持精准治污、科学治污、依法治污，持续深入打好蓝天、碧水、净土保卫战。加强污染物协同控制，基本消除重污染天气。统筹水资源、水环境、水生态治理，推动重要江河湖库生态保护治理，基本消除城市黑臭水体。加强土壤污染源头防控，开展新污染物治理。提升环境基础设施建设水平，推进城乡人居环境整治。全面实行排污许可制，健全现代环境治理体系。严密防控环境风险。"[①]宁波始终坚持以习近平生态文明思想为指导，突出改善生态环境质量这个核心，抓住解决人民群众反映强烈的突出生态

① 习近平：《高举中国特色社会主义伟大旗帜　为全面建设社会主义现代化国家而团结奋斗——在中国共产党第二十次全国代表大会上的报告》，人民出版社 2022 年版，第 51 页。

环境问题这个重点,守牢防控生态环境风险这个底线,高水平打好污染防治攻坚战,高质量打造美丽宁波升级版,不断开拓生产发展、生活富裕、生态良好的文明发展道路,努力成为国家生态文明先行示范区,建设全域美丽宜居品质城市。

宁波为认真贯彻习近平在浙江考察时的重要讲话精神,深入推进城乡统筹建设,加快打造"亚太国际门户、山水宜居名城",全面提升城乡品质建设水平,推进宁波现代化、国际化和品质化。2015年9月,宁波提出实施"提升城乡品质,建设美丽宁波"行动计划。这一行动计划的主要目标是:以人性化为原则,结合宁波现实基础和资源禀赋,通过做精中心城区、做强南北两翼和做好美丽镇村,把宁波打造成为"山清水秀、天蓝地净、城美人和"的品质之城,为全市创建"全域化高水平文明之城"奠定坚实的基础。这一行动计划主要有三大专项行动。一是中心城区品质提升行动。主要包括核心景观提升行动、形象品质提升行动、文化特色提升行动、基础设施提升行动、民生服务提升行动、生态环境提升行动。二是美丽县城创建与品质提升行动。主要包括核心城区空间优化美化提质行动、县城与重点区块及中心镇美丽连线行动、基础设施品质提升与交通畅行行动、地域特色文化传承与合理开发行动、公共服务保障与活力城市提升行动。三是农村品质提升行动。主要包括农村环境卫生整治行动、农村生态环境建设行动、农村安居宜居美居行动、美丽乡村示范创建行动。

自2015年起,北仑区以国家级生态区创建为抓手,着力打造"生态、休闲、养生、宜居"城市。大力推进区域生态文明建设,实施"生态立区"战略,稳步提升区域生态环境质量,走出一条特色化的生态发展之路。首先,立足交通优势,建设绿色生态路网。为做好公路绿化美化,聘请园林设计专家因地制宜进行专业设计。在不断提高公路两侧绿化标准的基础上,扩大公路外的绿化覆盖面,推进"连段成线,连线成网"的绿色通道建设,增强生态景观效果。其次,强化循环利用,实现区域污水设施全覆盖。该区污水处理设施建设坚持"一次规划、分步实施",不断完善污水处理厂后期建设工作,同时加快污水管网铺设进度,提高污水收集处理率,使污水处理厂充分发挥其效益。建成小港、春晓、岩东等多个污水处理厂,实现废水污水再利用,进一步加强区域污水管网体系建设。最后,提升创建水平,建立生态环境长效机制。突出工作重点,夯实创建基础是抓好生态创建工作的基础。建设中科院宁波城市环境观测研究站、北仑环境监测监控中心,为北仑区空气、水、土壤等环境质量提供及时准确的数据;对 20 多个污染物排放浓度和数量实现实时自动监测。通过对污染防治设施运行状况进行全程跟踪,实现早监测早预防,构建生态环境长效机制,打造生态宜居品质城市。

宁波不断深入推进农村人居环境整治提升。党的十八大以来,习近平总书记提出"山水林田湖是一个生命共同体"的论断,强调"人的命脉在田,田的命脉在水,水的命脉在山,山的命脉在土,土的命脉在林和草"。[①] 宁波始终以生态公益林建设为载体,绿化四明大地,保护生态湿地,城乡人居环境持续改善。出台《宁波市高水平推进农村人居环境整治提升三年行动方案(2018—2020 年)》,以建设全省全域美丽的人居环境先行区、全国农村产业融合发展试点示范区、全国生态文明建设示范区为目标,以建设美丽宜居新家园为导向,以山水田路村房的综合整治为重点,加快补齐农村人居环境突出短板,不断提升农村环境品质与村庄精细化管理水平,推动全市农村人居环境整体水平再上新台阶。2013 年,宁波与世界银行合作开展宁波城镇生活废弃物收集循环利用示范项目,通过大型分类垃圾转运站、生活垃圾处理厂的建设,分类垃圾桶、垃圾袋的发放,以及垃圾分类收集车的购置等多方面举措,推动建立了完整的居民生活垃圾分类投放、收集、转运、处置体系。自 2013 年开始,宁波用 20 年时间做到了垃圾分类城

① 《关于〈中共中央关于全面深化改革若干重大问题的决定〉的说明》,《人民日报》,2013 年 11 月 16 日。

乡全覆盖,资源化利用率 100%,实现了从 1.0 版德治普及、2.0 版法治管理到 3.0 版智治赋能的飞速跨越。2019 年,宁波颁布了《宁波市生活垃圾分类管理条例》,全市生活垃圾处置设施达到 12 座,垃圾分类全民参与氛围形成,宁波生活垃圾首次实现了零增长。这些年来,宁波垃圾分类收获多项第一,包括第一个与世界银行合作开展垃圾分类的亚洲城市,全国首个拥有完整分类处置设施的城市,被教育部门第一个认定开展垃圾分类研学的城市,全国最早建立生活垃圾投放、收运、处置完整体系的城市等。2023 年是农村人居环境提升工作的关键之年,宁波以更高站位、更宽视野、更高标准,聚焦生态宜居和大花园建设,全面实施农村人居环境提升行动,高水平打造生态宜居农村环境,确保全国农村人居环境整治行动以更高层次、更高质量、更高水平得到落实。

鄞州区聚焦“城市让生活更美好”主题,致力于办好发展城市经济、提升城市能级、建设宜居城市、打磨城市品质、打造幸福城市五件事,不断擦亮“全面建成小康社会”的成色和底色。2022 年,鄞州区以 2734.78 亿元的 GDP 成绩,超越余杭区,成为“浙江省第一区”,成为新的“头把交椅”。依托“两大新城”样板打造和“六大新空间”开发建设,鄞州区成为宁波名副其实的政治中心、经济中心、金融中心、会展中心和都市核心。2022 年 12 月 21 日,由新华社《瞭望东方周刊》、瞭望智库共同主办的 2022 中国幸福城市论坛揭晓了“2022 中国最具幸福感城市”榜单。鄞州、余姚、慈溪同时入选“中国最具幸福感城市”(县级市、城区),这是鄞州区第四次荣获“中国最具幸福感城市(城区)”称号,并首次登上榜首。约五分之一的新宁波人把首套房买在鄞州区,约五分之一的宁波市民买房落户首选鄞州区。

碧水青山,蓝天白云,生态宜居,是一座城市持久追求的目标。浙江省第十五次党代会报告指出:“高水平推进人与自然和谐共生的现代化，打造生态文明高地。"①宁波作为东海之滨的港城，山峦叠翠、水乡旖旎，海岸线曲折绵长，城市发展高度重视对自然山水的保护，先后获得国家园林城市、国家森林城市等荣誉称号，并积极创建国家生态园林城市。近年来，宁波通过科学编制国土空间规划、扎实推进生态保护修复工程、精准强化资源要素保障、深化落实林业生态建设等，多措并举，深入践行"绿水青山就是金山银山"理念，守护城市的青山蓝海，在推进绿色宁波建设、生态环境治理、节约集约用地、海洋生态文明建设等方面创立了"宁波模式"。按照"新时代生态文明发展的全国典范，长三角世界级城市群的创新开放新高地，生态与文化交相辉映的现代富春山居新画卷，城镇与乡村和谐共荣的幸福宜居新家园"的目标，宁波在全域土地综合整治与生态修复、海岸线整治、营造城市"绿肺"等方面的成效可圈可点。宁波，正向"开放创新、生态宜居的全球门户城市，山海交融的生态之城"全力迈进。围绕跻身全国大城市第一方队的新坐标，不断顺应人民群众对提高生活品质的新期待，奋力实现城乡面貌大变样，促进城乡品质大提升，努力把宁波打造成宜居、宜业、宜商、宜游之城，打造成生态优良、环境优质、形象优秀、品质优越之城。

二、为十八大以来"绿色发展"理念积累了宁波经验

如果说农业文明是"黄色文明"，工业文明是"黑色文明"，那么生态文明就是"绿色文明"。在"绿水青山就是金山银山"理念的指引下，宁波共享绿水青山，把生活、生产、生态融为一体，将自然资源转化为自然资本，拓宽了经济绿色发展的渠道，实现了绿色发展、富民惠民。

每个城市都有两张"卡"，一张是经济总量储蓄卡，另一张是生态

---

① 《忠实践行"八八战略"　坚决做到"两个维护"　在高质量发展中奋力推进中国特色社会主义共同富裕先行和省域现代化先行——在中国共产党浙江省第十五次代表大会上的报告》，《浙江日报》2022 年 6 月 27 日。

环境信用卡。如果第二张卡刷"爆"了，第一张卡就会被"冻结"。换言之，绿水青山留不住，金山银山最终也保不住。近年来，宁波坚持"一张蓝图绘到底"，深入实施"八八战略"，不断深化生态市建设，促使环境质量稳中向好。习近平总书记在党的二十大报告中明确指出："推动能源清洁低碳高效利用，推进工业、建筑、交通等领域清洁低碳转型。"①宁波要跻身全国大城市第一方队，必须以生态建设为抓手，走出一条绿色低碳发展新路。近年来，宁波镇海将"生态驱动提升发展环境"作为首要战略，把创建国家生态文明建设示范区作为推进产业转型升级、增强区域生态竞争力、提升群众幸福指数的主抓手，以前所未有的决心和力度推进生态文明建设。镇海区始终坚持"环境立区""绿色发展"理念，先后将"生态环境整治"和"生态驱动提升发展环境"列为首要发展战略。蓝天白云、青山碧水是反映生态文明建设水平的重要标志。镇海区以解决突出环境问题为重点，统筹推进蓝天保卫战、治水升级战、固废清零战三大污染防治攻坚战，畅通绿色生态发展之脉。

宁波作为资源小市，不仅要补好工业文明的课，同时还要走好生态文明的路，通过一批环境整治项目、新能源项目，催生以低碳技术运用为特点的生态环保产业，促进消耗资源环境的粗放型发展向有效利用自然、保护自然的可持续发展转变。面对日益趋紧的土地、能源、环境等资源要素，镇海区在淘汰落后产能、推进清洁生产、发展新兴产业等方面持续发力，走出了一条绿色创新双轮驱动发展的新道路。节能减排是实现绿色发展的根本。镇海区果断抛弃高能耗、高排放、低效能的粗放型发展模式。镇海区严格产业准入，从产业集聚、土地利用、能源消耗、环境功能区 4 个维度对工业产业实施准入管理，坚决将用地多、污染高、低水平的项目过滤在"绿色门槛"之外，2019 年，镇海区

---

① 习近平：《高举中国特色社会主义伟大旗帜 为全面建设社会主义现代化国家而团结奋斗——在中国共产党第二十次全国代表大会上的报告》，人民出版社 2022 年版，第 51 页。

否定不符合产业导向项目上百个。在绿色发展理念的引领下，镇海区产业转型升级和产业结构调整的效果已经显现，经济发展质量和效益大幅度提升。2019年，镇海区生产总值1021.6亿元，首次跃上千亿台阶，较2016年增长25%。

"垃圾分类就是新时尚"，这句话不仅成为流行语，更助推城乡大行动。垃圾分类是对垃圾进行有效处置的一种科学管理方法。垃圾分类有利于减少垃圾占地，减少环境污染，促进再生资源循环利用，节约原生资源，有助于提升全民文明素质，进一步改善人居环境。近年来，宁波市提出"一三五"工作目标，把生活垃圾分类作为美丽宁波建设、城市精细化管理和文明城市创建的重要抓手，一起谋划、一起部署、一起落实。2023年是宁波实施农村生活垃圾分类处理收运体系综合提升工作的开局之年，各地、各单位要加快建立分类投放要定时、分类收集要定人、分类运输要定车、分类处理要定位的"四分四定"垃圾处理收运体系，全面提升农村垃圾减量化、资源化、无害化水平，普遍推行科学适用的分类处理模式，基本建立整体智治体系，基本形成共建共治共享工作格局。

近年来，宁波着眼城乡统筹，积极推进农村生活垃圾减量化、资源化、无害化处理，推进农村生活垃圾分类扩面提质增效。各地选择符合农村实际和环保要求、成熟可靠且经济实用的垃圾处理终端工艺，因地制宜采取"一村一建"或"多村合建"方式，建设资源化站点。宁海、象山、奉化、北仑、镇海等地结合垃圾分类中转站、分拣中心建设，以整镇或片区为单元建设综合型垃圾处理中心，共建设资源化站点并投入试运行。推进城镇再生资源回收体系向农村延伸，宁波采取村内设点、网上预约或设智能回收箱等方式，开展可回收物回收，建立到村（点）定期、定点回收制度。鄞州区姜山镇、慈溪市坎墩街道等建成大型再生资源回收分拣中心，可回收物实现全品类回收，坎墩街道一年回收量5万吨以上。2022年，宁波全市农村生活垃圾分类行政村治理率达100%，共配备各类清运车3433辆、配备公共垃圾桶10.8万个、农户垃圾桶 174 万个,建有厨余垃圾终端 153 个,现有保洁员 1.1 万人、村级垃圾分类督导员 1 万多人。另外,宁波积极探索多元化资金筹措模式,切实加大农村生活垃圾处置投入保障。宁海探索推行"绿色家园共建基金"制度,筹措资金用于生活垃圾分类设施维护、人员经费保障以及分拣员、先进户的奖励等。奉化大堰以租抵补等多元化筹资模式,吸引社会资本投入,缓解农村垃圾分类经费资金缺口问题。生活垃圾资源化利用,既改变了村容村貌,夯实了乡村振兴的基础,也促进了绿色循环发展。

2004 年习近平同志在浙江工作期间指出:"不重视生态的政府是不清醒的政府,不重视生态的领导是不称职的领导,不重视生态的企业是没有希望的企业,不重视生态的公民不能算是具备现代文明意识的公民。"①宁波市提出要深化生态文明体制改革,让绿色发展成为全社会的思想共识和行动自觉。绿色(生态)系列创建是大力培育公众生态素养的重要载体和有效途径。近年来,宁波在全社会广泛开展了绿色学校、绿色社区、绿色商场、绿色家庭等绿色系列创建工作,已取得了明显的成效。

宁波努力构建家庭、学校、社会三位一体的生态文明教育体系,全面推进国民生态教育。一是重视家庭教育。以创建"绿色家庭"为载体,大力普及环境知识,倡导环境友好的生活观念和生活方式,提倡合理消费,反对奢华、浪费;宣传推广各种节水、节能等环保技术;推动垃圾分类,促进物质循环利用;推行绿色消费,引导家庭购买环保型产品,自觉抵制有害于环境的产品。发挥"绿色家庭"的教育功能,使之与学校绿色教育互为补充,成为新形势下进行生态文明宣传的一种有效方式。二是强化学校教育。发挥各类学校的生态文明教育主课堂的作用,编写了一批生态文明建设教材,把生态文明有关知识和课程

---

① 习近平:《干在实处　走在前列——推进浙江新发展的思考与实践》,中共中央党校出版社 2006 年版,第 186 页。

纳入国民教育体系和各级党校的教学计划。各级组织部门、宣传部门和党校制订党政干部培训计划时，纳入生态环境教育的内容；邀请各级领导干部参加有关环境与发展的研讨会；通过环保报刊和环保新媒体，加强各级领导干部日常的环保知识学习。三是普及社会教育。通过各种传播媒介培养人的生态伦理观，提高人们的生态道德修养，使科学认识自然、友善对待自然成为人们工作、学习、生活中的一种理念，从而自觉地规范自身对待自然生态环境的行为。进一步加强对企业管理者的宣传教育，普及循环经济理论、清洁生产理论、可持续发展理论，树立依靠科技进步推动经济社会和环境保护协调发展的理念，强化企业的信用意识和生态道德责任。进一步加强对城乡社区等基层群众的生态文明教育和科普宣传，提高全民生态文明素养，形成生态文明社会新风尚。

在"八八战略"指引下，宁波以"绿水青山就是金山银山"理念为思想先导，汲取人类文明发展过程中的经验教训，改变了"GDP 至上"的政绩观，加快生态文明建设，建立以绿色 GDP 为主要内容的考核指标体系。从政策的制定，到行动的开展，再到文化的传播，既有利于生态环境质量持续向好，也有利于经济社会的可持续发展，使宁波成为建设美丽中国的先行示范区，认真勾画好"美丽宁波"的新图景。

绿色低碳高质量发展离不开减污降碳协同增效。"十四五"时期是碳达峰的关键期、窗口期。"实现碳达峰碳中和是一场广泛而深刻的经济社会系统性变革。立足我国能源资源禀赋，坚持先立后破，有计划分步骤实施碳达峰行动。完善能源消耗总量和强度调控，重点控制化石能源消费，逐步转向碳排放总量和强度'双控'制度。"[①]宁波将紧扣全市碳排放强度下降目标和绿色低碳高质量发展要求，扎实推进碳达峰、碳中和各项工作举措，推动绿色低碳高质量发展。

---

① 习近平:《高举中国特色社会主义伟大旗帜　为全面建设社会主义现代化国家而团结奋斗——在中国共产党第二十次全国代表大会上的报告》，人民出版社 2022 年版，第 51 页。

第一,推进全区域低(零)碳试点。为了应对气候变化,宁波做好参与全国碳市场交易、积极开展碳排放评价、加快低(零)碳试点建设、推进减污降碳协同增效、开展企业温室气体排放报告核查五项工作。在碳排放评价方面,宁波市出台了有关政策以扎紧篱笆。自 2021 年 7 月 1 日起,宁波市在钢铁、火电、建材、化工、石化等九大重点行业新建项目的环境影响评价中增加碳排放评价章节,对建设项目的碳排放强度及区域碳达峰的影响进行评价,并提出碳减排的措施及建议。结合宁波的发展实际,宁波将探索差异化低(零)碳实践模式,积极创建低碳县、低(零)碳乡镇(街道)和村(社区)。自 2021 年起,宁波已有两批次 11 个乡镇(街道)、62 个村(社区)入选省级低(零)碳试点创建单位名单。

第二,以数字化技术助力建筑领域碳达峰,实现“家中有花园,花园中有家”。建筑业属于高碳产业,推进建筑领域碳排放有序达峰,既是支撑落实国家“双碳”目标的必然要求,也是推动实现经济发展全面转型的客观需要。宁波加快实施“拥江揽湖滨海”战略,以实现城市低碳空间结构优化,完善城市生态系统,实现城乡绿色低碳全覆盖。自 2022 年起,宁波提高了新建筑绿色低碳的有关设计标准,并加大对既有建筑的节能改造力度,将低能耗建筑基本要求纳入工程建设强制规范,提升建筑建设底线控制水平,大力推广使用绿色建材。此外,宁波还将加快推进立体绿化建设,使绿化从平面走向立体,既能丰富绿化形式,又可拓宽城市绿色空间,实现“家中有花园,花园中有家”。

第三,大力发展非化石能源,加快能源结构低碳化。宁波作为全国重要能源大市,能源结构以高碳的化石能源为主。如何推动能源领域碳达峰是宁波当前亟待解决的问题。宁波将以优化能源结构为抓手,全面推进电力热力生产和供应体系的清洁化、多元化、智能化;实施“风光倍增”计划,加快海上风电项目建设;建设一批光伏村、光伏社区、光伏大楼等示范项目,推进美丽光伏专项行动,加快推进重大清洁能源项目落地。

第四，构建绿色制造体系，推进制造业领域碳达峰。宁波是制造业大市，而制造业领域是能源消费和碳排放的重要领域。实现制造业领域碳达峰的关键是产业结构调整、能源结构调整、低碳技术改造，其中最核心的举措是工业节能，推动能耗下降是实现制造业碳排放下降最直接有效的方式。宁波创建绿色工厂和绿色园区，建立分层次分等级的绿色制造体系；加大高碳低效产业整治力度，推进制造业淘汰落后攻坚行动。实现碳达峰、碳中和，是一场广泛而深刻的经济社会系统性变革，是党中央作出的重大战略决策。未来，宁波市将实施人居环境净化美化行动，积极推进碳排放达峰，深入推进全域环境治理，持续擦亮"美丽宁波"底色。

三、为"美丽中国"战略积累了宁波经验

"生态环境是关系党的使命宗旨的重大政治问题，也是关系民生的重大社会问题。我们党历来高度重视生态环境保护，把节约资源和保护环境确立为基本国策，把可持续发展确立为国家战略。随着经济社会发展和实践深入，我们对中国特色社会主义总体布局的认识不断深化，从当年的'两个文明'到'三位一体'、'四位一体'，再到今天的'五位一体'，这是重大理论和实践创新，更带来了发展理念和发展方式的深刻转变。"①生态本身就是经济，保护生态，生态就会回馈你。宁波多年的实践证明，保护生态环境就是发展生产力，必须坚决守住生态红线，坚决摒弃以牺牲生态环境换取一时的经济增长的做法，聚焦打赢污染防治攻坚战，高标准打好治水、治气、治土、治废四场硬仗，全方位、全领域、全过程开展生态环境保护建设，让良好的生态环境成为经济社会持续健康发展的支撑点。

自然环境关乎每个人的切身利益，美丽的自然环境不仅能为人们

---

① 《习近平谈治国理政》(第三卷)，外文出版社 2020 年版，第 359 页。

提供更加舒适宜人的生活条件,还能保证人类社会持续发展。当今人类社会面临着许多严峻的生态环境问题,如水环境污染、生物多样性持续破坏、资源大量浪费等,这些生态环境问题对人类的生存环境和未来命运构成了巨大的威胁。中国共产党第十八次全国代表大会提出"美丽中国"的概念,强调把生态文明建设放在突出地位,融入经济建设、政治建设、文化建设、社会建设各方面和全过程。"美丽浙江"建设是"美丽中国"建设的有机组成部分,既体现为生产集约高效、生活宜居适度、生态山清水秀,也体现为老百姓生活富足、人文精神彰显、社会和谐稳定,反映了生态文明建设的目标指向,顺应了人民群众对美好生活的新期待。宁波深入践行"绿水青山就是金山银山"的重要发展理念,坚定不移走绿色发展之路,精准发力打好环境治理组合拳,以只争朝夕的精神,持之以恒地坚守,加大力度推进生态文明建设,解决生态环境问题,高标准打好污染防治攻坚战,高质量打通"绿水青山就是金山银山"理念转换通道。

"绿水青山就是金山银山"理念倡导的是一种科学考核观,那就是,对领导干部的政绩考核"不唯 GDP",也不搞"一刀切",而是既看经济增长政绩,又看生态保护政绩,既要 GDP,又要绿色 GDP。近年来,宁波持续深化生态市建设制度保障和考核体系完善,比如实施绿色发展考核评价制度,全面推进节能降耗,加快淘汰落后产能,实行最严格的污染减排制度,对某些生态薄弱区不考核 GDP 和工业产值,招商引资实行"环保一票否决制",实行工业用地"亩产论英雄"等,引领干部群众深入而坚定地践行"绿水青山就是金山银山"理念。宁波整合区位优势、经济优势、改革优势,敢想敢干,善作善成,生动阐释了"绿水青山就是金山银山"理念的内涵,大大拓宽了"绿水青山就是金山银山"理念高质量转化通道。未来,宁波将继续高标准推进生态文明建设,努力追求绿色增长、绿色财富、绿色福祉高度有机统一,努力实现经济发展和环境保护高度协调发展,不断谱写"美丽宁波"新篇章。

在 GDP 快速增长的同时，宁波的生态环境质量持续改善，资源能源消耗大幅下降，绿色发展、高质量发展、环境友好型发展渐成主流。对农村人来说，最切实的感受就是，山还是那座山，水还是那河水，来投资、来旅游的人越来越多，山没有被挖破，水没有被污染，以前卖不掉的农产品成了香饽饽，日子过得好了，农村环境、乡村生活不再是贫穷的象征，反而让城里人羡慕，绿水青山真的就是金山银山。对于城里人来说，经过多年治理和提升，被污染的河水、空气不断变好，城中绿地越来越多，江河边的生态走廊四通八达，休闲锻炼、修身养性的好去处随处都有，过去环境污染问题所导致的烦恼和冲突越来越少。理论认识本身不是目的，理论认识的目的在于实践。"绿水青山就是金山银山"理念结出的硕果，正在悄悄改变着宁波的发展方式和生活方式，让大家成了忠实践行者和坚定维护者。而这必将倒逼和推动生产方式、消费方式、生活方式和发展方式更为深刻的变革，全力以赴打造"美丽宁波"升级版。

宁波实行严格的制度和严密的法治，为生态文明建设提供可靠的保障。严格执法，就是要在完善环境立法、增强法律刚性的同时，整合执法力量，创新执法方式，强化执法权威，对各类环境违法行为发现一起、查处一起，决不手软，着力解决资源环境领域有法不依、执法违法和守法成本高、违法成本低等问题，推动生态环境保护纳入法制化轨道。宁波在生态文明建设上，污染治理力度之大前所未有、制度出台频率之密前所未有、监管执法尺度之严前所未有、环境质量改善速度之快前所未有。一方面，借力借势中央和省委生态环境保护督察，加大领导干部政绩生态指标考核权重，加快建立健全长效管理机制，把生态环境保护作为各级各部门工作的红线、底线、高压线，压紧压实；另一方面，积极探索建立政府、企业、公众共治的绿色行动体系，努力构建政府为主导、企业为主体、社会组织和公众共同参与的环境治理格局。坚持打好环境监管执法"组合拳"，加强环保与司法的衔接配合，坚决制止和惩处破坏生态环境的行为，着力打造环境执法最严城市。

建设生态文明，保护生态环境，是一项跨越时代的伟大工程，是一件需要长期坚持的系统工程，唯有坚持不懈，久久为功，才能不负历史、不负时代、不负人民。宁波不断探索生态价值实现机制、健全生态保护补偿机制、健全生态文明考评机制，广泛形成了绿色生产生活方式，资源能源集约利用、生态环境质量达到国内领先、国际先进水平，成为"美丽中国"先行示范区。宁波将继续守护城市的青山蓝海，既要做好各项目标攻坚冲刺的资源要素保障，又要站在"十四五"规划、第二个百年奋斗目标等新起点统筹谋划，大力推进国土绿化、生态修复、森林湿地资源保护、自然保护地体系建设，不断提升城市现代化治理能力水平，全面建设高水平国际港口名城、高品质东方文明之都，加快打造现代化滨海大都市，为建设"美丽宁波""浙江大花园"添砖加瓦。

宁波努力将全域建成省级"无废城市"。"无废城市"是一种先进的城市管理理念，并非不产生固体废物，也不意味着固体废物能够完全资源化利用，而是指"从源头上减量，在总量上相对不增加，同时实现资源最大化利用和废弃物最小化填埋"。"无废城市"创建工作涉及多方面、多部门，宁波各地因地制宜，亮出"十八般武艺"，打造地方特色。鄞州区启动工业领域内固体废物收集转运系统及专业无害化处理服务体系建设；北仑区通过"静脉产业"让固体废物循环利用、变废为宝，筑牢了"无废城市"建设的根基。2022年，宁波"无废指数"水平持续位居全省前列，北仑、奉化、宁海获评省三星级"无废城市"。关于"无废城市"建设，宁波的优势在于：生活垃圾的处置体系比较完善，2020年，宁波市生活垃圾均实现了"零填埋""全焚烧"；危险废物的处置体系比较完整，处置能力较强，两者都走在全省前列；虽然产业结构问题导致工业固体废物总量巨大，但85%以上是大宗工业固体废物，处置体系比较完善，工业固体废物资源化利用率高。"无废城市"建设是一项系统性、长期性的工作，任重而道远，只有政府、企业和市民共同参与，共同贯彻新发展理念，推动形成绿色发展方式和生活方式，人人参与，从点滴做起，以长效坚持来推进这项工作，才能够在全社会形成"无废"氛围，才能实现天更蓝、水更清、土更净。

2014年5月，浙江省委十三届五次全会提出并通过了建设"两美浙江"的重要决策。"两美浙江"缘起于"绿水青山就是金山银山"理念，传承"美丽中国"，即建设美丽浙江，创造美好生活。"美丽宁波"是"美丽浙江"的重要组成部分，从工业文明走向生态文明，摒弃先污染后治理的传统发展模式，走人与自然和谐相处的可持续发展模式是建设美丽宁波的重要基础。未来，宁波将加快美丽乡村、美丽田园、美丽河湖、美丽城镇、美丽园区创建，形成"一户一处景、一村一幅画、一镇一天地、一城一风光"全域大美格局；全力打好"蓝天保卫战"、全力打好"碧水保卫战"、全力打好"净土保卫战"、全力打好"清废攻坚战"等四大生态环境巩固提升持久战。宁波以满足人民日益增长的美好生活需要为根本目的，忠实践行"八八战略"，全力争当"重要窗口"的生态文明模范生，不断健全生态环境经济政策，加强生态环境执法监管，完善生态环境基础设施和现代化监测体系，不断提升生态环境治理体系和治理能力现代化水平，为建成现代化滨海大都市，争创社会主义现代化先行市和共同富裕示范区先行市打下坚实基础，实现美丽空间、美丽环境、美丽经济、美丽城乡、美丽港城的"美美融合绽放"，努力谱写"美丽宁波"建设新篇章。

第四章 打造特色文化品牌，从精神富有到文化先行

　　自古以来，勤劳勇敢智慧的浙江人民创造了灿烂的历史文化，积淀和传承了底蕴深厚的文化传统。这种文化传统的独特性，正在于它令人惊叹的富于创造力的智慧和力量。浙江文化富于创造力的基因，早早地出现在其历史的源头。在浙江新石器时代最为著名的跨湖桥、河姆渡、马家浜和良渚文化中，浙江先民们都以不同凡响的作为，在中华民族的文明之源留下了创造和进步的印记。浙江人民在与时俱进的历史轨迹上一路走来，秉承富于创造力的文化传统，这深深地融汇在一代代浙江人民的血液中，体现在浙江人民的行为上，也在浙江历史上众多杰出人物身上得到充分展示。从大禹的因势利导、敬业治水，到勾践的卧薪尝胆、励精图治；从钱氏的保境安民、纳土归宋，到胡则的为官一任、造福一方；从岳飞、于谦的精忠报国、清白一生，到方孝孺、张苍水的刚正不阿、以身殉国；从沈括的博学多识、精研深究，到竺可桢的科学救国、求是一生；无论是陈亮、叶适的经世致用，还是黄宗羲的工商皆本；无论是王充、王阳明的批判、自觉，还是龚自珍、蔡元培的开明、开放，等等，都展示了浙江深厚的文化底蕴，凝聚了浙江人民求真务实的创造精神。底蕴深厚的文化传统和求真务实的创造精神，不断激励着浙江人民超越自我、创业奋进。

　　文化是软实力，也是硬实力；文化是支撑力，也是变革力。2021年浙江省提出，"十四五"时期，要坚持以习近平新时代中国特色社会主义思想为指导，围绕举旗帜、聚民心、育新人、兴文化、展形象的职责

使命,深入推进新时代文化浙江工程,着力打造思想理论高地、精神力量高地、文明和谐高地、文艺精品高地、文化创新高地,培育浙江文化新标识,构建文化建设大平台,形成文化发展新格局。浙江省第十五次党代会提出:"在共同富裕中实现精神富有,在现代化先行中实现文化先行。"①在新的时代条件下,宁波将继续在"八八战略"的指引下,在浙江精神的熏陶下,结合自身独特的文化优势,凝聚各方力量,助力文化发挥出铸魂、塑形、赋能的强大力量,在共同富裕中实现精神富有,在现代化先行中实现文化先行,推动共同富裕示范区建设,为宁波、为浙江、为全国文化事业发展提供有效的理论和实践价值。

第一节　经世致用,知行合一,发扬当代宁波文化价值

在几千年的历史发展中,宁波形成了丰富而独特的文化类型。以王阳明、黄宗羲为代表的浙东传统文化,以天一阁为代表的藏书文化,以建于北宋的江南第一楼保国寺为代表的建筑文化,以始建于汉、晋的上林湖越窑遗址为代表的青瓷文化,以中国古代四大水利工程之一的它山堰为代表的水利文化以及以著名商帮"宁波帮"为代表的儒商文化,还有丰富的海防文化、海上丝绸之路文化等,构成了内容极为丰富又极具个性的宁波地域文化。这一文化是中华民族文化的重要组成部分,不断吸取中国传统文化之优长;既源远流长,又与时俱进;既深深扎根于本土,又在生生不息中影响着世界;既具有理论建设的勇气,又具有敢于实践的品质;既立足于中国正统的儒家文化背景,又具有批判性和前瞻性,特别是从明清以来总是走在时代的前列。习近平总书记一直强调:"文化是一个国家、一个民族的灵魂。文化兴国运

---

　　① 《忠实践行"八八战略"　坚决做到"两个维护"　在高质量发展中奋力推进中国特色社会主义共同富裕先行和省域现代化先行——在中国共产党浙江省第十五次代表大会上的报告》,《浙江日报》2022 年 6 月 27 日。

兴,文化强民族强。没有高度的文化自信,没有文化的繁荣兴盛,就没有中华民族伟大复兴。"①习近平同志在浙江工作期间曾指出"宁波历史悠久,人文荟萃,文化积淀深厚"②,对宁波文化给予高度肯定。

一、河姆渡文化

河姆渡文化是指中国长江下游以南地区古老多姿的新石器文化。河姆渡文化源于河姆渡遗址,1973 年开始发掘的余姚河姆渡遗址,改写了中华文明起源说;2021 年,带有浓郁海洋文化特征的余姚井头山遗址最新考古成果发布,不仅确认了河姆渡文化来源于本地,并把余姚和宁波的人文历史源头向前推进了 1000 多年。从时间维度来看,河姆渡遗址是 20 世纪我国十大考古发现之一,载入中学历史教科书;从空间维度来看,河姆渡遗址是保存较为完好、具有丰富史料价值的历史遗迹。河姆渡遗址以无可争辩的事实向世界证明了,在 7000 多年前的长江流域已经出现了高度发达的文化,它为中国文明的起源和中华民族多元一体格局的形成做出了巨大的贡献。

河姆渡遗址有着深刻的考证意义,不仅在长江流域,而且在整个中国南部地区都具有非常重要的价值,是中国江南湿地稻作农业文明的发端,也是湿地稻作农业与传统采集、狩猎互为补充的复合式生业模式的源头。习近平同志在浙江工作期间对包括河姆渡遗址、良渚文化遗址、萧山跨湖桥遗址在内的诸多文化遗址给予了高度关注。文化遗产是历史留给人类的宝贵财富,习近平同志高度重视文化遗产的保护和传承工作:"历史文化遗产是不可再生、不可替代的宝贵资源,要始终把保护放在第一位。发展旅游要以保护为前提,不能过度商业

---

① 习近平:《坚定文化自信,建设社会主义文化强国》,《求是》2019 年第 12 期。

② 习近平:《干在实处　走在前列——推进浙江新发展的思考与实践》,中共中央党校出版社 2006 年版,第 484 页。

化，让旅游成为人们感悟中华文化、增强文化自信的过程。"①文运与国运相牵，文脉同国脉相连。守护住历史，就是守护住了文脉，守护住了民族的根和魂。

二、以王阳明、黄宗羲等为代表的浙东传统文化

习近平同志曾说："王阳明以后，黄宗羲在《明夷待访录》中对封建专制的剖析批判，是有清一代浙江学人理性自觉、思想解放、富有创新的重要代表；而从章学诚的'史学所以经世、固非空言著述'的思想，到马一浮的'默然不语，其声如雷'的箴言，则可以看作浙江学人反对空话、务实创新的一贯思想作风和学术宣言。"②习近平同志在他的讲话、文章和访谈中，经常涉及到浙东传统思想家的思想或典故，可见他对浙东文化的重视和肯定。

（一）关于阳明心学

"中华优秀传统文化源远流长、博大精深，是中华文明的智慧结晶。"③"要认真汲取中华优秀传统文化的思想精华和道德精髓，大力弘扬以爱国主义为核心的民族精神和以改革创新为核心的时代精神，深入挖掘和阐发中华优秀传统文化讲仁爱、重民本、守诚信、崇正义、尚和合、求大同的时代价值，使中华优秀传统文化成为涵养社会主义核心价值观的重要源泉。"④以"知行合一"为核心的阳明文化，是中华优秀传统文化之一，影响力远及海外。近年来，宁波大力推动阳明文化的创造性转化、创新性发展。

阳明心学是王阳明在儒家思想基础上构建的、融合佛道两家思想

---

①　《全面建成小康社会　乘势而上书写新时代中国特色社会主义新篇章》，《人民日报》2020 年 5 月 13 日。

②　中央党校采访实录编辑室：《习近平在浙江》（上册），中共中央党校出版社 2021 年版，第 103 页。

③　习近平：《高举中国特色社会主义伟大旗帜　为全面建设社会主义现代化国家而团结奋斗——在中国共产党第二十次全国代表大会上的报告》，人民出版社 2022 年版，第 18 页。

④　《习近平谈治国理政》（第一卷），外文出版社 2018 年版，第 164 页。

智慧、跳出程朱理学机械僵化的唯心主义怪圈的思想理论。作为中华优秀传统文化的重要组成部分,阳明心学坚持"万化根源在良知",提倡"内圣"和"外王"的统一。"知行合一"的实践观内含着知是行的基础,行是知的最终目的,二者辩证统一于人类实践的哲学理论。2014年9月24日,习近平总书记在人民大会堂"纪念孔子诞辰2565周年国际学术研讨会暨国际儒学联合会第五届会员大会开幕会"上发表重要讲话,提出"经世致用""知行合一"的思想对"人们认识和改造世界提供有益启迪,可以为治国理政提供有益启示,也可以为道德建设提供有益启发"①。2014年10月8日,习近平总书记在党的群众路线教育实践活动总结大会上的讲话中又提到:"必须以知促行,以行促知,集中教育活动需要提高认识,更需要付诸行动,以新的思想认识推动实践,又以新的实践深化思想认识。""实践证明,集中教育活动只有坚持知行合一,不断让思想自觉引导行动自觉,让行动自觉深化思想自觉,才能抓得实、做得深、走得远。"②

应继承和弘扬阳明心学,发挥优秀传统文化在当前文化建设中的积极作用。通过加强阳明文化研究、深度挖掘内涵、创新传承方式等,营造知行合一、行必务实的浓厚氛围,为当好浙江建设"重要窗口"模范生提供强有力的支撑。

(二)关于黄宗羲

黄宗羲是浙东学派思想家中最具批判精神的典型代表,黄宗羲的思想主要包括两个方面:"工商皆本"的经济思想和"民主君客"的政治思想。2003年7月10日,习近平同志在浙江省委十一届四次全会上的报告中指出:"明末大思想家黄宗羲则第一次明确提出'工商皆本',

---

① 《在纪念孔子诞辰2565周年国际学术研讨会暨国际儒学联合会第五届会员大会开幕会上的讲话》,《人民日报》2014年9月25日。

② 《在党的群众路线教育实践活动总结大会上的讲话》,《人民日报》2014年10月9日。

反对歧视商业的观念。"①中国古代社会崇尚重农抑商，农业是经济社会发展的根本，商业会扰乱社会市场秩序，导致本末倒置。黄宗羲对"本末"作出新的解释，认为"崇本"是指发展礼治规范下利于民生、促进发展的本业，"息末"是指禁止服务于敬佛、巫蛊、卖弄奇技淫巧等不利民生、不事生产的末业。黄宗羲"工商皆本"的经济思想对浙商文化具有重要影响。2003年7月18日在文化体制改革和文化大省建设座谈会上的讲话中，习近平同志指出："浙江自古就有义利并重、农商并举的文化传统。这种地域文化哺育了浙江人特别能适应市场经济的思想观念和行为方式，成为发展市场经济的精神动力。'义利并重'的价值观念和'工商皆本'的文化传统，孕育了浙江人的经商意识和务实性格。"②2006年3月28日，习近平同志在《致黄宗羲民本思想国际学术研讨会的贺信》中指出："黄宗羲是我国明清之际杰出的思想家、史学家、文学家和教育家，是浙江历史上的文化伟人。他所具有的民主启蒙性质的民本思想，在中国思想文化史上产生了很大影响。"③

在黄宗羲"工商皆本"经济思想影响下，浙江人民发扬自强不息、敢于创新、讲求实效的浙江精神，以大刀阔斧的改革勇气，成为改革开放的排头兵和先行者。

（三）关于其他浙东学派思想家

浙东思想家王充批判神学目的论，追求"疾虚妄""衡平实""立效验"，否定君权神授的封建统治思想，主张一切从实际出发，形成了"论衡"思想。2018年4月19日，习近平总书记在全国网络安全和信息化工作座谈会上提出："古人说：'知屋漏者在宇下，知政失者在草野。'"④

---

① 习近平：《干在实处　走在前列——推进浙江新发展的思考与实践》，中共中央党校出版社2006年版，第316页。
② 习近平：《干在实处　走在前列——推进浙江新发展的思考与实践》，中共中央党校出版社2006年版，第318—319页。
③ 《黄宗羲的思想创新及其当代启示》，《浙江日报》2018年2月5日。
④ 习近平：《在网络安全和信息化工作座谈会上的讲话》，人民出版社2016年版，第7页。

号召领导干部要做实事、讲实效、重实践。

习近平同志曾指出:"宋代'永康学派'代表人物陈亮提出'商藉农而立,农赖商而行';'永嘉学派'代表人物叶适提出'通商惠工,皆以国家之力扶持商贾、流通货币',主张农商相补,反对义利两分。"[①]无论是陈亮、叶适的经世致用,还是黄宗羲的工商皆本,都展示了浙江深厚的文化底蕴,凝聚了浙江人民求真务实的创造精神。

三、关于以横坎头村等革命老区、张人亚守护党章为代表的革命文化的重要指示精神

诞生于革命战争年代的革命文化处于承前启后、承上启下的重要地位,始终保持着旺盛的生命力,是中国特色社会主义文化自信的重要源头。

(一)对横坎头村等革命老区的指示

以余姚梁弄为中心的四明山革命根据地是抗日战争时期全国 19 块根据地之一,解放战争时期江南 7 大游击区之一,被党和国家列为全国重点建设的百个"红色旅游经典景区",被共青团浙江省委、浙江省旅游局命名为"浙江省百万青少年红色之旅经典景区"。四明山绵延起伏,东西约 800 公里,因为处于山区,交通条件极不便利,梁弄一直以来都是以经营农业为主的村镇,经济发展由自然环境决定。20世纪 80 年代,梁弄镇引进和组建了一批公有制企业,不仅带动了当地群众就业,而且增加了当地税收。到 20 世纪 90 年代,以灯具制造为主的私有制经济萌芽开始出现,梁弄镇也一度发展成为中国最大的户外灯具制造基地。随着当地经济不断发展,对生态环境造成的破坏也日益严重,政府部门对企业环保要求也随之提高,部分企业开始外迁,梁弄的工业经济受到很大影响。

---

① 习近平:《干在实处　走在前列——推进浙江新发展的思考与实践》,中共中央党校出版社 2006 年版,第 316 页。

从 2008 年开始，梁弄被确定为四明山旅游区接待中心，并提出了"生态保护示范区、休闲旅游集聚区、绿色经济先行区、美丽乡村展示区、老区全面小康引领区"五区共建的发展思路，逐步降低对工业经济的依赖度，加快劳动力转移，优化产业经济结构。2013 年，梁弄明确了"红色旅游名镇、历史文化古镇、会展教育重镇、特色农业强镇、智慧宜居小镇"的发展方向，使五区共建从抽象的口号变成了行动的目标，加快推进了梁弄产业转型。从易污染的工业"脱身"，梁弄镇大力实施乐业增收工程，大力发展水果采摘游，鼓励农户通过调整种植结构提高亩产效益，通过种植樱桃等特色水果使农户的亩均效益增长至原来的两倍。多年来，梁弄牢记使命，砥砺前行，经济社会各项事业快速发展，多项指标位居全国革命老区前列，基本实现了把梁弄建设成为革命老区全面奔小康样板镇的奋斗目标。浙江省第十五次党代会报告指出："'红色根脉'是党在浙江百年奋斗最鲜明的底色，习近平新时代中国特色社会主义思想在浙江萌发实践赋予其新内涵和新时代标识。'红色根脉'蕴含着党的初心使命，蕴含着以伟大自我革命引领伟大社会革命的基因密码，是浙江精神之源、使命之源、力量之源。"[①]宁波市委、市政府秉持对历史和人民负责的态度，采取各种积极有效的措施，大力加强红色文化资源保护，做了大量工作。将红色文化保护利用传承纳入全市经济社会发展总体布局，确立了坚持文化引领发展、特色发展、创新发展、统筹发展、开放发展战略，提出了建设"红色文化核心"的奋斗目标，有力促进了红色文化保护利用和传承发展。

经过多年发展梁弄相继获得全国重点镇、全国文明镇、全国特色小镇、国家卫生镇、国家级生态乡镇、中华诗词之乡、中国灯具之乡等荣誉称号。梁弄不仅实现了脱贫致富的目标，也成为以红色基因引领绿色发展的革命老区全面奔小康样板镇。

---

① 《忠实践行"八八战略"　坚持做到"两个维护"　在高质量发展中奋力推进中国特色社会主义同共同富裕先行和省域现代化先行——在中国共产党浙江省第十五次代表大会上的报告》，《浙江日报》2022 年 6 月 27 日。

(二)关于张人亚守护党章等革命文化

在浙江省宁波市北仑区霞浦街道的山间,有一座1927年修建的坟墓。经历了近百年的风吹雨打,墓碑上的字迹已印上岁月痕迹,变得有些斑驳,但前来祭拜的人却络绎不绝,这座墓的主人便是张人亚。张人亚是中国共产党的优秀党员,中央苏区检察工作和出版发行事业的重要领导者,为保存中国共产党第一部党章等党的早期文献做出了重要贡献。1921年,张人亚加入了中国共产主义青年团,随即加入共产党,成为最早加入中国共产党的宁波人,也是上海最早的几个工人党员之一。1927年,中国共产党被迫转入地下,白色恐怖笼罩着上海,张人亚没有考虑个人安危,首先想到的是党的文件和马克思主义书刊的安危。他深知这些文件、书刊对于革命事业的重要性,也坚信革命一定会胜利,经过再三考虑,他决定冒险将这些自己学习和保存下来的文件、书报,从上海秘密带到宁波镇海乡下(现北仑霞浦),托他父亲代为秘藏。为了保护张人亚托付的报刊资料,张人亚的父亲为儿子修建了一座没有尸骨的空坟墓,将这些珍贵的报刊资料藏入其中,并孤身一人坚持守护20多年直至新中国成立。

霞浦街道党群服务中心副主任童思琪解释道,张人亚和他父亲保存的资料中最珍贵的就是中共二大的决议案了,现存于中央档案馆,因为特别珍贵,是孤本,所以不作文物等级评价。此外,在张人亚的秘藏中还有《共产党宣言》,现存于上海中共一大会址,该版本的《共产党宣言》现存世仅有11本,张人亚完整地保存了两本,都属于国家一级文物。张人亚秘藏书籍中还有《共产党》月刊,该月刊自1920年11月创办,到1921年7月被迫停刊,总共出版6期,他完整保存了6期,现珍藏于国家博物馆,属于国家一级文物。习近平总书记说"历史是最好的教科书"[①],张人亚和他的父亲守护党章的感人事迹,凸显了张人

---

① 习近平:《以史为镜、以史明志,知史爱党、知史爱国》,《求是》2021年第12期。

亚同志对党忠诚、信仰笃定的共产党员本色，彰显了以张人亚精神事迹为典型代表的革命文化的时代性和永恒性。

革命文化，是中国共产党领导中国人民在伟大斗争中构建的文化，它以马克思主义为指导，以"革命"为精神内核和价值取向，继承中华优秀传统文化，借鉴世界优秀文明成果，是具有鲜明的中国特色的先进文化。它是革命实践的伟大创造，是中国革命事业的精神遗产和文化传承，是中国共产党人和广大人民群众优良传统和品格风范的集中体现，是推进中华民族伟大复兴的强大精神动力。

进入新时代，在实现中华民族伟大复兴的事业中，革命文化发挥着不可替代的精神引导作用。从井冈山精神、长征精神、延安精神、西柏坡精神，到雷锋精神、大庆精神、"两弹一星"精神，再到航天精神、北京奥运精神、抗震救灾精神，这些富有时代特征、民族特色的宝贵财富，脱胎于中华民族优秀文化传统，为我们在新的历史条件下推进文化建设奠定了坚实基础。不论现在还是将来，革命文化都是激励我们不忘初心、牢记使命、砥砺前行的强大精神力量。

四、大力弘扬"宁波帮文化""院士文化"

宁波人亦文亦武，文是院士，武是商家，文武相济，大事必成。近代以来，"宁波帮"人士秉持"知行合一、知难而进、知书达理、知恩图报"的精神，以民族独立、国家富强和实现中华民族伟大复兴为己任，不仅谱写了中国经济史上的百年辉煌，创造了中国工商业100多个"第一"和"之最"，还在科技、教育、文化界等领域名人辈出，各领风骚。例如，宁波籍"两院"院士有120多位，数量居中国各城市之首，宁波籍大学校长有近300位。他们的杰出贡献在新中国70多年的光辉史册上留下了浓墨重彩的一笔。

（一）"宁波帮"文化

"宁波帮"是近代中国最大的商帮集团，是中国传统"十大商帮"之一，泛指由旧宁波府属的鄞县、镇海、慈溪、奉化、象山、定海六县在外地经商的商人、企业家以及旅居外地的宁波人组成的商业集团。1843年上海开埠，中外贸易中心开始从广州转移至上海，贸易中心的转变让早期的宁波商人看到了新的商机。以包玉刚、邵逸夫、王宽诚、李惠利等为代表的宁波商人成为航运、电影、贸易、钟表等行业翘楚。"宁波帮"新式商人群体，确立了其在近代中国的产业主导地位。习近平同志在浙江工作期间，对"宁波帮"文化和浙江精神高度肯定。他指出"浙江老百姓聪明，干部精明，出的招数很高明。其背后是浙江的人文优势，是深厚的文化底蕴和'浙江精神'在起作用"①。浙江精神中的"自强不息""勇于创新"就是"宁波帮"精神的写照，"宁波帮"精神是浙江精神的重要组成部分，源远流长的"宁波帮"文化中体现出的宁波商人敢拼敢闯的勇气、求实创新的智慧、兼容并包的胸襟，不断丰富和发展着浙江精神的底色和内涵。在浙江精神和"宁波帮"文化的熏陶下，在"八八战略"的指引下，宁波经济跻身全省、全国前列。

　　"宁波帮"不仅是宁波经济社会发展的财富和资源优势，而且也是浙江经济全面发展的一大优势。正是"宁波帮"积极响应国家号召，以各种方式积极投资建设家乡，促使宁波乃至浙江的整体发展更上一层楼。因此，要用"宁波帮"历史教育人民，用"宁波帮"文化熏陶人民，用"宁波帮"经验鼓舞人民，用"宁波帮"精神激励人民，以此精神理念和文化内涵来进一步激发和挖掘浙江人民开拓创新、奋发进取、实事求是的勇气和潜能。在"宁波帮"文化的熏陶下，宁波人、浙江人应该继续坚持和发扬"宁波帮"精神，积极建设"新宁波帮"，为新的全球化格局下宁波和浙江的发展提供新的动力支持。

（二）宁波院士文化

　　习近平同志在浙江工作期间，对浙江人才发展历史和现状给予高

---

① 习近平：《干在实处　走在前列——推进浙江新发展的思考与实践》，中共中央党校出版社2006年版，第316页。

度关注。"浙江历来人才辈出，在我国见诸经传的文化名人中，浙江籍的就逾千人，约占全国的六分之一；新中国成立以来的'两院'院士（学部委员）中，浙江籍的占了近五分之一；改革开放以来，浙江人更以善闯天下著称，浙江籍的各类人员遍布中国、遍布世界。"①古代浙江以钱塘江为分界线，分为浙东和浙西两个地区，称为"上八府"与"下三府"，浙西指杭嘉湖三府之地，位于钱塘江以北地区，剩余地区属于浙东。在宋元时期，金华地区学术发展较为出众，朱熹、吕祖谦等人都在金华讲学，吕祖谦开创了"金华学派"，事功学派的代表人物陈亮也开创了"永康学派"。到元末明初，被朱元璋称为"开国文臣之首"的思想家宋濂也是来自金华地区。由此可见，明代以前宁波的文化事业还比较落后。正如西晋名士陆云在《答车茂安书》中所讲到的，宁波属于浙江省的偏远之地。之后到宋元时期，宁波的文化水平在浙江省内也并未跻身前列。

　　明代之后宁波文化为什么能够繁荣兴盛呢？这可以追溯至"书藏古今，港通天下"的历史美誉。藏书文化的盛行是宁波文教事业的历史明证。古人藏书数量少、难度大，不仅是因为书价对普通人而言十分昂贵，还因为书极容易散失。藏书的多少是衡量一个地区教育水平的重要指标，如果一个地方盛行藏书，本地区学子和文人就能够看到更多的书、了解更多的知识、更好地丰盈个人的阅历。藏书盛行的地方，往往是经济、文化、教育水平比较发达的地方。例如浙江最为富庶的杭嘉湖地区，历史上就存在过诸多著名藏书楼：杭州有鲍廷博知不足斋、汪氏振绮堂、吴焯瓶花斋、卢文弨抱经堂、丁丙八千卷楼，嘉兴有朱彝尊曝书亭，湖州有陆心源皕宋楼、南浔刘氏嘉业堂，而在宁波，最著名的就是范氏天一阁。相比提及的杭嘉湖著名藏书楼，天一阁历史最为悠久，影响也最为深远。天一阁，是由明代嘉靖年间兵部右侍郎

---

　　①　习近平：《干在实处　走在前列——推进浙江新发展的思考与实践》，中共中央党校出版社2006年版，第316页。

范钦建于宁波的私人藏书楼,天一阁的藏书主要包括宋元以来刊本、稿本、钞本,其中以明代的地方志、政书、诗文集为多,并且留下了"代不分书,书不出阁"的祖训,使得天一阁藏书得以流传。乾隆年间撰修《四库全书》,天一阁进呈珍本 641 种,数量上名列全国第二,乾隆帝听闻天一阁藏书久而不散,特派遣杭州织造寅著前去"学习经验":勘察天一阁的建筑格局,并以天一阁为"四库七阁"的样板。尽管天一阁有"代不分书,书不出阁"的祖训,但是并没有阻碍宁波藏书文化的兴起,相反,使得宁波藏书之风更甚。一方面,天一阁藏书丰富却不闭塞,范钦后人往往邀请名士登阁观书,著名学者黄宗羲、全祖望都曾登阁观书,同时范氏后人也将书抄送给普通学子观看,范光燮就曾传抄天一阁百余种书供士子阅读。另一方面,天一阁的"成功"吸引了一大批文人学者藏书刻书,在天一阁之后,宁波地区涌现了一大批藏书楼,包括明清时期的陆宝南轩、万斯同寒松斋、郑性二老阁、全祖望双韭山房、卢址抱经楼、姚燮大梅山馆、徐时栋烟屿楼、蔡鸿鉴墨海楼、董沛六一山房,民国年间的张寿镛约园、冯贞群伏跗室、朱鼎煦别宥斋、孙家淮蜗寄庐、张季言樵斋、秦润卿抹云楼、李庆城宣荫楼等。宁波藏书之盛可见一斑。丰富的藏书,使得当地学子可以接触到更多的文化知识,不仅使其增加了知识储备、开阔了眼界,而且有利于宁波文化的发展。

"港通天下"意味着发达的经济与开拓进取的创新精神,这些对宁波读书好学之风都起到了引领作用。正如我们前面提到的,从宋元时期直到明初,考场上的风向仍为朱熹一派所引领。但是在明中后期,随着宁波、绍兴地区经济日益发达,文化也日益繁盛。有学者认为阳明心学横空出世,使得考场风向逐渐由朱熹转向了王阳明,绍兴、宁波两府因为受阳明心学影响最深,进士数量也就成为全省之首。但是,阳明心学并不是凭空诞生的,王阳明的父亲王华本身就是余姚籍的状元,阳明心学的诞生,不能撇开其深厚的家学渊源。宁绍地区与阳明心学,实际上是相互成就的:宁绍地区发达的经济促成了文化繁盛,使得王阳明家族具备良好的文化氛围;而阳明心学的盛行,又进一步巩固了宁绍地区的文化优势。余姚、鄞县（今鄞州区）、慈溪的科举优势，归根结底还是当地发达的经济水平培育了浓厚的讲学向学的社会风气。不可否认，经济环境与文化发展密切相关。越是社会经济繁荣兴盛之地，越是有条件发展文化、孕育人才。

宁波的藏书文化和港口经济对宁波院士文化的兴起和繁荣发挥了十分重要的作用。宁波院士文化历史悠久：明代余姚县（今余姚市）有进士 339 人，鄞县有进士 250 人，慈溪县（今慈溪市）有进士 213 人，这 3 个县也成为宁波历史上产生进士最多的县。现在，"两院"院士也多达 120 多名——无论是明清时期的进士数量，还是中华人民共和国成立之后的院士数量，宁波始终居于浙江省乃至全国前列。文化界对宁波有"浙东邹鲁，江南明珠"的美称。到了近代，宁波成为首批开埠的城市，海外先进文化的影响，也促使宁波人学习先进的文化知识，开海内之先。宁波学子率先完成了从学习儒家典籍向学习近代科学的转变，宁波这个曾经的"进士之乡"诞生了翁文灏、童第周、谈家桢、路甬祥、贝时璋、屠呦呦等一大批著名科学家。他们继承了宁波人勤奋好学的风气，更开创了属于自己的辉煌，引领了科学的潮流，也将宁波从"进士之乡"变成了"院士之乡"，延续了宁波文化的辉煌。

第二节　挖掘优秀传统文化，
打造精神共同富裕幸福之城

2000 年 8 月，《宁波市"十五"文化发展规划》出台，提出"两步走"战略构想：第一步，到 2005 年初步形成都市文化新格局；第二步，到 2020 年建成文化大市。同年《关于加快文化改革和发展的决定》发布，不仅统一了全市对文化大市建设工作的认识，而且明确了文化工作的主要任务和努力方向，在制度层面上为文化大市建设提供了保障，并将宁波文化大市建设置入了现代化城市发展的"快车道"。2008

年，市委、市政府又出台了《关于推动文化大发展大繁荣的若干意见》，实施先进文化引领、公共文化惠民、文化品牌提升、文化产业升级、文化人才支撑、文化创新推动六大战略，将文化大市建设推向了新高潮。2011年6月出台的《宁波市"十二五"时期文化发展规划》，率先提出文化大市向文化强市跨越的发展目标。2011年10月，党的十七届六中全会召开，审议通过《中共中央关于深化文化体制改革　推动社会主义文化大发展大繁荣若干重大问题的决定》，提出建设"社会主义文化强国"的奋斗目标，对深化文化体制改革、推动社会主义文化大发展大繁荣作出全面部署。为深入贯彻全会精神，2011年12月，中共宁波市委又出台了《关于贯彻党的十七届六中全会精神　加快文化强市建设的决定》，提出深入实施文化建设"六大战略"和文化发展"1235"工程①，到2020年在全省率先基本建成公民道德水准高、社会文明风尚好、文化生活品质优、地域文化特色明、文化综合实力强的文化强市。2015年12月20日上午，在山东青岛举行的第七次中日韩文化部长会议上，2016年"东亚文化之都"授牌仪式隆重举行。中国宁波与日本奈良、韩国济州一起接受"东亚文化之都"纪念牌。宁波、奈良、济州3个城市正式当选为2016年"东亚文化之都"。2017年2月，宁波市第十三次党代会又确立了文化发展的新目标——打造"东方文明之都"，宁波文化建设踏上了新的征程。2021年，宁波市文化广电旅游局发布《宁波市文化和旅游发展"十四五"规划》，提出要聚焦"新时代文化高地和现代滨海旅游名城"这一新发展目标，到2025年初步建成独具魅力的文化强市。2022年，浙江省第十五次党代会提出要"高水平推进文化强省建设，打造新时代文化高地"②的目标。

---

①　"1235"工程系《宁波市"十二五"时期文化发展规划》提出，含义为打造10个重点文化发展集聚区、培育20个重点文化品牌、建设30个重点文化项目、扶持50家重点文化企业。

②　《忠实践行"八八战略"　坚决做到"两个维护"　在高质量发展中奋力推进中国特色社会主义共同富裕先行和省域现代化先行——在中国共产党浙江省第十五次代表大会上的报告》，《浙江日报》2022年6月27日。

一、宁波文化建设成果丰硕

宁波始终坚持中国特色社会主义文化发展道路,高度重视文化事业和文化产业发展,建立了较为完善的基层公共文化服务体系,先后被评为"东亚文化之都"、国家首批文化消费试点城市、全国文化体制改革先进地区等,文化建设成果十分丰硕。

(一)文化艺术创作成绩斐然

近年来,宁波立足于文艺人才高地建设,积极推动文化艺术创作、不断满足人民群众日益增长的精神文化需求,多方面、多举措同时发力,强化政府领导、加强政策支持,创造了一大批优秀的文艺精品,培养了一大批德才兼备的文艺人才,建设了一大批文艺创作和生产基地,推动文艺事业不断迈上新台阶,不断提升宁波文化影响力和城市美誉度。

第一,搭建高质量人才发展平台。

文艺繁荣,人才是关键。在文艺事业发展过程中,特别是在文艺创作过程中,宁波始终把出作品、出人才作为文艺创作的目标。一方面,设立文艺大师工作室,引进一批在文学艺术、工艺美术等领域享有盛誉的国内外顶尖人才、拔尖人才和文艺发展急需的高层次人才。2017年初,全国享有盛誉的艺术家陈振濂、叶辛、韩天衡、高希希、何水法等在宁波成立了以他们名字命名的宁波市文艺大师工作室。这是2016年底《宁波市文艺人才培养扶持办法(试行)》出台后,宁波引进的首批文艺大师工作室。宁波引进文艺大师以柔性引进为主,在设立工作室期间,宁波每年将给予不超过80万元的资金补助;要求大师每年在宁波工作时间累计不少于1个月,同时需以师父带徒弟的方式为宁波培养本土文艺人才、指导文艺精品创作、推进对外文化交流。另一方面,一批本土人才茁壮成长,涌现出了电视艺术家张晓东、金牌导演安建、文化营销人邹建红、诗人荣荣、民间文学作家周静书等一批在全国有影响力的文艺领军人才。多个领域的专业人才还先后获得"长江韬奋奖"、鲁迅文学奖、"金话筒奖"、中国戏曲"梅花奖"、"文华奖"等全国性奖项。2020 年 1 月 10 日,由宁波市委宣传部主办,宁波陈振濂文艺大师工作室承办的"大师典范——宁波陈振濂文艺大师工作室书法篆刻北京展"在北京炎黄艺术馆开幕,展览共展出作品 232件。根据宁波市发展研究中心发布的《宁波实施文化产业人才培育行动的对策》文件,近年来宁波进一步加强文艺大师工作室、文艺家工作室、文创产业园区等平台建设,每年指导大师工作室组织开展培训、展览、论坛、沙龙等各类活动。截至 2020 年底,累计完成两轮共计 24 个文艺大师工作室创建,累计完成七批次共计 79 个文艺家工作室评选。依托宁波大学、宁波工程学院、浙江万里学院等高校院所,加强文化专业人才培养。与国务院发展研究中心、在甬高校等合作共建国研经济研究院东海分院、马克思主义学院、新闻传播学院、志愿服务学院等,加强文化智库建设。与省社科院合作共建省情调研基地等,积极搭建人才学习交流平台。截至 2022 年 9 月,宁波市累计入选中宣部"四个一批"人才 8 人、宣传思想文化青年英才 1 人、"国家级人才培养工程"人文社科领军人才 1 人、"省级人才培养工程"人文社科领军人才 5人、省"五个一批人才"25 人,引进"泛 3315 计划"文化体育创业创新人才 7 名、团队 6 个。建立省级文化创新团队 6 个、市级文化创新团队47 个。鼓励文化人才开展创作活动,平均每年扶持文化人才赴境外发达国家、国家大剧院、国家博物馆、浙江美术馆等地举办展览展演、出版图书等 10 余人次,每年扶持新加入国家级、省级文艺家协会会员300 余人开展文艺创作。宁波人才培养效果取得了较好的成绩。

第二,文艺精品创作成效显著。

宁波的文艺精品创作长期处于全省前列。2017 年以来,宁波共扶持各文艺门类重点创作项目 201 个,5 件作品获全国常设性文艺奖,72 件作品获全省常设性文艺奖。在 2018 年浙江省"文化发展指数"报告中,杭州、金华、宁波位于全省前三位,宁波的文化发展指数增幅为全省第二。到 2019 年底，宁波已连续 7 届共 21 部作品入选全国"五个一工程奖"；连续 13 届共 38 件作品获得全国"群星奖"；90 部作品入选浙江省"五个一工程奖"。据宁波市文联提供的数据，2015 年至 2019 年，宁波市还有多部文艺作品获全国性奖项，如广播剧《呦呦青蒿》获全国"五个一"工程奖，群舞《阿嬷合唱团》获全国群星奖，莲花落《催生鸡》获中国曲艺牡丹奖，工艺美术《十里红妆系列》《福贵齐芳》《箍桶记》《人生·戏台》获中国民间文艺山花奖等。宁波市演艺集团作为宁波文艺精品创作的龙头，成立 10 余年来，共创作演出了 75 部剧目。其中，原创剧目 40 部，共获国家级奖项 5 个、省级奖项 33 个，剧目创作的数量、质量均位于全国同类城市前列。其中，舞剧《十里红妆·女儿梦》、音乐剧《告诉海》、歌剧《红帮裁缝》、民族歌剧《呦呦鹿鸣》4 次获得全国"五个一"工程奖，舞剧《花木兰》获荷花奖。2022 年，《望道》《问天》等 2 部作品又获全国"五个一工程"奖。宁波将继续坚持以人民为中心的创作导向，推出更多增强人民精神力量的优秀作品，培育造就大批德艺双馨的文学艺术家和规模宏大的文化文艺人才队伍。

第三，文艺创作工作机制不断完善。

宁波文艺创作工作机制一直走在全国、全省前列，对文艺创作起到了巨大的推动作用，走出了一条具有宁波特色的文艺创作之路，被誉为"宁波模式"，多次受到上级部门的表彰。"十一五"期间，宁波市先后制定了《关于推动文化大发展大繁荣的若干意见》《关于支持我市文化体制改革和文化企业发展的若干政策意见》等文件，为文化建设"保驾护航"。一是在顶层设计上，制定出台《关于繁荣发展社会主义文艺的实施意见》（以下简称《意见》），《意见》站在宁波历史发展的新方位，针对文艺发展存在的短板，围绕满足人民群众多样化文化需求、提升城市文化品质，全面阐述了新时期宁波文艺工作的中心任务、工作目标和实施路径，为今后一段时期宁波文艺发展做了总体规划。二是在文艺精品创作上，成立了文化精品工程领导小组，制定了《宁波市文化精品工程专项资金管理办法》《宁波市优秀文艺作品奖励办法》《宁波市文艺精品创作三年行动计划》《宁波市文化精品工程扶持奖励办法（修订版）》等政策，形成了项目申报、专家论证、资金扶持、绩效考核、表彰激励等一整套项目化管理的规章体系。三是在文化作品评价机制上，出台《宁波市健全和完善文化产品评价体系的意见（试行）》，文化产品评价标准和文艺评奖机制进一步完善，较好地发挥了导向作用。四是在人才培养上，明确提出建设德艺双馨的文艺队伍，推出了《宁波市文艺人才培养扶持办法（试行）》（以下简称《办法》），以适应新形势下宁波文艺人才培养的需要，进一步规范有关程序和标准，补齐短板，为推动宁波文学艺术繁荣发展、实现文化强市目标提供智力支撑和人才保障。作为专项性的文艺人才扶持政策，该《办法》的出台在全国同类城市中尚属首例。此外，早在 2011 年宁波就制定出台了《关于加快推进文化创新团队建设的实施意见》和《宁波市文化创新团队评选管理暂行办法》，不断推动宁波文化人才开发由个体开发向团队开发、由分散开发向集群开发转变，取得了良好成效。

（二）文化产业加快发展

近年来，宁波紧紧围绕建设文化强市目标，始终把做大做强文化产业作为一项战略性任务来抓，文创产业已成为宁波国民经济发展的支柱产业之一，很多工作走在全省乃至全国前列。

第一，文化产业持续较快增长。

"十二五"以来，宁波文化及相关产业增加值年均增长 13.5%，高于全市 GDP 年均增速。2016 年宁波文创产业增加值达到 586 亿元，占全市 GDP 比重达 6.86%，文化产业增加值在总量上排名全省第二，文化制造业总量在全省居于首位。2017 年宁波文创产业增加值总量为 716.27 亿元，同比增长 222%，占 GDP 的比重为 7.27%；其中规模以上文创产业增加值 480.19 亿元，同比增长 22.5%，占全部文创产业增加值的比重为 67%。2020 年全市文化企业一手抓疫情防控，一手推进复工复产,在前三季度,全市规模以上文化产业增加值(省口径)累计实现 257.97 亿元,同比增长 7.8%。2021 年,宁波 2 个项目、15 家文化企业分别入选 2021 年浙江省文化产业优秀创新案例和浙江省第六批成长型文化企业(含培育企业)。其中,象山影视城数字影视产业改革创新和北仑"链式服务"助力文创产业 2 个项目入选 2021 年浙江省文化产业优秀创新案例;宁波华凯动漫玩具有限公司、宁波达人旅游开发有限公司、浙江大丰文体设施维保有限公司等 15 家文化企业入选省第六批成长型文化企业(含培育企业)。2022 年上半年宁波文化企业比 2021 年底净增 68 家,传媒、影视、音乐、演艺等业态不断增强做优……文化创新活力竞相迸发,文化引领力不断提升。宁波率先创建国家文化与金融合作示范区,69 个文化产业园区集聚近万家文化企业,产业发展动能强劲。

第二,文化产业主体不断壮大。

一是转企改制稳步推进,企业活力不断释放。2003 年 6 月,宁波成为全省两个文化体制改革试点城市之一,吹响文化体制改革号角。截至 2010 年初,17 家经营性文化单位实现了转企改制,宁波报业印刷发展有限公司等单位通过转企改制,经营业绩成倍增长,实现了跨越式发展。

二是特色文具企业集群形成,竞争优势更突出。目前,宁波已形成宁海、北仑、鄞州、余姚和慈溪五大区域为中心块状分布的"文具之都"格局。北仑贝发,中国最大的制笔基地;鄞州华茂,中国最大的学生辅助学习用品制造基地;宁海得力,中国最大的办公文具制造基地……群星璀璨,让宁波文具产业集群这一"中国百佳产业集群"熠熠生辉。2021 年宁波全市文创产业增加值又创新高,达到 1252.6 亿元,比 2017 年增长 74.9%,年均增速 15.1%,占 GDP 比重从 2017 年的 7.27% 增加到 8.6%。2022 年,宁波文旅项目投资总额 588.24 亿元,达全年目标 152.79%。

三是文化平台建设力度不断加大,支撑作用不断增强。近年来,宁波为了创造良好的发展环境，加大力度进行文化企业集聚平台建设，大力建设创意产业园区，已经形成规模区块 10 多个：江北区有"1842 外滩"创意产业基地、"134"创意谷、宁波大学科技产业园、创意"1956"等；海曙区有"新芝 8 号"等；在鄞州区有创新"128"产业园等；在镇海区有"创 e 慧谷"等；还有江东区 2016 年 9 月撤销，划归鄞州区管辖的"228"创意园、和丰创意广场等。2011 年年中公布的《宁波市"十二五"时期文化发展规划》中，文化"1235"工程成为重中之重，重点建设文化项目 30 个，总投资 420.88 亿元。2021 年公布的《宁波市文化和旅游发展"十四五"规划》中，强调重点构筑"一带三区"空间布局，建设"六大板块"。宁波已基本形成了区域特色鲜明、发展活力强劲的发展格局。

第三，招商引资持续推进。

2015 年起，宁波全市掀起了文化产业大招商的热潮，各地各部门把文化产业招商纳入整个招商引资盘子。2015—2018 年，全市共引进文化企业超过 3000 余家，其中注册资金超过 1000 万元的文化企业有 500 余家，签约意向总金额超过 650 亿元，实到资金 200 余亿元。宁波文创港正式启动开发建设，宁波尼斯国际嘉年华圆满举办，宁波财经学院象山影视学院建成投用，宁波广电传媒大厦、宁波音乐港、宁波华强·中华复兴文化园二期项目、华侨城项目等一批投资规模大、投资强度大、投资主体优的文化产业项目稳步推进。到 2021 年已成功举办了 5 届的宁波文博会成为文化产业的引擎，2022 年宁波又深入实施"招大引强"专项行动和稳外资工作，推动吉利新能源汽车系列等重大项目签约落地，引进内资 1850 亿元，增长 2.9%；实际利用外资 37 亿美元，增长 13.1%；引进世界 500 强企业项目 6 个。

（三）文化交流稳步发展

文明因交流而多彩，文明因互鉴而丰富。文明交流互鉴，是推动人类文明进步和世界和平发展的重要动力。作为唐宋以来中国最重要的港口城市和对外文化交流的前沿阵地,宁波的文化交流在近年来颇有可圈可点之处。

第一,文化交流品牌初步形成。

一是宁波国际声乐比赛。宁波国际声乐比赛的前身是中国国际声乐比赛,创办于 2000 年。首届和第二届中国国际声乐比赛分别于 2000 年在北京、2002 年在广州举办,从第三届开始,中国国际声乐比赛落户宁波,参赛国别和参赛选手逐届增加。2017 年,经多方协商,中国国际声乐比赛更名为宁波国际声乐比赛,由宁波市人民政府与中央音乐学院共同主办。作为一场国际规格的大赛,宁波国际声乐比赛已完全具备了国际 A 类大赛的水准,成功加入国际声乐比赛联盟。

二是海外宁波文化周。该活动由宁波市委宣传部、市文广新局与市外事办共同主办。"十二五"以来,全市共有 100 多个团组赴 30 余个国家和地区开展文化交流,引进国际性展览近百次、海外演出近 400 场次。成功带领数百家企业、近千人次走出国门,为促进宁波与东南亚、东亚、北亚和欧洲国家建立更广泛、更密切、更长远的联系,推进宁波与所到区域开展更高水平经贸交流打下坚实基础。

三是宁波国际友好城市博物馆联盟。该联盟由宁波博物馆与英国诺丁汉市、德国亚琛市、波兰比得哥什市、韩国大邱市和顺天市、日本益田市等 6 个城市的 9 家博物馆组成,以"共享、交流、弘扬"为主题,建立以展览、教育、研究为核心的全方位、多(双)边、长效合作机制。

第二,多层次、宽领域的文化互动格局基本建立。

近年来,宁波市不断拓展对外文化交流的新领域、新渠道和新形式,文化艺术交流频繁,形成了多层次、宽领域的良性互动新格局。2018 年,随着位于南美洲的厄瓜多尔曼塔市加入宁波"朋友圈",宁波的国际友城由此达到 100 个。经过友好协商,两市同意建立友好交流关系,将在平等互利、合作共赢前提下,在经济、贸易、港口、航运、渔业、教育、文化、旅游等方面开展多种形式的交流与合作,促进共同繁荣发展。国际友城赠送的纪念物如意大利大卫雕像、但丁铜像和朱丽叶铜像，德国亚琛奔马雕塑，新西兰毛利雕塑，韩国顺天八马铜雕、大邱苹果雕塑和中日友好樱花园等已成为宁波与友城文化交流的象征。宁波先后被授予全国"国际友城交流合作奖""国际友城战略发展奖""国际友城特别贡献奖"，宁波国际友城德国亚琛市和法国鲁昂市获得中国人民对外友好协会授予的"对华交流贡献奖"。

第三，文化交流载体不断丰富。

一是以"东亚文化之都"为载体，促进了宁波城市文化在亚洲区域内的交融合作。"东亚文化之都"是亚洲第一个国际性文化城市命名活动，于2013年启动。2015年第6次中日韩领导人会议宣布中国宁波与韩国济州、日本奈良一同当选为2016年"东亚文化之都"。二是以中东欧博览会为载体，促进了宁波与中东欧国家的文化交流。中东欧博览会是中国与中东欧国家首个以投资贸易为主题的综合性博览会，从2014年6月份承办中东欧特色商品展起步，到连续几年举办中东欧国家投资贸易博览会，再到启动建设国内首个中国—中东欧国家（"17+1"）经贸合作示范区。短短几年，作为"一带一路"节点城市，宁波在经贸、人文等方面与中东欧结下了不解之缘，在中东欧国家的影响力持续提升，为"一带一路"建设提供了地方经验，得到了国家相关部委的高度肯定。三是以"一带一路"综合试验区建设为载体，深化与海上丝绸之路沿线国家海上文化方面的交流和合作。2017年9月，宁波经浙江省政府批准正式成为"一带一路"综合试验区，试验区建设"以港口互联互通、投资贸易便利化、产业科技合作、金融保险服务、人文交流为重点，积极打造'一带一路'港航物流中心、投资贸易便利化先行区、产业科技合作引领区、金融保险服务示范区、人文交流门户区"。回眸过去，宁波是古代海上丝绸之路的始发港之一。如今，宁波不仅地处"21世纪海上丝绸之路"和长江经济带交汇处，同时也是中国重要的制造业基地和首个"中国制造2025"试点城市，经济活力无限。

（四）文化遗产保护及利用多样化发展

宁波作为国家级历史文化名城，是 7000 年前河姆渡史前文化发祥地、"海上丝绸之路"东方始发港和中国大运河最南端出海口，拥有类型多元、底蕴丰厚、数量众多的文化遗产资源。进入 21 世纪，尤其是"十二五"以来，宁波文化遗产工作在政府重视、社会支持的良好氛围下，在文物保护、非遗保护、博物馆建设及考古工作等方面取得诸多突破性进展，为推进宁波文化强市战略、助力"名城名都"建设做出了积极贡献。

第一，文物保护水平整体提升。

一是文物普查成果显著。自 2006 年被列为第三次全国文物普查工作试点地区以来，宁波始终坚持边普查、边保护，做到文物数量增长与质量提升并举，创新开展了实地调查及验收试点、水下文物普查和援助青海等工作，组织开展主动性、抢救性水陆考古项目近 400 个，受到国家文物局表彰推广。根据第三次全国文物普查结果，全市共有不可移动文物 8302 处，其中新发现 6905 处，复查 1399 处。全市拥有世界文化遗产 1 项，进入中国世界文化遗产申报名单 2 项，河姆渡遗址入选"百年百大考古发现"，上林湖越窑遗址公园入选国家考古遗址公园。各级文物保护单位（点）611 处，其中省级以上文保单位 120 处，遗产资源数量和质量居国家历史文化名城前列和计划单列市首位。2022 年，根据国家文物局公布的第四批国家考古遗址公园名单和立项名单，河姆渡国家考古遗址公园正式获批立项。

二是名城名镇名村保护工作不断推进。宁波先后发布了《关于加强宁波历史文化名城名镇名村保护工作的意见》《关于开展宁波市历史文化村落保护试点工作的通知》《宁波市历史文化名城名镇名村保护条例》等规范性文件。目前，宁波市域内有宁波、余姚两个名城；慈城、石浦、前童、观海卫 4 处国家级历史文化名镇，梁弄、鄞江、临山、溪口 4 处省级历史文化名镇；许家山、龙宫村、李家坑、走马塘等 6 处国家级历史文化名村,大西坝、蜜岩、新庄、横坎头等 17 个省级历史文化名村,蟹蛟、塘溪镇雁村、马径、十七房等 49 处市级历史文化名村;蜜岩、李家坑、走马塘、勤勇村等 28 个中国传统村落,十七房、白杜、吴江村等 17 个省级传统村落;月湖、伏跗室—永寿街、天主教堂—外马路、南塘河、郁家巷、秀水街等 6 处历史文化街区。划定了镇海口海防史迹保护区和甬江北工业遗产保护区两处特殊类型历史地段,41 条历史街巷。慈城古县城的保护性开发还荣获联合国文化遗产保护荣誉奖。

　　三是文化线路保护与申遗工作取得新进展。从 2001 年第一次提出联合申遗理念的《宁波共识》,到 2006 年实施申遗行动的《宁波宣言》,再到 2011 年相关城市签署联合申遗的《宁波纲领》,宁波一直是推动“海上丝绸之路”线路申遗的牵头城市。2003 年上林湖越窑遗址作为浙江青瓷窑址的重要组成部分,与上虞越窑、龙泉大窑龙泉窑一起,被列入浙江省第一批世界文化遗产预备名单。同年,上林湖越窑遗址作为浙江青瓷越窑和宁波海上丝绸之路的重要组成遗址,被上报到国家文物局,列入中国申报世界文化遗产预备名单。2010 年 12 月 15 日,国家文物局正式公布的《中国世界文化遗产预备名单》重设目录,在全国共有 35 个项目入选,上林湖越窑遗址作为中国古瓷窑址项目单独列入预备名单,位列第 14 位。2015 年 10 月,它山堰入选世界灌溉工程遗产。2014 年 6 月,大运河在第 38 届世界遗产大会上获准列入世界遗产名录,宁波从此跻身世界文化遗产城市,使城市的历史地位和文明贡献得到新的诠释。2019 年 12 月,中共中央办公厅、国务院办公厅印发《长城、大运河、长征国家文化公园建设方案》,大运河又与长城、长征并列,进入国家文化公园重点建设行列。2023 年,宁波市人民政府颁布《大运河世界文化遗产保护实施办法》,对大运河的保护、传承、利用进入历史新时期。

　　第二,非遗保护卓有成效。

　　一是形成“三位一体”保护模式。通过不断探索,宁波创造性地把项目、传承人和传承（传播）基地三者纳入保护整体。据《宁波市人民政府关于公布第五批宁波市级非物质文化遗产代表性项目名录、代表性传承人及传承基地的通知》，非物质文化遗产"三位一体"项目 266 个，传承基地 242 个，传承人 263 人。

二是形成聚落式保护模式。宁波借鉴国外"生态博物馆""生态村"的建设经验，对非物质文化遗产丰厚、存续状态良好的区域进行整体性保护，即由保护单个项目走向保护项目群。2010 年文化和旅游部正式批准象山县设立国家级海洋渔文化生态保护实验区。象山继闽南、徽州、热贡、阿坝州等之后，成为中国第七个国家级文化生态保护实验区。2017 年，宁波还着手开展非遗特色小镇的创建工作，到 2018 年有 7 个小镇获得首批创建资格：以元宵行会为特色非遗项目的宁海前童镇，以渔民开洋、谢洋节为特色非遗项目的象山石浦镇，以梁祝传说为特色非遗项目的海曙高桥镇，以梁弄大糕制作技艺为特色非遗项目的余姚梁弄镇，以朱金漆木雕为特色非遗项目的鄞州横溪镇，以梅山舞狮为特色非遗项目的北仑梅山街道，以传统家具制作技艺为特色非遗项目的慈溪龙山镇。

三是加强非遗展示平台建设。近年来，非遗展示馆成为宁波非物质文化遗产保存、研究、传承、传播的重要平台，每年有百万群众走进非遗馆参观展览。宁波拥有几十余家非遗展示馆，这些非遗展示馆开发精品展陈、社会教育、学术讲座、主题论坛、公共互动、综合服务等功能，成为丰富群众文化生活的"精神粮仓"，也是对外宣传交流的形象大使。此外，非遗进校园活动自 2007 年开展以来，通过与高校、中小学校的合作，推动许多学校成为非物质文化遗产校园传承基地或传播基地，实现了非物质文化遗产校园传承，缓解了非遗传承后继乏人的尴尬局面。

四是加强非遗展建设。"阿拉非遗汇"是宁波非遗一张闪亮的名片，以"亲近""传承""共享"为活动宗旨，提升宁波民众对非物质文化遗产保护的自觉意识，营造丰富多彩的城市文化生活氛围，让百姓在更大范围、更大规模的非遗活动中体验、感受非物质文化遗产的魅力。自 2013 年 10 月举办首届宁波市"阿拉非遗汇"以来，到 2023 年已经连续举办了 9 届。"温故"非遗展，系宁波文化馆打造的非物质文化遗产系列展览品牌。

五是不断健全非遗保护队伍机构。2005 年，宁波在浙江省率先成立民间艺术研究中心（后改名为市非物质文化研究中心），同年 8 月，成立非遗保护专家委员会。2009 年，成立宁波市非遗保护中心。2011 年，市文广新局非物质文化遗产处挂牌成立，大部分区（市）县相继单独或挂牌成立了保护中心。2020 年，国家、省、市、县四级非遗名录保护体系全面建成，为非遗保护工作提供了强有力的组织保障。

第三，博物馆体系日臻成熟。

宁波市以宁波博物馆为龙头、依靠各行业部门举办的行业博物馆和依托国保单位（全国重点文物保护单位）开辟的专题性博物馆为两翼、各区（市）县综合馆、特色馆为骨干、民办博物馆为重要补充的博物馆体系已经完备并日臻成熟。截至 2022 年底，拥有各类博物馆百余家，包括综合性地志博物馆 4 家，专题性博物馆、纪念馆、陈列馆 42 家，其他行业馆、社区馆、生态馆 78 家。其中国家三级以上博物馆 13 个，省级以上非遗名录项目 96 个，数量和质量位居浙江省前列。

一是国有博物馆异军突起。宁波国有博物馆通过一系列提升工程的实施，在办馆水平、藏品研究、基础设施等方面均实现质的飞跃，成为国内一支异军突起的博物馆队伍。特别是市、区联办的宁波博物馆，坚持"大资源观、市民博物馆"的理念，已跻身国家一级博物馆，不仅与国内各大知名博物馆建立了良好的馆际合作关系，而且在展览策划、志愿者服务等方面深受市民的赞许和业界的认可，2014 年更获得全国最具创新力博物馆的称号。同样是市、区联办的中国港口博物馆于 2014 年建成开馆，这一"国字号"博物馆无疑为宁波博物馆事业的再次腾飞增添了强大力量。在 2022 年，具有重要历史文化价值的天一阁博物院南馆规划建设也正式启动。

　　二是民办博物馆欣欣向荣。宁波是国内民办博物馆发展较早、数量较多和影响较广的城市之一。2013年，宁波市民办博物馆协会正式成立，标志着宁波民办博物馆事业走向政府引导、行业自律、社会评价的新阶段。2014年《宁波市民办博物馆专项扶持资金管理办法（试行）》出台，进一步推动民办博物馆走上健康、有序、良性的发展轨道。到2020年，民办博物馆数量约占全市博物馆总数的30%，涉及历史文物、书画、家具、服装等10余个门类，填补了国有博物馆的空白，推动民间收藏从"独乐乐"走向"众乐乐"。

　　三是依托金融、水利、教育、医药、邮政、保险业等相关行业遗产开辟的行业博物馆，如宁波市教育局的教育博物馆、宁波市自然资源和规划局的城市展览新馆、宁波市海洋与渔业局的渔文化博物馆、宁波市水利局的水利博物馆等筹建实施，将凸显宁波在各行业发展史上的重要地位。

　　第四，水下考古工作领跑全国。

　　近年来，在中央和省、市政府部门的重视和支持下，宁波考古力量也由弱渐强、逐步壮大，考古成果从无到有、积少成多。特别是在水下考古与水下文化遗产保护方面，无论是在机构建设、人才培养还是业务发展方面，宁波都走在了全国前列，创造了多项行之有效的"宁波经验"。

　　一是宁波始终重视水下考古机构的建设与提升，拥有多项"全国第一"。继1998年原中国历史博物馆水下考古宁波工作站（2008年升格为中国国家博物馆水下考古宁波基地）首设以来，宁波在水下考古机构建设方面又相继创造了多项全国第一：2010年7月29日，国家水下文化遗产保护宁波基地正式成立。这是国家水下文化遗产保护中心（2012年正式定名国家文物局水下文化遗产保护中心）组建后的第一个国家水下文化遗产保护基地。2012年5月，国家水下文化遗产保护宁波基地象山工作站正式揭牌，这是我国第一个县级水下文化遗产保护工作站。2014年10月16日，国家水下文化遗产保护宁波基地正式落成开放,这是我国首个建成投用的国家水下文化遗产保护基地。

二是宁波市高度重视水下考古专业人才的培养与队伍建设。据统计,迄今国家共举办全国水下考古专业人员培训 5 期、水下文化遗产保护(考古)培训 2 期、国家水下考古专业人员专项技能强化培训 1 期、水下考古技术潜水培训 5 期、出水文物科技保护培训 3 期。除第一期水下考古培训班外,宁波派遣相关人员参加了其余全部培训,并先后承办了第二期全国水下考古专业人员培训班和首届国家水下文化遗产保护(考古)培训班。到 2022 年,宁波已拥有水下考古队员 10 名,以及水下考古教练 1 名、潜水长 1 名、技术潜水队员 5 名、出水文物科技保护人员 5 名,专业人才力量稳居全国前列。他们不仅承担着宁波乃至浙江水下文物调查、探测、发掘、保护、研究的重任,同时也频频出现在国内外重大水下考古的大舞台上。

三是创新开展首个浙江水下考古发掘项目,探索水下考古技术规程。"十二五"期间,宁波市创新开展并圆满完成了浙江省第一个水下考古发掘项目、国家水下文化遗产保护重点项目——宁波象山"小白礁 I 号"沉船考古。"小白礁 I 号"水下考古项目不仅因其"中西合璧"的船体构造和众多珍贵出水文物被社会关注,更因其先进的工作理念、科学的考古方法、创新的科技应用、超前的保护意识和多重的安全保障等为业界所称道,被誉为"我国水下考古的又一创新之作""我国水下考古走向水下文化遗产保护的又一重要标识",荣获中国考古学界最高奖项"田野考古奖"。

四是发掘与保护并重,保护与展示并举,树立我国水下文化遗产保护新标杆。在启动 2012 年度"小白礁 I 号"船载文物发掘前,宁波市同步编制了《水下考古发掘方案》和《现场文物保护方案》,并邀请水下考古、科技保护与古船研究等领域知名专家对方案进行分析、探讨、修改、完善。2013 年 5 月,因国家水下文化遗产保护宁波基地尚在工程建设中,考虑到发掘出水后的"小白礁 I 号"船体不能及时运送到宁波基地专用的沉船修复展示室内实施保护修复,报请国家文物局和水下文化遗产保护中心同意后，原定 2013 年度开展的船体发掘工作顺延至 2014 年度实施。2012 年 7 月船载文物发掘结束后至 2014 年 5 月船体发掘开始前，宁波市专门雇请当地岛民在北渔山日夜值班，守护"小白礁Ⅰ号"的安全，并借宁波市海洋与渔业局在岛上布设的监控预警设备，对"小白礁Ⅰ号"所在海域的异常情况实施实时观察。省、市两级海洋与文物执法部门还不定期地对"小白礁Ⅰ号"等水下文化遗存所在海域联合开展日常巡查。2014 年上半年，在完成保护设备、材料的招标采购之后，宁波市于 5 月正式启动"小白礁Ⅰ号"船体发掘与现场保护，并于 7 月将发掘出水后的船体构件全部运至已基本建设成形的宁波基地沉船修复展示室内，开展科技保护与修复，从而实现了发掘现场保护与室内保护修复的平稳过渡和无缝对接。2014 年 10 月 16 日，国家水下文化遗产保护宁波基地暨宁波中国港口博物馆正式建成投用，设于宁波基地内的"水下考古在中国"专题陈列同步对外开放，"小白礁Ⅰ号"出水文物与发掘场景亦在专题陈列中展出。宁波基地内专门开辟的沉船修复展示室既是"小白礁Ⅰ号"船体保护修复的工作场所，也是"水下考古在中国"专题陈列的特别展厅。

（五）文化宁波 2020

为继续巩固好、发展好、建设好宁波文化事业，中共宁波市委办公厅、宁波市人民政府办公厅印发了《"书香宁波 2020"建设计划》《"影视宁波 2020"建设计划》《"音乐宁波 2020"建设计划》《"创意宁波 2020"建设计划》的通知。建设"书香宁波""影视宁波""音乐宁波""创意宁波"作为"文化宁波 2020"建设的重要组成部分，是贯彻落实中央关于"兴文化"的内在要求，是推进文化强市建设、推动文化大发展大繁荣的具体举措。自该计划发表以来，宁波致力于建设更高质量的书香之城、影视之城、音乐之城、创意之城，并取得了显著成效。

第一，书香宁波建设。

2023 年 4 月，中共宁波市委宣传部、宁波市文化广电旅游局等主办了 2023 年全国阅读系列活动,5000 余项阅读推广活动在全城同步开展。《"书香宁波 2020"建设计划》以提高全市居民综合阅读率为基本目标,大力推进"书香之城"建设。2021 年,宁波已经基本实现了读书服务设施均衡完善,出版发行行业加快发展,读书品牌各具特色,主要阅读指标位于全省前列的目标。天一阁与故宫博物院形成了战略合作伙伴关系,古籍文献的数字出版工作加快推进。"全民阅读"覆盖城市每个角落,"书香地铁""书香公园""书香广场"等公共阅读服务平台已经实现普及化,宁波市、区县(市)两级新建"图书馆＋"空间 30 余个。宁波全市县级图书馆和乡镇(街道)图书馆对农家书屋、社区阅览室的图书流通量已经超过 100 万册次。移动、联通、电信等运营商参与"书香宁波"建设,数字化阅读模式已经开始启动运行。传统媒体端"书香宁波"品牌体系和新媒体端"书香宁波"线上品牌融合发展,提升了"书香宁波"的城市品牌形象,正在打造具有浙东特色的"书香之城"。

第二,影视宁波建设。

《"影视宁波 2020"建设计划》以满足人民日益增长的美好生活需要为出发点和落脚点,旨在提升宁波影视文化在影视拍摄、制作、出品、交易、消费等各环节的综合竞争力,做强产业链,做深价值链,不断增强宁波影视品牌的影响力,为文化宁波建设提供强有力支撑。宁波国家广告产业园、民和文化产业园、博地影秀城、启运 86 微电影产业园、爱博特影视产业园等各类特色影视产业园区不断做特做强。到 2019 年底,宁波已有 60 余家市级文创产业园区和市级培育园区。继 2018 年北京电影学院与宁波大红鹰学院共建北影影视艺术学院以来,北京电影学院与宁波财经学院合作共建北影影视艺术学院的计划也在加速推进,影视后期制作产业基地也在加速建成。象山影视城、民和文化产业园、博地影秀城等园区对影视出品企业的招引和培育也在不断加大,一大批有实力的影视制作机构逐渐落户宁波。此外宁波电影票房也快速增长,2023 年 4 至 5 月,宁波地区总票房 6820 万元增长454％,观影人次增长400％。

第三,音乐宁波建设。

宁波与音乐的渊源可以追溯至7000年前,彼时,中国最古老的乐器——埙,在河姆渡吹出了第一声美妙的音乐。近现代以来,宁波又诞生了60余位音乐大家,创下中国音乐史上近60项"第一"。可以说,从古至今,宁波人在音乐之路上从未止步。城市的持续繁荣,需要文化品质的不断提升。延续音乐基因,打造"音乐之城",成为近年来宁波发展的重要抓手。2016年,宁波对标世界音乐文化名城,正式启动"音乐之城"建设;2019年,《"文化宁波2020"建设计划》发布,"音乐宁波"篇位列其中;2020年,宁波市政府工作报告中提出推进"音乐宁波"建设;2021年4月,音乐"宁波帮"研究中心成立,为打造"音乐之城"凝聚人才合力。宁波音乐港核心区以宁波大剧院为中心,绿岛公园、姚江花博园为关键节点,北岸星街坊为重要支撑,有机串联姚江大闸港湾、沿姚江公园等。宁波音乐港规划设计逐步完善,绿岛音乐公园、"乐巢"、"乐坊"、市民音乐休闲公园等一批重点项目已经基本建成。同时,依托相关园区,在现有音乐制造产业基础上,重点在北仑、鄞州、余姚、江北、奉化等区县(市),发展打造一批不同类型、各具特色的音乐制造产业园区。

第四,创意宁波建设。

《"创意宁波2020"建设计划》以改革开放和科技创新为动力,加快提升文化创意和设计服务水平,聚焦中小微企业培育,聚焦龙头企业做大做强,聚焦创意设计人才培养,聚焦产业融合发展,推进文化创意和设计服务更好地服务于经济结构优化和产业结构转型升级,为推进"六争攻坚"、建设"名城名都"做出更大的贡献。宁波市专业园区公共服务、技术支持、孵化创新、金融投资、交易展示、资源整合等功能建设正在加速推进,创新创业服务体系不断完善,产业集聚优势明显。现有创意设计产业扶持政策越来越普及化、便民化,不同区域、行业之间的政策壁垒被打破,本土创意设计产业快速发展。围绕广告设计、工业设计、动漫及游戏设计、风景园林工程专项设计、室内装饰设计、房屋建筑工程设计等重点领域,举办了具有影响力的创意设计赛事、论坛、展会等重大活动。

二、实现全国文明城市"六连冠",十三次获评"中国最具幸福感城市"

全国文明城市,简称文明城市,是指市民整体素质和城市文明程度较高的城市,是由中央文明委命名表彰、全面评价一座城市的最高荣誉,也是反映城市整体发展水平含金量最高、影响力最大的城市品牌。党的十八大以来,全国各地坚持以习近平新时代中国特色社会主义思想为指导,深入学习贯彻习近平总书记关于加强社会主义精神文明建设的重要指示精神,增强"四个意识",坚定"四个自信",做到"两个维护",大力培育和践行社会主义核心价值观。着力培养担当民族复兴大任的时代新人,着力弘扬共筑美好生活梦想的时代新风,不断提升市民文明素质、城市文明程度、城市文化品位、群众生活质量,不断提高城市治理能力和治理水平,努力建设崇德向善、文化厚重、和谐宜居、人民满意的文明城市,涌现出一批工作基础扎实、创建成效突出、群众满意认可、在全国具有示范作用的先进典型。

(一)宁波——全国文明城市"六连冠"

2005 年 10 月,宁波首次从 116 个参评城市中胜出,被命名为全国首批文明城市,文明城市创建工作从此翻开了新的一页。2009 年 1 月,宁波在通过全国文明城市复查后,成功蝉联"全国文明城市",这一殊荣是对宁波经济、政治、文化和社会建设取得丰硕成果的综合肯定。2011 年 12 月,面对更高标准、更严要求,宁波收获"三连冠",借着这股东风,宁波的文明城市创建工作逐渐常态化。2015 年 2 月,宁波再次通过了全国文明城市复查,实现了全国文明城市"四连冠",在当时,宁波成为全国仅有的 6 个夺得"四连冠"的城市之一。2017 年 11 月 14

日，全国文明城市"五连冠"，宁波再次做到了。2020 年 11 月 10 日，宁波又一次令我们惊叹，成了全国文明城市"六连冠"获得者，实现全国文明城市"六连冠"目标。这离不开宁波市委、市政府的正确领导。为了保持和弘扬好文明城市的精神理念，在"八八战略"的指引下，宁波将继续向着"全域化高水平"的文明城市创建目标全力迈进。

第一，推动制度创新，构建现代志愿服务体系。

志愿服务是现代社会文明程度的重要标志，是开展大规模道德实践活动的最佳平台，是新形势下推进精神文明建设的有效途径。宁波市按照岗位化、专业化、社会化、网络化的要求，大力推进"一个平台、两项制度、三大支撑"①建设，着力构建由市志工委统一领导，由市志愿者协会、志愿服务网络管理系统、志愿者学院、志愿服务基金会、81890志愿服务中心组成的"1＋5"志愿服务工作体系。截至 2020 年末，全市慈善机构累计募集善款已达 87.6 亿元，累计救助支出 71.2 亿元，受助 493 万人次。2022 年，宁波建设的"人人慈善标杆区"，新增慈善信托 3629.9 万元，位居全省第一。2022 年，宁波开展"慈善空间"创设工作。

第二，强化保障，提升法治化水平。

法治是衡量一个城市文明程度的重要标杆，也是推动精神文明创建可持续发展的内在要求。2016 年下半年，宁波市启动实施了《宁波市文明行为促进条例》（以下简称《条例》）立法工作，该《条例》经 2017年 3 月市十四届人大常委会第三十八次会议审议通过，于当年 7 月 1日正式实施。这是宁波以法治思维推进文明城市创建的具体体现，是文明城市创建法治化水平的重要标志。《条例》对倡导的文明行为、禁止的不文明行为做出了详细规定，并明确了实施不文明行为该承担的法律责任，以法规的"硬约束"来提升市民的文明素养。《条例》的施

---

① "一个平台"指"宁波 We 志愿"服务平台，"两项制度"指注册登记制度和时间记录制度，"三大支撑"指组织支撑、制度支撑和政策支撑。

行,使得道德行为上升到了法律层面,违反《条例》规定实施不文明行为的将承担法律责任。贯彻实施《宁波市文明行为促进条例》是宁波市打造"东方文明之都"的现实需要,是深化文明城市创建的题中之义,也是提高市民文明素养的内在要求。2023年,浙江省十四届人大常委会第三次会议批准通过了《宁波市人大常委会关于修改〈宁波市文明行为促进条例〉的决定》增加了"行人通过路口不浏览手持电子设备"等新规定,宁波应坚持依法治国和以德治国相结合,把社会主义核心价值观融入法治建设、融入社会发展、融入日常生活。

第三,全域推进,提升城乡一体化创建水平。

一座高度文明的城市,应该是城乡文明一体发展的城市。宁波市始终坚持把推进城乡精神文明建设一体化发展置于城乡一体化建设的全局中。近年来,宁波市顺应农村精神文明建设内在规律,以农村道路为纽带,将道路两旁地域相邻、文化相近、生态相似、经济相融的村镇串点成线,实施区域化推进、分众化打造,着力建设环境洁美、生态优美、生活甜美、乡风和美的文明示范线,实现农村精神文明建设由"盆景"向"风景"转变,积极助推乡村振兴战略实施。到2020年,全市已推出"五彩四明""斑斓海岸""绚丽浙东"三种类型农村文明示范线55条,带动70个乡镇(街道)、342个村"五个文明"更好更快发展,广大群众的获得感、幸福感明显增强。2022年,宁波打造了跨县域美丽乡村风景线4条、省级未来乡村38个、艺术赋能村50个。

第四,由点及面,夯实文明创建基层基础。

近年来,宁波市始终坚持以人民为中心的发展思想,在文明城市建设中持续发力,从点到面,不断推动和夯实文明城市建设基础。以就业保障、基本医疗、养老保险、最低生活保障等为例,2022年,在就业保障方面,宁波深入实施"甬上乐业"行动,建成"灵活就业在线"平台,城镇新增就业24万人;在基本医疗和养老保险方面,落实企业职工基本养老保险全国统筹,城乡居民基本养老保险基础金标准全省第一,基本医保实现市级统筹,城乡居民医保覆盖面扩大到非本市户籍人员，长期护理保险全面覆盖基本医保参保人员，升级"天一甬宁保"惠民型商业补充保险；在最低生活保障方面，制定"扩中提低"行动方案，建立"全面覆盖＋精准画像"数据库，实施九大重点群体激励计划，低保标准、特困供养标准、孤困儿童平均保障标准、临时救助力度均居全省第一，低收入农户人均可支配收入增长 15.1％。同时，新增保障性租赁住房 7.3 万套（间），首个共有产权住房项目开工建设。

第五，培育典型，营造崇德向善良好氛围。

宁波市深入开展新时代公民道德建设，贯彻落实《宁波市新时代公民道德建设实施细则》，培育选树道德典型，进一步擦亮"爱心宁波·尚德甬城"城市品牌，营造崇德向善良好氛围。统计显示，2021年宁波市 2 人获评第 8 届全国道德模范，4 人获评第 7 届浙江省道德模范，入选人数均为全省第一、历届之最。截至 2022 年底，全市已获评全国道德模范及提名奖 12 人、省级道德模范 21 人、市级道德模范142 人，中国好人 116 人、浙江好人 321 人、宁波好人 1248 人。2023年，宁波市文明办和市文联推出了 2023 年宁波"道德模范故事汇"。

（二）慈善成为重要的城市文化品牌

宁波是一座充满大爱的城市，乐善好施是宁波人的优良传统。自1998 年开始，宁波每年开展"慈善一日捐"活动，同时通过多种途径加大善款募集力度。众多爱心企业、爱心人士热心公益，为慈善助力第三次分配提供了充足的资金"活水"，涌现出了"支教奶奶"周秀芳等一批具有全国、全省影响力的慈善典型，宁波三次蝉联"七星级慈善城市"称号。宁波的慈善事业呈现出以下特征。

第一，募集社会化。

形成"慈善一日捐""冠名慈善基金""千村慈善帮扶基金"等系列品牌。发端于 1999 年的"慈善一日捐"活动，是广大市民奉献爱心的一个好平台，是善款募集的一种长效机制。爱心人士"顺其自然"从1999 年开始隐名捐款，共向市慈善总会捐款超过 1000 万元。除了向市慈善总会捐款外,"顺其自然"还向不同的困难群体捐款。爱心人士连续 20 多年向宁波市慈善总会捐款,早已成为爱心宁波的"金名片"。在他(她)们的影响下,宁波市涌现出了以"顺其自然"为代表的"月月捐""经常捐"等隐名爱心群体。隐名捐款在宁波成为一种风尚,形成了一个特殊的爱心群体,捐款总额超过 5000 万元。"千村慈善帮扶基金"慈善项目 2011 年获得了我国公益慈善领域中的最高政府奖"中华慈善奖"。此外,慈善事业也在不断拥抱"数字化"。在"慈善一日捐"活动中,宁波市慈善总会第一时间开通了"浙政钉"线上咨询平台,动员各单位通过互联网"一起捐"的方式捐款,让慈善捐赠"一次都不跑";依托自行开发的"甬行善"网络捐步平台和腾讯公益捐步平台,慈善总会 2021 年全年开展捐步项目 18 个,近 20 万人次参与活动,累计兑换公益金 206 万元;市慈善总会还联合有关单位共同开发宁波慈善组织电子捐赠票据管理平台,已累计开出电子捐赠票据1.8 万张。

第二,救助项目化。

宁波市慈善救助方式由一般救助向以项目救助为主转变,精心打造了"彩虹助学""慈惠助医""慈爱助残""阳光敬老""双百帮扶""义工服务""爱心超市""慈善实体""心系公益""情暖万家"等十大品牌项目。在"慈善情暖万家"活动中,2021 年全市共安排善款 5072.7 万元,惠及困难家庭 76552 户;助学方面,"彩虹助学"活动向 200 名家庭困难的大学生发放助学金 60 万元,"关爱近视学生"项目支出善款 25.3万元,1100 名学子受益;助医方面,全年救助重大病患者 170 人,支出368.8 万元;白内障患者复明活动支出 485.9 万元,1981 人受益;血友病患者项目支出 351.7 万元,受助者 1239 人;向困难白血病、恶性肿瘤患者发放药物,合计 2645 人次,价值 3233 万元。在应急救助方面,针对台风"烟花"带来的损失,2021 年市慈善总会安排 250 万元用于慈善产业帮扶基地的修缮与重建,帮扶 2362 户受灾困难群众,支出善款708.6 万元,补充帮扶 69924 户受灾居民家庭,支出 4091 万元。此外,为河南水灾募集的款物 4000 多万元,为镇海疫情募集资金 108.82 万元、物资 20 批次,均及时足额支出。

第三,工作制度化。

2011 年,宁波出台并实施了《宁波市慈善事业促进条例》(以下简称《条例》)。作为全国第二部、浙江省第一部慈善地方性法规,《条例》对慈善活动、慈善组织、慈善服务等概念做了较为明确的界定。此后宁波又相继建立完善了《关于公益类社会组织直接登记的若干意见》《关于进一步规范慈善募捐行为的意见》等一系列相关配套制度。

第四,慈善创新助推共同富裕。

用好慈善资金是助力第三次分配的关键所在,宁波市慈善事业充分发挥在第三次分配中的作用,助力改善收入和财富分配格局,推动共同富裕。从传统的助医、助学、助困到慰问救济,从事后救助的福利层面到预防、干预和求助相结合的保护层面,从"千村帮扶基金"到基层慈善"四大工程"建设……近年来,宁波市不断拓展慈善项目的广度,加大慈善救助的力度。在精准开展扶困、助学、助残等慈善救助的同时,广泛汇聚全社会爱心资源,着力构建"资金+物质+服务+赋能"的立体帮扶模式,成功推动慈善事业从单一资金、物质"输血"模式向构建资源平台、赋能弱势群体的"造血"模式转变。全市慈善总会系统采取"基地+项目+农户"的模式,建立产业帮扶基地,对农户进行"造血型"帮扶,取得显著成效。到 2020 年,全市两级慈善总会共建立 73 家基地,累计投入资金 4874.75 万元,共帮扶 6673 户次。该项目于 2020 年被中华慈善总会评为首届"中华慈善品牌"项目。

(三)现代公共文化服务体系日益健全

宁波的公共文化服务多项指标走在同类城市前列,有 10 个区(市)县是浙江省的文化先进县,其中有 6 个被授予"全国文化先进县"称号。鄞州区成为首批国家公共文化服务体系示范区,慈溪市和镇海区成为浙江省公共文化服务体系示范区。

第一,公共文化服务体系基本建成。

近年来,宁波高度重视公共文化建设,大批公共文化设施建成投用,不断创新公共文化服务管理运行机制,普惠均等的现代公共文化服务体系初步建成。早在 2019 年 10 月,宁波所有区县(市)就已率先通过省文化和旅游厅的基本公共文化服务标准认定,在全省名列前茅。2020 年,为推广宁波"一人一艺"全民艺术普及的经验做法,促进全国文化馆单位转型升级,中国文化馆协会在宁波正式授牌设立"全民艺术普及示范推广中心"。在全国率先开启"一人一艺"全民艺术普及的探索与实践,先后举办各类线下线上活动。2022 年 1 月,文化和旅游部公布了《第五次全国文化馆评估定级上等级文化馆名单》,在这场 5 年一届的大考中,宁波 11 家文化馆再度全部获评国家一级文化馆。

第二,城市标志性公共文化设施不断涌现。

2000 年,宁波提出了建设"文化大市"的目标,把建设宁波大剧院、宁波音乐厅、宁波博物馆、宁波美术馆、时代文化广场、宁波游泳健身中心、市群众艺术中心和高教园区图书信息中心八大标志性文化设施项目列入"十五"发展规划之中,并投入数百亿元建设"三江百里文化长廊",这是中华人民共和国成立以来宁波市最大的文化事业投入。到 2005 年末,宁波大剧院、宁波音乐厅、宁波美术馆、宁波游泳健身中心和高教园区图书信息中心相继建成并投入使用。"十一五"期间,宁波投入 45 亿元用于公共文化设施建设,建成宁波书城、宁波博物馆、宁波帮博物馆等一批重点文化设施。2013 年,总投资 30 亿元的全市最大的文化设施项目——宁波文化广场投入使用。宁波图书馆东部新城分馆于 2018 年 9 月 26 日试营业。此外,在 2022 年,宁波又新增加了乡村博物馆 46 家、城市书房 20 家,城市公共文化设施进一步完善。2023 年,宁波市将建设乡村博物馆 32 家。

第三,"城市 15 分钟、农村 30 分钟"文化圈基本形成。

宁波市基层文化设施的投入与建设早在 20 世纪 80 年代就开始

了。20世纪90年代，以创建省市"东海明珠"为主抓手，宁波的基层文化设施建设不断加强。21世纪初，宁波市率先在全国提出"人人参与文化、人人建设文化、人人享受文化"的理念，着力构建"15分钟文化活动圈"。截至2016年，宁波已有国家一级文化馆12个、国家一级图书馆11个，所有乡镇（街道）均有综合文化站，基层文化宫覆盖率达100％，"城市15分钟文化活动圈"和"农村30分钟文化服务圈"基本形成。率先在全国探索公共文化场馆免费开放服务，截至2011年底，全市所有图书馆、美术馆、文化馆（站）和综合博物馆均实现了"零门槛"开放。广播电视台实现村村通、农家书屋实现村村全覆盖。

第四，文化礼堂建设成绩斐然。

围绕"文化地标、精神家园"8个字，宁波市注重挖掘和整合资源，丰富道德建设举措，挖掘乡土文化载体，满足农民群众的精神文化需求，大力推进农村文化礼堂可持续发展，打造魅力乡村。从2013年宁波启动建设以来，集中组织开展各类文化文艺活动约4.95万场，累计参与群众达615万人次。截至2020年底，宁波市累计建成农村文化礼堂2237家，提前实现应建村农村文化礼堂全覆盖。2022年，63家文化礼堂获评全省五星级农村文化礼堂，12个乡镇获评省级文化礼堂建设示范乡镇，数量均位居全省首位。文化礼堂成了每个村的"文化地标"。

（四）公共文化活动广泛开展

大力发展公共文化活动，是建立健全公共文化服务体系的重要内容，是满足人民群众多样化、多层次、多方面精神文化需求的重要途径。宁波市依托日益完备的公共文化设施，市、县（市）区、乡镇（街道）三级实现了公共文化"大活动"年年有、"中活动"月月有、"小活动"天天有，构建起公共文化活动常态化机制。形成"天然舞台"、"天天演"文化惠民工程、"阿拉音乐节"、"一人一艺"全民艺术普及工程等一系列富有特色的文化活动品牌。

第一,积极开展基本公共文化活动。

一是在长期的探索和实践中形成"我们的节日""百姓大舞台""天一讲堂""群星课堂""群星展厅""群星舞台""天然舞台""阿拉音乐节"等一批常设活动载体,以此为平台开展群众喜闻乐见的公共文化活动。二是大力实施"送文化活动进基层"计划,推动公共文化活动进社区、进乡村、进企业,以点对点、面对面的方式开展公共文化活动。三是深入实施文化惠民工程。全市各级政府每年投入亿元资金,通过"万场电影千场戏""天天演""农家书屋"等文化惠民工程,采用政府购买、市场运作、群众点单的方式"送文化下乡",每年"送文化下乡"超过5000 场次,"送电影下乡"25000 多场次,"送戏下乡"6000 多场次,确保达到"一村一月一场电影,一村一年一场戏"的标准。

第二,大力开展特色公共文化活动。

一是结合地方特色,打造了中国(象山)开渔节、中国(宁海)徐霞客开游节、奉化弥勒文化节、北仑港口文化节、中华孝慈文化节、"阿拉音乐节"、"阿拉非遗汇"等一批富有区域特色和品牌价值的节庆文化活动。一些活动已经在全国拥有较大的影响力和知名度,如中国(象山)开渔节,先后荣膺"中国十大最具潜力节庆""改革开放 30 周年 30强节庆""中国十大品牌节庆"等众多荣誉,在丰富市民文化生活的同时,成为宁波对外宣传和展示形象的一个平台。二是围绕历史传承,开展民俗文化活动。宁波市文化馆整合全市资源,在春节、清明、端午、中秋开展大型主题公共文化活动。各区(市)县也立足本地实际,自选题材,打造出一批深受民众欢迎的精品民俗文化活动,如宁海深甽的"十月半",鄞州鄞江的"十月十"庙会,鄞州咸祥的"八月半渔棉会"和塘溪的"稻花会",象山的"三月三踏沙滩"活动等。

第三,积极开展专项公共文化活动。

2014 年开始,宁波每年举办为期 3 个月的市民文化艺术节,2017年,第 4 届市民文化艺术节活动逾 200 项,极大丰富了市民生活,提升了市民的文化获得感。2018 年 11 月 16 日,世界"宁波帮·帮宁波"发展大会在宁波隆重举行，700 多位来自 25 个国家和地区的"宁波帮"和"帮宁波"人士齐聚甬城，共叙乡情友谊，同话美好未来。2019 年，第 12 届宁波网络文化节成功举办。2023 年，为喜迎亚运会，宁波推出"一人一艺杯"宁波市广场舞展演。

在巩固好、发展好精神文明建设成果的基础上，继续按照民生实事"群众提、大家定、政府办"的理念，认真办好 10 个方面的民生实事。宁波努力解决群众车辆年检烦心事、努力缓解交通拥堵和特殊群体出行难、努力让群众吃得更放心、努力让养老服务更方便、努力加强残疾人救助康复工作、努力提升水库山塘和干堤安全水平、努力增强基层医疗和公共卫生服务能力、努力打造城市社区"10 分钟健身圈"、努力缓解"入园难""入好学难"、努力让农村出行更方便更安全。

文明城市创建只有起点、没有终点，只有更高、没有最高，创建永远在路上。宁波应以"六连冠"为契机，继续推动群众性精神文明创建活动不断迈上新台阶，努力打造"东方文明之都"，让文明硕果惠及千家万户，让文明之花在甬城更加绚丽多姿。

三、以浙东传统文化涵养社会主义核心价值观，推动诚信宁波建设

2006 年 10 月党的十六届六中全会通过的《中共中央关于构建社会主义和谐社会若干重大问题的决定》，第一次明确提出了"建设社会主义核心价值体系"这个重大命题和战略任务。2013 年 12 月 23 日，中共中央办公厅印发的《关于培育和践行社会主义核心价值观的意见》进一步提出培育和践行社会主义核心价值观。党的十八大再次强调，要积极培育和践行社会主义核心价值观。社会主义核心价值观包括 3 个层面：富强、民主、文明、和谐是国家层面的价值目标；自由、平等、公正、法治是社会层面的价值取向；爱国、敬业、诚信、友善是公民个人层面的价值准则。这 24 个字是社会主义核心价值观的基本内

容。社会主义核心价值观是中国特色社会主义核心价值体系的高度凝练和集中表达,它的形成、发展、成熟离不开对中华优秀传统文化的继承和发展。浙东人文资源丰富,悠久的历史和独特的自然环境造就了浙东优秀文化传统,具有鲜明的革命色彩和独特的地域性。

(一)浙东传统文化对社会主义核心价值观的涵养

"爱国、敬业、诚信、友善"既是社会主义核心价值观中公民层面的价值目标,也是对浙东传统文化基本特征的高度概括。在对浙东传统文化进行研究分析的过程中,可以看到,当前我们全力倡导的"爱国、敬业、诚信、友善"的个人价值理念,渗透着浙东传统文化中的爱国精神、勤政守职、诚实守信等基本内容。中华优秀传统文化是我们民族的根与魂。中国人历来崇尚气节、崇尚严谨、崇尚务实,讲良知、守信用,"严"和"实"是中华民族传统美德的基本内容,是传承民族品性、倡导社会新风、培育和践行社会主义核心价值观的重要内容。而"崇尚气节、崇尚严谨、崇尚务实,讲良知、守信用",正是浙东传统文化的基本内核,在浙东传统文化和"宁波帮"文化中均有体现。明代思想家王阳明根据自身的从政经历和生活经验创立了以"致良知"和"知行合一"为宗旨的心学学说。王阳明的心学就是为了教人"讲良知、守信用",恪守"严"和"实"的美德,王阳明也被后人推崇为"立德、立功、立言"的楷模思想家。此外,黄宗羲、王充、陈亮等浙东学派思想家的理论观点也包含着诚实守信、讲求实效的内涵,这些都充分体现了浙东传统文化在新的时代条件下对社会主义核心价值观的涵养和促进。

(二)切实推进诚信宁波建设

社会主义核心价值观中,公民层面的价值目标一个很重要的要求就是诚信,诚信是对公民道德行为的最基本评判。诚信是立人之本,是道德之基,体现在公民生活的方方面面,是社会生活必不可少的条件和因素。在对"宁波帮"文化进行研究时,可以看出宁波人自古以来就讲诚信，重承诺，一切商业活动的开展都是基于诚信，这不仅是"宁波帮"能够走遍世界的重要原因，而且是浙江经济社会长足发展的基本要素。

乾嘉年间的孙绪燮经营的孙春阳南货铺，坚持诚信准则，诚不欺客。近代"宁波帮"兴办实业，讲求信誉，注重质量、品牌，价格公道。慈溪乐氏经营的北京同仁堂 300 余年来长盛不衰，精品名药蜚声海内外，最根本的原因就是讲诚信，注重质量第一。宁波商人的优秀经商传统能够经久不衰、代代传承，显然不是仅仅出于商业目的，恰恰正是千百年来宁波人诚实守信、敬业友善、踏实肯干的精神体现。诚信与爱国、敬业、友善密不可分，只有在相互贯通中诚信才能实现。不爱国、不敬业、不友善，"老少无欺、货真价实"的诚信自然也就无法坚持下来。

需要明确的是，要继续发挥浙东传统文化的时代价值，推动诚信宁波建设，还要结合时代要求和群众需求对浙东传统文化的"合理内核"进行创造性转化和创新性发展，赋予其新的时代内涵。

一方面，在价值的根本取向上实现转换。浙东传统文化中的"爱国、友善、勤政、诚信"等丰富内涵，为社会主义核心价值观中公民道德培育提供了丰富的思想资源和历史支撑。但是特定历史时期的文化传统都是特定历史时代的产物，浙东传统文化是在特定历史时期形成的，在阶级社会中，社会价值观是为统治阶级的利益服务的，以统治阶级价值观为核心；在当今消灭了阶级压迫和阶级剥削的社会中，社会价值观要为广大人民群众的利益服务，以人民群众的根本价值观为核心取向，这也是价值取向的根本标准，从以统治阶级少数人的利益为根据，转变为以全社会的基本利益为依据。例如，阳明心学中所谓"知善知恶是良知"的观念，就要从王阳明原来的以维护明王朝最高利益为功的标准，转换成以"百姓日用之道"为最高准则的标准上来。这个转换中形成的浙东传统文化千百年来所秉承的价值观念，不仅在当时的社会生活中具有积极的作用，而且在当今依然能发挥其价值引领的功能,起到促进民族文化认同、整合价值观念、构建精神家园的作用,从而成为培育社会主义核心价值观的有力支撑。另一方面,浙东传统文化价值观的现代转换还要汲取时代精神。浙东文化形成于封建社会,封建君主专制制度弊端导致"爱国""亲民""友善""守信"等各个层面的价值观既难以实践,也无法实现。因此我们必须根据现代社会发展需要和人民群众需求实现进一步转换。例如,从"诚信"这个要求来讲,要把"诚信"作为现代社会文明之基,不仅要弘扬浙东文化传统价值观中的"诚信"的价值观念,更要推进以个人为基础、企业为重点、政府为关键的现代信用建设,在全社会树立个人无信不立、企业无信不旺、政府无信不威的观念。要把"诚信"作为企业发展之道、政府公正公信之源,使现代诚信意识深入人心。只有对浙东学术的基本内核进行时代转换,赋予它新的文化价值,才能使浙东学术精神与时代精神相统一,历史与现实相衔接,才能为当代人民所接受、所认同,使之成为当代人民干在实处、走在前列、实现中国梦的强大精神动力。

在新的时代条件下,要继续挖掘浙东优秀传统文化精髓,在社会主义核心价值观引领下,实现浙东传统文化的时代转换和现实转换,将诚信精神深刻融入文明城市建设,弘扬诚信文化,健全诚信建设长效机制,打造诚信宁波。

第三节　砥砺奋进,推动社会主义文化大发展大繁荣

文化是软实力,提高国家文化软实力是建设文化强国的硬任务。党的十九届五中全会着眼于战略全局,对"十四五"时期我国文化建设工作做出明确部署,提出到 2035 年要建成社会主义文化强国,并以"繁荣发展文化事业和文化产业,提高国家文化软实力"为主题,对我国全面推进文化强国建设进行系统安排和部署。这也是以习近平同志为核心的党中央基于历史和现实、着眼全局和长远作出的战略决

策，标志着我党对文化建设的重要地位及其规律认识的进一步深化。同时也标志着我国文化建设在"两个一百年"奋斗目标的持续推进中迈入了一个新的历史阶段。宁波市委、市政府积极响应党中央的号召，认真贯彻落实习近平总书记关于文化建设的重要精神，积累了丰富的经验。

一、为新时代繁荣社会主义文化事业积累了基层经验

宁波文化事业经过 40 多年的发展取得了光辉成绩，根本原因在于牢牢把握文化发展的正确方向，遵循文化发展的基本规律，坚持以问题为导向、以改革为动力、以创新为手段，认真贯彻落实党中央和省委对宁波文化事业建设的各项要求。其经验和启示大致可以概括为以下几个方面。

（一）强化政策支持

第一，强化组织领导。宁波从我国文化建设的全局和战略高度出发，切实把文化改革发展摆在全局工作的重要位置，纳入重要议事日程，纳入经济社会发展总体规划，纳入评价地区发展水平、发展质量和领导干部工作实绩的重要内容。坚持和完善"党委统一领导、政府组织实施、宣传部门协调指导、行政主管部门具体落实、有关部门密切配合"的领导体制和工作机制，形成推进文化发展的工作合力。

第二，强化项目支撑。积极实施项目带动战略，以实施宁波市文化发展"1235"工程为抓手，推进一批大平台、大项目建设。建立健全重大项目推进机制，科学编制年度文化项目建设计划，分解落实任务目标。建立健全相关制度，完善项目生成培育机制，实行项目动态管理。

第三，强化机制保障。创新规划的实施机制，综合运用经济、行政等手段，将规划落实到年度计划和财政预算之中，确保文化发展规划各项目标的实现。对规划中确定的约束性指标，要纳入经济社会发展

综合评价和绩效考核体系，提高规划的权威性和实施的强制力与约束力。

（二）加大资金投入

第一，在文化经济政策上，加大对文化企业发展的支持和扶持力度。鼓励运用现代科技手段改造传统文化产业，把文化科技研发纳入全市科技创新体系，制定文化产业支撑技术的类别和范围。鼓励和支持文化企业参与发展总部经济，推动文化企业做大做强。对重点文化产业园区（区块）、文化创意街区和重点文化企业采取"一园（企）一策"政策，促进文化产业集群化发展。

第二，在金融支持政策方面，加大对文化产业的信贷支持力度。针对文化企业特点，创新贷款融资模式、信贷产品和服务方式，扩大信贷投放规模，并在国家允许的贷款利率浮动幅度范围内给予文化企业一定的利率优惠。支持符合条件的文化企业上市融资和通过债券市场融资，积极开展优质民营文化企业的上市辅导和推荐工作，支持一批具有自主创新能力、发展前景好的民营文化企业在主板或创业板上市融资。

第三，在文化贸易政策上，采取贷款贴息、项目支持、活动奖励、保费补助等方式，支持文化企业海外投资、投标、收购、营销、参展和宣传等市场开拓活动。依法完善对文化企业的出境出口审批政策，减少出境出口审批程序。依法放宽与外方合作生产文化产品的审查程序和标准。加强文化企业和文化产品在进出口环节的知识产权保护，维护权利人的合法权益。实行版权行政执法和司法保护的有效衔接，严厉打击各类侵权盗版行为，增强全社会的版权保护意识。

（三）加强文化领军人才培养

大力培育文化领军人才，切实加强基层文化人才队伍建设，努力营造人才成长良好环境，着力加强文化人才队伍建设。《宁波市中长期人才发展规划纲要》（2010—2020年）也指出，人才是强市之基、竞争之本、转型之要、活力之源。当今时代，在经济全球化和新科技革命推动下，经济发展模式正在发生深刻变化，人才竞争已成为综合实力竞争的核心和关键。

然而，宁波人才发展的总体水平还不能完全适应经济社会发展需求，与国内先进城市相比还存在一定差距：领军和拔尖人才严重不足、紧缺专业人才比较匮乏、人才结构和布局不尽合理、人才发展体制机制障碍尚未消除、人才资源开发投入相对不足、人才创新创业环境有待改善等。要实现"文化大市"向"文化强市"跨越，必须强化人才是第一资源的观念，重视文化人才的引进、培养和成长，营造良好的文化人才发展环境，优化文化人才资源配置，促进文化人才集聚。通过多层次、多渠道培养、引进高层次文化人才，完善人才激励机制，加强基层文化队伍建设等措施不断提升宁波文化领军人才培养水平。

二、为弘扬社会主义核心价值观，提升社会文明程度积累了宁波经验

习近平同志在二十大开幕式中提到："社会主义核心价值观是凝聚人心、汇聚民力的强大力量。"①文明城市建设是对一座城市政治、经济、社会、生态、人文等领域的综合性治理活动，社会主义核心价值观与文明城市建设是理论与实践的关系，社会主义核心价值观为文明城市建设指明了方向，文明城市建设是培育与践行社会主义核心价值观的体现。坚持用社会主义核心价值观引领文明城市建设，以培养担当民族复兴大任的时代新人为着眼点，通过强化教育引导、实践养成、制度保障，把社会主义核心价值观贯穿融入各项工作，塑造城市之魂，培育城市之德，使社会主义核心价值观成为全体市民的思想和行为自觉，使文明城市成为市民文明有礼、人际关系和谐、公共秩序井然、社

---

① 习近平：《高举中国特色社会主义伟大旗帜　为全面建设社会主义现代化国家而团结奋斗——在中国共产党第二十次全国代表大会上的报告》，人民出版社 2022 年版，第 45 页。

会风尚良好的标杆。

（一）自觉坚持以社会主义核心价值观为引领

人需要精神引领，社会需要价值导航。对一个国家、一个公民来说，社会主义核心价值观就是精神支柱、行动指南。弘扬社会主义核心价值观，离不开先进典型示范引领。2006 年 7 月 20 日、7 月 26 日，习近平同志在浙江工作期间在浙江日报《之江新语》专栏连续刊发了两篇文章《要善于抓典型》《要善于学典型》，并指出："榜样的力量是无穷的。善于抓典型，让典型引路和发挥示范作用，历来是我们党重要的工作方法。实践证明，抓什么样的典型，就能体现什么样的导向，就会收到什么样的效果。"①

社会主义核心价值观是当代中国精神的集中体现，是凝聚中国力量的思想道德基础，是社会主义先进文化的灵魂和精髓。党的十九届五中全会审议通过的《中共中央关于制定国民经济和社会发展第十四个五年规划和二〇三五年远景目标的建议》（以下简称《建议》），不仅提出"十四五"时期"社会主义核心价值观深入人心"的目标任务，也明确了"坚持以社会主义核心价值观引领文化建设"的要求。在繁荣发展中国特色社会主义文化的进程中，要将培育和弘扬社会主义核心价值观作为重要战略任务，强化教育引导，注重实践养成，完善制度保障，将其融会贯通于国民教育、精神文明建设、精神文化产品创作生产传播全过程，以之为文化的发展凝魂定向，为全民族的团结奋进凝聚共识。无论是文化事业还是文化产业，都要坚持这一价值引领，坚持文以载道、弘道兴文，繁荣有理想的文化事业、壮大有灵魂的文化产业。

自觉坚持以社会主义核心价值观为引领，就要通过各类文化载体，加强党史、新中国史、改革开放史、社会主义发展史教育，加强爱国

---

① 习近平：《之江新语》，浙江人民出版社 2007 年版，第 212 页。

主义、集体主义、社会主义教育，弘扬党和人民在各个历史时期奋斗中形成的伟大精神，涵养价值共识，推动形成适应新时代要求的思想观念、精神面貌、文明风尚、行为规范。广大文化工作者要把培育和弘扬社会主义核心价值观作为根本任务，创作属于这个时代、具有鲜明中国风格的优秀作品。各类文化企业要把握好意识形态属性和产业属性、社会效益和经济效益的关系，坚持正确导向，反映中国人民审美追求，维护国家文化安全和社会公共利益，维护社会公序良俗，积极履行社会责任和道德责任，创作生产更多健康向上、品质优良的文化产品，更好构筑中国精神、中国价值、中国力量。

（二）项目化推进社会主义核心价值观落地生根

为推动社会主义核心价值观落实到基层，宁波坚持化粗为细、化大为小、化虚为实，变原则要求为可操作的具体措施，将目标任务细化为实实在在的工作项目。全市共制定实施了宣传引导、示范带动、实践养成、机制建设四大系列 100 多个重点项目，如诚信街区建设、婚丧礼俗整治、"聊天长廊"、"公益超市"等项目取得了较好成效，得到有关领导的批示肯定，中宣部《每日要情》刊发了相关信息，新华社、中央电视台、《光明日报》等中央媒体作了专题报道。一个个项目的落实，有效推动了社会主义核心价值观进机关、进学校、进企业、进农村、进社区、进家庭，"爱心宁波·尚德甬城"良好社会风尚进一步弘扬。

宁波的社会主义核心价值观建设注重"三性"。一是针对性。《宁波市培育和践行社会主义核心价值观落细落实落小行动纲要》根据不同层次和对象，提出了"六进六行动"要求。[①] 各地各部门因地制宜、因人施策，研究策划具体可行的项目。如市妇联通过开展寻找"最美家庭"活动，突出抓好优秀家风家训的传承。二是实践性。坚持把社会

---

① "六进六行动"：推动社会主义核心价值观进机关、学校、企业、社区、农村、家庭，分别开展"三严三实"行动、"立德树人"行动、"诚信兴业"行动、"共建共创"行动、"三美建设"行动、"家风传承"行动。

主义核心价值观细化到各行各业的生产工作中，细化到人们的日常生活中，引导人们在参与中体验、领悟、践行社会主义核心价值观要求。如各区(市)县组织乡镇、社区、学校修改完善市民公约、村规民约、行业规范、学生守则等。三是创新性。积极搭建各种载体，创新运用新技术、新手段，推动社会主义核心价值观内化于心、外化于行。如余姚市、宁海县充分发挥城乡"文化墙"宣教作用，广泛制作宣传社会主义核心价值观的文字、漫画，收到了良好的教育效果。

宁波的社会主义核心价值观建设突出"四大品牌"。一是组织实施"爱心"品牌项目。全市健全完善"宁波好人""最美宁波人""宁波市道德模范"三级市民道德荣誉体系，制定《宁波市道德模范评选和待遇若干规定》，建立俞复玲、钱海军、张亚芬等一批道德模范工作室，充分发挥道德典型的示范引领作用，推动形成好人辈出、德耀甬城的生动局面。二是组织实施"诚信"品牌项目。由市发改委牵头建设公共信用信息平台，建立了公共信用档案，联合30多家市级部门征集企业、个人诚信信息，定期发布"黑名单"，在各类媒体曝光"老赖"。三是组织实施"礼仪"品牌项目。全市围绕"宁波有礼、整洁有序"这一主题，大力开展文明餐桌、文明交通、文明旅游等专项行动。四是组织实施"法治"品牌项目。弘扬法治精神，把社会主义核心价值观的要求体现到市民公约、乡规民约、学生守则、行业规章和团体章程之中，用法治的力量引领价值判断、维护公平正义。

(三)巩固好发展好宁波文明城市建设成果

第一，积极打造美好的生活环境、政务环境、人文环境和生态环境。城市精神是支配市民的价值取向、行为方式、心理导向的精神力量，是一座城市的灵魂。城市的品位与魅力不仅仅表现在摩天大厦和繁华的街面，更在于它的文化、历史和亲和力；弘扬和实践城市精神要营造城市空间的人文氛围，树立以人为本的现代城市建设理念；用人文精神塑造社区，使之成为体现人文关怀的精神家园；既保护个人利益的合法性，又维护社会公共秩序的至上性；既尊重个人的自由空间，又培育人际关系的亲和氛围。

第二，以落实《公民道德建设实施纲要》为核心，全面规划市民素质建设。培育市民顾全大局、团结协作的风格，精益求精、追求卓越的品质，诚实守信、博采众长的风范，培养市民顽强拼搏的奉献精神，知难而上的敬业精神，扶贫帮困的关爱精神，崇尚节俭的奋斗精神，敢于创新的科学精神。在落实《公民道德建设实施纲要》、全面规划城市市民素质建设中，必须明确市民素质教育的目标和任务，构建切实有效的市民素质教育体系，逐步推进市民素质教育的实施：一是要把市民素质教育纳入城市建设总体规划，制定详尽合理的实施步骤；二是市民素质教育的实施要构建一个既有政府部门引导，又有民间组织、社会组织参与的网状结构；三是根据不同行业、不同阶层、不同群体的特点，以不同的载体，开展各种形式的活动；四是开展市民素质教育活动要与为市民办实事、办好事相结合，增强对群众的吸引力；五是报纸、广播、电视、网络等大众传播媒体要开设市民素质教育专题、专栏，刊播有关市民素质教育的文章和评论，做好对活动的动态报道。通过大力宣传，充分发挥活动中的先进典型的示范和引导作用，推动市民素质教育活动广泛深入开展。

第三，以社会公正公平的体制与机制建设为重点，促进文明社会、和谐社会建设。在全面建设小康社会的进程中推进文明城市创建，就要按照科学发展观，建立健全城市利益分配的公正公平机制，缩小贫富差距，促进城市经济与社会协调发展，促进社会文明、社会和谐。一方面，从市场经济和依法治国的理念出发，以"公正公平"为我国城市各级党政部门和社会团体的重要旗帜，为促进城市文明、构建和谐社会营造公正公平的法治环境；另一方面，建立有助于社会公正公平的法律制度体系，为促进城市文明、构建和谐社会营造规范守信的市场环境。

三、为发展文化产业战略积累了宁波经验

2004 年以来，随着宁波国民经济的快速增长和国民收入水平的不断提高，全市文化产业发展空间不断拓展。近年来，宁波紧紧围绕加快建成文化强市的奋斗目标，将文化产业发展放在经济社会发展的重要战略性位置，挖掘宁波文化资源、着力增强发展后劲，推动文化事业和文化产业迈入新阶段、实现新突破，呈现出生机勃勃的发展态势。

（一）提升文化产业核心竞争力

"发展文化产业，首先是文化本身发展的必然要求，当代文化竞争在很大程度上取决于文化产业的竞争，软实力、文化力必然要通过文化产业的竞争力来加以体现。同时，这也具有促进经济结构调整和增长方式转变的意义。文化产业既是现代服务业的重要门类，也是体现先进制造业水平的一个重要窗口。我们推进经济结构调整和增长方式转变，最终的目的一个是为了更多地赚钱，如产业高度化等；一个是为了更少地消耗，建设节约型社会。而文化产业就是高附加值的产业，就是极少消耗的绿色产业。因此，必须把文化产业发展作为文化大省建设的重要突破口，努力使文化产业成为文化大省建设的重要支撑，成为浙江经济发展的重要增长点。既然是一个产业，就要按市场经济的规律来发展，也就是说，只有把文化产品变成商品，变为广大群众的消费，才能实现经济价值和社会效益，也才能最大限度地体现文化的宣传教育功能，强化它的意识形态属性，达到以优秀作品鼓舞人的目的。要适应市场的需求，不断推进文化产业的创新。特别是面向高新技术，积极推动信息产业与文化产业的融合，不断提高技术含量，促进文化产业从劳动密集型向技术密集型转变，从低附加值向高附加值转变，从粗放型向质量型转变。从我省文化产业发展的实际出发，要重点扶持现代文化流通业、动漫游戏业、数字电视业等高新文化产业发展。通过几年努力，使我省文化产业发展水平有明显提升，成为

全国文化产品的重要制造基地。"①宁波省委、省政府在"八八战略"的指引下,深刻践行习近平总书记对浙江文化的重要指示精神,大力发展文化事业和文化产业,不断提升文化产业的核心竞争力。

(二)有效激活改革创新这个根本动力

文化的力量最终可以转化为物质的力量,文化的软实力最终可以转化为经济的硬实力。文化要素是综合竞争力的核心要素,文化资源是经济社会发展的重要资源,文化素质是领导者和劳动者的首要素质。

唯改革者进,唯创新者胜。新中国经济社会发展所取得的历史性成就,铸成于改革创新的生动进程之中。在文化领域推进改革创新,要坚持守正与创新的统一,坚守中华文化立场,坚定社会主义先进文化前进方向,始终为人民服务、为社会主义服务。坚持文化与科技的深度融合,特别是要顺应数字产业化和产业数字化发展趋势,推进文化产业数字化战略,推动互联网、大数据、人工智能等同文化产业深度融合,培育新技术、新产品、新业态、新模式。坚持以激发全民族文化创造活力为中心环节,进一步深化文化体制改革,尊重劳动、尊重知识、尊重人才、尊重创造,健全以创新能力、质量、实效、贡献为导向的人才评价体系,有效破除制约文化领域高质量发展的体制机制障碍,广泛调动各类文化创新主体的积极性,推动全社会文化创造活力充分涌流,解放和发展文化生产力。同时,以讲好中国故事为着力点,创新推进国际传播,加强对外文化交流和多层次文明对话,进一步提升文化软实力和中华文化影响力。

(三)传承弘扬中华优秀传统文化,以文化创新提升文化产业发展活力

中华优秀传统文化是中华民族生生不息、世代奋斗的精神积淀,

---

① 习近平:《干在实处 走在前列——推进浙江新发展的思考与实践》,中共中央党校出版社2006年版,第331页。

是构建国家文化软实力的重要来源,更是中华民族伟大复兴的动力源泉。中华优秀传统文化中丰富的哲学思想、人文精神、教化思想、道德理念等,可以为人类认识世界和改造世界提供有益启迪。因而,传承和弘扬中华优秀传统文化,从中寻求全球治理的中国智慧和中国方案,是中国争取为世界做出更大贡献的重要途径。

传承和弘扬中华优秀传统文化,关键在于以创新的形式和途径让其适应社会主义现代化建设,适应社会主义文化建设,适应中国与世界不断增强的交流互动。党的十八大以来,中国从战略层面关注文化发展中的新趋势与新现象,关注年轻群体成长和移动互联网双重驱动下的文化产业新业态,研究融媒体时代信息传播规律下的文化动向,将中国文化置于全球视野和时代变迁的格局中提升活力。进入新时代以来,网络文学、网络音乐、网络电影、网络演出、网络动漫等新兴文化业态快速发展;大数据、"互联网+"、虚拟现实技术等新模式和新技术不断涌现;影视、移动终端、互联网、娱乐等文化形态或媒介逐渐融合,传统文化产业正赶上移动互联网的新机遇和好时代。总之,在服务形式、内容建设、传播手段、管理机制的创新驱动下,科学技术推动文化产业发展的动力更加明显,从而进一步解放和发展了文化生产力,赋予了传统文化更易传承的时代创新内涵,更好地满足了基层群众日益增长的精神文化需求。

20年来,宁波文化建设取得了显著成效,但同时我们也应该清醒地看到,文化发展还存在很多不平衡不充分问题:文化领军人才匮乏、文化后备力量不足;传统文化资源的精髓未能充分发掘、部分文化遗址未得到合理保护;文化产业发展的核心竞争力不足,基本限于中低端文化产业,高端文化产业稀缺;基础文化设施建设有待加强等。今后一个时期,宁波必须坚持问题导向,深化改革创新、强化攻坚克难,持之以恒、久久为功,建成文化强市、教育强市、健康宁波,市民素质和社会文明程度达到新高度,文化软实力全面增强,努力实现更高质量、更有效率、更加公平、更可持续、更为安全的发展。

第一，让现代文明蔚然成风。

一是加强理论武装。深入实施铸魂工程、溯源工程、走心工程，深化习近平新时代中国特色社会主义思想学习宣传实践。健全党员领导干部理论学习教育制度体系和基层理论宣传宣讲工作体系，提升理论传播实效和大众普及水平，推进党的创新理论"飞入寻常百姓家"。实施文化研究工程，推动新时代哲学社会科学高质量发展，建设高水平社科强市。

二是大力弘扬时代新风。推进社会主义核心价值观教育引导、实践养成和制度保障体系建设。深入开展理想信念教育，大力弘扬"红船精神"、浙江精神、宁波精神。实施文明创建工程，开展新时代文明生活行动，深化新时代文明实践中心建设。推进志愿服务规范化、常态化、制度化。实施风清俗淳培根工程，广泛开展道德典型宣传，擦亮"爱心宁波·尚德甬城"品牌。加强家庭、家教、家风建设，预防和制止家庭暴力。

三是巩固壮大主流思想舆论。不断深化形势宣传、政策宣传、成就宣传和典型宣传。实施全媒体传播工程，加快媒体深度融合发展，打造具有全国影响力的重大传播平台。提升县级融媒体中心建设水平，打造面向基层的主流舆论阵地、综合服务平台和社区信息枢纽。完善网络综合治理体系，建强用好网络传播阵地，加强网络文明建设，发展积极健康的网络文化。

第二，传承弘扬优秀传统文化。

一是加强文化遗产保护传承。深化河姆渡、井头山等史前遗址考古发掘和价值研究，创建河姆渡国家考古遗址公园，推动河姆渡—井头山遗址申报世界文化遗产。推进大运河国家文化公园建设，打造"中国大运河出海口"金名片。提升三江六岸"海上丝绸之路"文化长廊、上林湖越窑国家考古遗址公园建设水平，推动"海上丝绸之路"联合申遗，打造"海上丝绸之路"文化之都。加强浙东抗日根据地旧址、慈城古县城、它山堰世界灌溉工程遗产等文化遗产研究保护利用。实施非物质文化遗产保护传承计划，健全非遗保护管理机制，推进非遗保护传承立法。

二是推动传统文化活化利用。加强文化古籍保护、研究、利用，推进高水平文博体系建设。实施文物保护工程、平安工程，推进大运河文化带、浙东唐诗之路沿线文物资源保护传承，加强革命文物保护利用。推进水下文物考古和文化遗产保护，深入开展"海丝"、海防、海港遗存研究。引导传统文化资源融入生产生活实践，拓宽传统文化多元利用方式。鼓励社会力量和专业机构开发文化产品和服务，做精做强传统文化品牌。推动传统工艺振兴和老字号保护传承，编纂出版《四明文库》。

三是扩大对外文化交流。发挥中国—中东欧博览会、甬港经济合作论坛、海丝之路（中国·宁波）文化和旅游博览会、海外宁波周等载体作用，争办世界佛教论坛和举办阳明文化国际论坛等活动，积极引进举办高端国际文化活动，加强对外人文交流与合作。用好海外"宁波帮"资源，发展海外传播团、代言人。主动承接国家、省级对外文化交流项目，支持文化企业参加国际展会，推动宁波文化"走出去"。加强宁波市对外文化交流协会建设，发挥社会组织作用，大力弘扬宁波传统文化。

第三，构建现代公共文化服务体系。

一是提升文化设施建设管理水平。高水平建设天一阁博物馆新馆、非物质文化遗产馆、河海博物馆、文化馆新馆、新音乐厅、档案中心等文化设施，打造新时代宁波文化地标。完善基层公共文化设施网络，深化农村文化礼堂建设。实施图书馆、文化馆、美术馆、博物馆、档案馆等数字化工程，提升文化设施数字化展示水平。探索公共文化机构法人治理机制，创新探索委托管理模式，支持民营博物馆、民营美术馆、民营书店等发展，推广公共文化设施延时开放、错时开放、按需开放。提升文化设施空间品质，兼容文旅服务、文旅消费功能。

二是强化高品质公共文化供给。深化公共文化服务供给侧改革，推动新闻出版、广播影视、文学艺术等文化事业繁荣发展，大力培育音乐会、歌舞剧、交响乐等高品位文化艺术形态。完善公共阅读服务网络，推动全民阅读品牌建设，办好浙江书展。持续开展文化下乡和"文化走亲"活动，创新实施"一人一艺"全民艺术普及工程。实施文化精品工程，加强重大革命、重大历史、重大现实题材创作。引导推动网络文学、网络剧、微电影等新兴文艺类型健康发展。

三是完善公共文化服务管理机制。推进城乡公共文化服务体系一体化，完善基本公共文化服务标准和保障标准动态调整机制。推动优质公共文化资源向农村和偏远地区下沉，建设高效便捷的"15分钟文化活动圈"。健全公共文化服务供需对接机制，创新"菜单式""订单式"公共文化服务。推进公共文化机构和旅游服务中心功能融合。

第四，发展更具竞争力的文化产业。

一是优化文化产业结构和布局。加快文化产业集群建设，建设三江都市文化核心区，运河—丝路文化、数字文化两大产业带和书香文化、人文旅游、音乐演艺、文化科技、文化智造、影视传媒、工艺美术等十大功能区，引导文化产业特色化、差异化、集群化发展。高标准打造全国一流影视产业基地，争创联合国教科文组织创意城市"电影之都"。实施潜力文化企业"新势力"成长计划、骨干文化企业"单项冠军"小巨人计划、龙头文化企业"凤凰"引培计划，做大做强文化产业市场主体。

二是推动文化产业数字化赋能。深化文化领域数字化建设、数字化应用和数字化转型，推动文化产业转型升级。实施数字内容优质企业发现计划，加强数字内容IP开发和转化，推动国家动漫基地升级，促进游戏产业健康发展，打造具有全国影响力的数字文化产业新兴集聚区。加快数字影视、文化智造、数字传媒、数字音乐等数字赋能产业发展，打造"云上文化"品牌。加快人工智能与文化产业融合，推进区块链应用到文化产品和服务、版权保护与交易、文化大数据交易等领域。

三是推进文旅深度融合发展。坚持以文促旅、以旅彰文，建设文化和旅游融合发展示范区。打造一批富有文化底蕴的旅游景区、度假区和街区，提升国家级旅游休闲示范城市的文化特色。深化"流动的世界文化遗产"和"顺着运河来看海"等推广活动，打造"大运河—海丝之路""浙东唐诗之路""诗画浙江·百县千碗·甬菜百碗"等一批文旅金名片，推进文旅消费试点城市和文旅消费集聚区建设。推动更多文化遗产资源纳入旅游线路、融入景区景点，推出一批承载革命文化内涵、群众喜闻乐见的红色旅游产品。大力发展工业、研学、体育、康养、会展等旅游新业态，扩大多样化文旅产品供给。

第五，建设更加文明、更加宜居的美丽城市。

一是建设全国文明典范城市。社会主义核心价值观深入人心，人民群众思想道德素养、科学文化素质和身心健康素质明显提高，公共文化服务体系更加完善，文化事业和文化产业繁荣发展，市民素质和社会文明程度不断提升，初步建设成为独具魅力的文化强市。

二是建设民生幸福标杆城市。共同富裕系统集成改革取得重要进展，实现更加充分更高质量就业，居民收入和经济增长基本同步，中等收入群体稳步扩大，率先实现基本公共服务均等化，教育现代化水平持续提升，高质量卫生健康服务体系更加完善，基本形成全覆盖、多层次、可持续的社会保障体系，群众拥有更多获得感、幸福感、安全感。

第五章　做好基层党建，
将民主政治落在实处

　　"八八战略"中的党建模块包括以下内容：一是致力于巩固党执政的思想基础，加强理论武装和党对意识形态工作的领导，不断增强用发展着的马克思主义指导新实践的本领；二是致力于巩固党执政的经济基础，全面推进经济强省建设，不断增强驾驭社会主义市场经济的本领；三是致力于巩固党执政的政治基础，全面推进法治社会建设，不断增强发展社会主义民主政治的本领；四是致力于巩固党执政的文化基础，全面推进文化大省建设，不断增强建设社会主义先进文化的本领；五是致力于巩固党执政的社会基础，全面推进"平安浙江"建设，不断增强构建社会主义和谐社会的本领；六是致力于巩固党执政的体制基础，健全和完善党的领导制度和领导方式，不断增强地方党委总揽全局、协调各方的本领；七是致力于巩固党执政的组织基础，加强干部队伍建设和基层组织建设，不断增强自身素质和团结带领广大群众干事业的本领；八是致力于巩固党执政的群众基础，密切党同人民群众的血肉联系，不断增强拒腐防变和抵御风险的本领。历届浙江省委把抓好"八八战略"中的党建模块视为重要内容，以"功成不必在我的胸襟和咬定青山不放松的韧劲"，步步为营、久久为功，为实施"八八战略"提供了充分的政治支持。宁波市更是深入贯彻习近平同志考察浙江的重要讲话精神和对宁波工作的重要指示精神，坚定不移地沿着习近平同志指引的路子走下去，努力推进党的建设新的伟大工程，全面加强党的政治建设、思想建设、组织建设、作风建设、纪律建设和制度建设。忠实践行"八八战略",深刻领悟"两个确立",积极笃行"两个维护",确保"国之大者"在宁波落地生效,在高质量发展中奋力推进中国特色社会主义共同富裕先行和省域现代化先行!

第一节　创新基层民主制度,加强党员干部的队伍建设

宁波市深入贯彻落实"八八战略"中的党建模块,以"钉钉子"的精神对党建工作紧抓不放、一抓到底,做到一张蓝图绘到底、一任接着一任干,不断加强党自身建设的本领,不断对党的自身建设提出新的时代要求,不断赋予党的自身建设新的内涵。

一、加强党的思想政治建设

习近平同志在浙江工作期间高度重视党的思想政治建设。2002年,在浙江省组织会议上,他强调党的思想理论建设是党的建设的根本,理论素质是领导干部思想政治素质的灵魂,必须兴起学习贯彻"三个代表"重要思想的新高潮,"认真贯彻'三个代表'重要思想的根本要求、始终做到'三个代表'上取得新的成效,努力在真学、真懂、真信、真用上下功夫,切实达到理论上弄通,思想上搞清,行动上落实,工作上创新,真正使'三个代表'重要思想成为认识和改造世界的思想之'魂'、指导和做好各项工作的统揽之'纲'、推进改革开放和现代化建设的指路明灯"①。

第一,指出加强思想建党要坚持真学,做到笃学不倦。

习近平总书记在党的二十大报告中强调:"全面加强党的思想建设,坚持用新时代中国特色社会主义思想统一思想、统一意志、统一行

---

① 习近平:《干在实处　走在前列——推进浙江新发展的思考与实践》,中共中央党校出版社2006年版,第14页。

动，组织实施党的创新理论学习教育计划，建设马克思主义学习型政党。"①坚持和完善理论学习的各项制度，自觉地把理论学习当作一种神圣职责，一种精神境界，一种终身追求。努力在提高领导素质上下功夫，在加强理论学习的同时，加强对党的方针政策，特别是新一届中央领导集体提出的新思想、新观点和作出的新决策、新部署的学习，努力充实经济、政治、法律、科技、历史和文化等方面知识，虚心学习借鉴国外先进的经营管理经验和一切反映当今世界文明进步的新知识，使自己的思想水平和知识水平跟上时代前进的步伐。王国维认为古今成大事业、大学问者，必经过三种境界："'昨夜西风凋碧树。独上高楼，望尽天涯路'，此第一境也。'衣带渐宽终不悔，为伊消得人憔悴'，此第二境也。'众里寻他千百度，蓦然回首，那人却在，灯火阑珊处'，此第三境也。"②习近平同志表示领导干部学习理论也要达到三种境界。"首先，理论学习上要有'望尽天涯路'那样志存高远的追求，耐得住'昨夜西风凋碧树'的清冷和'独上高楼'的寂寞，静下心来通读苦读；其次，理论学习上要勤奋努力，刻苦钻研，舍得付出，百折不挠，下真功夫、苦功夫、细功夫，即使是'衣带渐宽'也'终不悔'，'人憔悴'也心甘情愿；再次，理论学习贵在独立思考，学用结合，学有所悟，用有所得，要在学习和实践中'众里寻他千百度'，最终'蓦然回首'，在'灯火阑珊处'领悟真谛。只有这样，各级领导干部才能做到带头学、深入学、持久学，成为勤奋学习、善于思考的模范，解放思想、与时俱进的模范，学以致用、用有所成的模范。"③广大党员干部要养成多读书，读好书的习惯，使学习成为改造思想、加强修养的重要途径，成为净化灵魂、培养高尚情操的有效手段。坚持用党的创新理论武装头脑，是做好一切工作的前提。随着社会的不断发展，面对复杂多变的形势，进

———————

　　①　习近平：《高举中国特色社会主义伟大旗帜　为全面建设社会主义现代化国家而团结奋斗——在中国共产党第二十次全国代表大会上的报告》，人民出版社 2022 年版，第 65 页。

　　②　王国维：《人间词话》，江苏凤凰文艺出版社 2018 年版，第 32 页。

　　③　习近平：《之江新语》，浙江人民出版社 2007 年版，第 6 页。

一步提醒党员干部切实提高思想认识,坚持用习近平新时代中国特色社会主义思想武装头脑,切实提高运用党的创新理论指导实践、推动工作的能力。

第二,指出加强思想建党要坚持真懂,做到学深悟透。

一是坚持真懂要从认识上明白学习的初衷和意义。党性分析不是谈学习体会,不是写工作总结,也不是谈对某些具体问题的看法和思考,而是要从理想信念和世界观、人生观、价值观的高度来分析,分析得好,大有裨益。二是坚持真懂要从方法上全面学习。作为党员,无论什么学历,什么岗位,什么时候都应该把理论学习和思想武装作为必修课,要加大学习力度,应在把握精神实质、精髓要义的基础上,重点学习全局性、大势性的论述,重点学习与自己工作业务相关的论述,在全面中把握重点。三是坚持真懂要从态度上真心学习。坚持思想建党必须深刻领悟思想理论中所蕴含的经世济民情怀,这种情怀体现了中国共产党人对人民群众的深厚感情,这种情怀充分蕴藏着中国共产党人对民族复兴的勇毅担当。

第三,指出加强思想建党要坚持真信,做到内化于心。

坚持真信就是坚定政治信仰,自觉增进政治认同、思想认同、情感认同,把思想的力量变成内心的强大正能量,始终保持理想和信念的坚定。在浙江工作期间,习近平同志多次到南湖革命纪念馆瞻仰红船。南湖的"红船精神",同井冈山精神、长征精神、延安精神、西柏坡精神等一道,因其固有的先进性而共同构成了我们党在前进道路上战胜各种困难和风险、不断夺取新胜利的强大力量。"红船精神"回答了中国共产党人的"初心是什么""为什么出发""要去哪里"等重大问题,也为浙江的发展指明了方向。党员干部作为党和国家事业的中坚力量,肩负着特殊的使命责任,是否重视理论学习、加强理论学习,不仅关系自身能力水平的提升,而且关乎党和国家事业发展。因此,广大党员干部必须深刻认识理论学习的重要性,进一步端正学习态度,力戒形式主义,把加强理论学习作为一种政治责任、一种精神追求,筑牢理论根基。要有"咬定青山不放松"的坚定意志,坚持敬仰真理、遵从真理、献身真理的不懈追求,做共产主义远大理想和中国特色社会主义共同理想的坚定信仰者和忠实实践者。

第四,指出加强思想建党要坚持真用,做到知行合一。

习近平同志指出:"恩格斯有一句名言:我们的理论不是教条,而是行动的指南。列宁称这是'经典性的论点'。实际上,它讲的就是理论联系实际的学风。可现实生活中却存在着一种奉行本本和教条的'书呆子'现象。有一些党员,特别是少数领导干部,虽然都有一定的文化水平,也经常读书,但却没有真正做到'求知善读',不是专注于死读书、读死书,就是生搬硬套、照抄照搬,还有的纸上谈兵、华而不实。'书呆子'现象在领导干部中的存在,不但害人害己、影响工作,而且危害长远、影响恶劣。追根溯源,这种现象反映出来的是学风上的问题,也就是理论与实际严重脱离。不读书要不得,'书呆子'现象也要不得。读书不是一件容易的事,要切实加强对马克思主义的学习,重视学习的针对性和指导性,善于用马克思主义的立场、观点、方法认识和解决遇到的问题。要充分考虑生动的实际生活和现实的确切真实,注重研究新情况,认真分析新问题,积极寻求新对策,努力做到知行合一,理论联系实际,实实在在地做事情,尽心尽力地干工作,而不是热衷于追求热闹,只摆花架不种花,只摆谱架不弹琴。"[①]学习的最大敌人是自我满足,要学有所成,就必须永不自满。我们党到任何时候也不能躺在功劳簿上睡大觉,必须懂得和善于运用党的创新理论滋养初心、引领使命。党员干部要牢牢把握深入学习贯彻习近平新时代中国特色社会主义思想这一主线,着力在学懂弄通做实上下功夫,学深悟透、融会贯通,做到真学、真懂、真信、真用。

---

① 习近平:《之江新语》,浙江人民出版社 2007 年版,第 271 页。

二、坚持民主集中制,加强领导班子和干部队伍建设

"八八战略"中的党建模块明确指出要致力于巩固党执政的体制基础,健全和完善党的领导制度和方式,不断增强地方党委总揽全局、协调各方的本领。要致力于巩固党执政的组织基础,加强干部队伍建设和基层组织建设,不断增强自身素质和团结带领广大群众干事业的本领。

第一,指出要认真贯彻民主集中制。

实行民主集中制,就是要求充分发扬民主,集体议事,充分保障人民的意愿和要求,并在此基础上集中正确意见,集体决策,使人民的意愿和要求得以落实和满足。要带头学习民主集中制理论、带头发扬党内民主,既要敢于集中又要善于民主,集中和归纳多数人的正确意见,作出正确的决断,变为集体的意志,提高运用民主集中制的工作能力和领导水平,又要在决策和工作中尊重党员、干部和群众的民主权利,以自己重视民主、尊重民主的模范行动感染和带动一班人。

习近平同志强调:"民主集中制是我们党和国家的根本组织制度和领导制度,也是最重要的组织纪律和政治纪律。坚持党的民主集中制,必须坚决维护党和国家的统一,维护中央权威;必须切实加强民主集中制教育,增强党员干部特别是党员领导干部的民主集中制意识,养成在党的生活中自觉坚持民主集中制的良好作风;必须突出抓好领导班子的民主集中制建设,贯彻落实省委举办的新任市县党政'一把手'民主集中制专题研讨班的精神,夯实维护领导班子团结统一的思想基础、政治基础、组织基础和制度基础。"[①]在领导干部如何坚持民主集中制方面,凡是涉及"三重一大"的决策事项,要由集体研究作出决定,特别是各个岗位上的"一把手"要坚决杜绝"一言堂、家长制"现象,

① 习近平:《干在实处 走在前列——推进浙江新发展的思考与实践》,中共中央党校出版社2006年版,第369—370页。

要健全和认真落实民主集中制的各项具体制度,促使全党同志按照民主集中制办事,促使各级领导干部特别是主要领导干部带头执行民主集中制。要勇于放手放权,充分相信依靠班子成员和基层广大干部,全力支持他们放心大胆开展工作,充分调动起各个层面的积极性和主动性,提升工作的质量和效率。要坚持贯彻民主集中制,用好批评和自我批评这个有力武器,"批评与自我批评是党内思想斗争的锐利武器,也是领导干部管好自己的有效方法。现在,党内批评总是要在一定的场合内进行,而'吾日三省吾身',自我批评则与我们个人如影随形,是最及时、最管用的思想武器。我们常讲,领导干部要自重、自省、自警、自励,这'四自'要求,就是对自我批评的要求。尤其是作为省级领导干部,受党教育多年,在党性修养上更应有'响鼓不用重锤敲'的自觉性"①。党员还要自觉接受监督,"要经常警示自己,不断反省自己,严格要求自己,自觉地把自己置于党组织和群众的监督之下,及时检查自己有什么不足和缺点,时刻不忘省级领导干部是党和政府形象的'化身',是群众认识和评价我们党的'窗口',也是其他党员和干部心目中的'标杆',必须管好自己,同时管好亲属和身边工作人员"②。要严格按照"六权治本"的要求,在行使权力的全过程要自觉接受人大监督、政协监督、社会监督、司法监督、审计监督和舆论监督等来自方方面面的监督,习惯在"聚光灯"下行使权力,在"放大镜"下开展工作,让权力在阳光下健康运行。要加强对一把手的监督,认真执行民主集中制,健全施政行为公开制度,保证领导干部做到位高不擅权、权重不谋私。民主集中制是党和国家的根本组织制度,是我们党的传家宝,是进行科学决策的行为准则。要把贯彻执行民主集中制作为一项基本要求和行为准则,要牢固树立集体领导的观念,要按照少数服从多

---

① 习近平:《干在实处　走在前列——推进浙江新发展的思考与实践》,中共中央党校出版社2006年版,第461页。

② 习近平:《干在实处　走在前列——推进浙江新发展的思考与实践》,中共中央党校出版社2006年版,第461—462页。

数的原则,善于调动一班人的积极性、主动性、创造性,并运用集体的智慧开展工作。要强化民主意识,集思广益,又要敢于全权负责,一锤定音,形成整体工作合力。

第二,指出要坚持正确的选人用人导向。

对于如何树立正确的选人用人标准、选优配强干部队伍,努力建设一支能适应浙江经济社会发展要求的高素质干部队伍,习近平同志指出:"选人用人是领导工作的重要内容,是对党委班子特别是'一把手'贯彻民主集中制原则的实际检验。在干部的选拔任用上,首先要擦亮自己的一双'眼睛',在实践中识人辨才,加强对干部的考察和了解,尽可能多地掌握第一手情况。尤其要'近君子,远小人',坚持原则,严格标准,不搞感情用事,摒弃个人好恶的影响,摆脱亲疏远近的干扰,树立正确的用人导向。"①在如何选拔干部方面,既要坚持群众公认,又不能简单地以票取人,不能搞数字游戏,坚决防止"干部出数字,数字出干部"。坚持正确选人用人导向,匡正选人用人风气,突出政治标准,提拔重用坚决维护党中央权威、全面贯彻执行党的理论和路线方针政策、忠诚干净担当的干部,选优配强各级领导班子。同时"要用好集体的多双'眼睛'。有时候,一双'眼睛'受视角和景深的影响,毕竟有一定的局限性,难免出现一些偏颇。而多双'眼睛'则能多视角、多侧面、多层次地了解一个干部,可以尽量避免'失真'。'一把手'就是要引导、鼓励班子成员表达不同的观点,把多双'眼睛'的'眼光'汇聚起来,形成一致的正确的用人意见"②。要进一步改善领导班子结构,特别是要大胆培养选拔一批优秀年轻干部,注意发挥各年龄段干部的积极性,对经验丰富、埋头苦干的干部也要加以重用。

在如何培养干部方面,"铺路子"不如"压担子",要让他们在实践中锻炼成长。坚持严管和厚爱结合、激励和约束并重,完善干部考核

①　习近平:《之江新语》,浙江人民出版社 2007 年版,第 24 页。
②　习近平:《之江新语》,浙江人民出版社 2007 年版,第 24 页。

评价机制，建立激励机制和容错纠错机制，旗帜鲜明为那些敢于担当、踏实做事、不谋私利的干部撑腰鼓劲。要抓住建章立制，立"明规矩"、破"潜规则"，积极查找漏洞，吸取教训，着重完善党内政治生活等各方面制度，压缩消极腐败现象生存空间和滋生土壤，通过体制机制改革和制度创新促进政治生态不断改善。在如何考察干部方面，要发挥党委"一把手""一双眼睛"和班子集体"多双眼睛"的作用，多视角、多侧面识别干部。要把干部在推进改革中因缺乏经验、先行先试出现的失误和错误，同明知故犯的违纪违法行为区分开来；把上级尚无明确限制的探索性试验中的失误和错误，同上级明令禁止后依然我行我素的违纪违法行为区分开来；把为推动发展的无意过失，同为谋取私利的违纪违法行为区分开来，保护那些作风正派又敢作敢为、锐意进取的干部，最大限度调动广大干部的积极性、主动性、创造性，激励他们更好带领群众干事创业，不断开创社会主义现代化建设新局面。

第三，指出要自觉维护领导班子的团结统一。

加强党性修养，增强团结意识，夯实团结基础，必须正确处理好班长与班子成员之间的关系、班子成员相互之间的关系、各套班子主要负责人之间的关系和新老领导成员之间的关系等。否认前任的领导是没有远见的领导，也是没有水平的领导，一定不要做否认前任的事情。成员之间要互尊、互信、互助，多看别人的长处、多想别人的难处，少图个人的名利、少记个人的恩怨，推功揽过，相容相让，主要领导要有这样的风范。努力做到在合作共事中加深了解，在相互支持中增进团结。坚持自己的立场是一种原则，在一些时候善于达成妥协也是一种原则，努力形成领导班子的整体合力，维护心齐气顺、劲足实干的良好局面。习近平同志强调："我们平时常讲团结就是力量，团结出凝聚力、出战斗力、也出干部，这说明团结是何等的重要。其实，团结是班子建设的重要问题，讲团结是讲政治、顾大局的表现。加强团结，'一把手'要负主要责任，应以身作则，严格要求，善于抓方向、议大事、管全局，善于团结各方面同志包括与不同意见的同志一道工作，善于充分调动班子成员的积极性、主动性和创造性,真正做到发扬民主,集思广益,科学决策,防止和克服独断专行、软弱涣散和各行其是。每个领导干部都要正确对待自己,正确对待同志,正确对待组织,对有些事要拿得起、放得下,豁达一些,做到严于律己,宽以待人,大事讲原则,小事讲风格,在合作共事中加深了解,在相互支持中增进团结,形成领导班子的整体合力。"①领导班子自觉维护团结统一,有利于达成目标一致,各司其职,相互协调,密切配合的工作状态,更好地提升工作效率,同时提高领导班子的凝聚力和战斗力。

第四,指出要加强干部的基层锻炼。

现在在一些地方,有的干部被列为后备干部,成为培养的"苗子"后,组织上就很愿意为他设好"台阶",铺好"路子",而恰恰忽略了把他放到艰苦的岗位上去磨炼。如果组织上真的把他放到艰苦的岗位上,他本人往往认为是对他的不信任。这其实是干部培养工作的一大误区。好钢要用在刀刃上,"千里马"要在大风大浪中经受考验,后备干部不能放在温室里培养。天将降大任于斯人也,必先以磨难历练他,这样才能"增益其所不能"。针对当时一些干部中存在的"干多干少一个样,干好干坏一个样"的现象,要见事早、抓得深、谋得远,着力推进干部能上能下。推进干部能上能下,重点是解决能下问题。下有不同的下法,有纪律惩处的"下",有不胜任工作的"下",还有正常的退出机制的"下",不能"华山只有一条道"。要以改革的精神解决干部能下的问题,把优秀干部放到基层一线的主战场上,在"急、难、险、重"的工作实践中接受挑战、经受考验、提高能力。年轻干部多"墩墩苗"没有什么坏处,把基础搞扎实了,后面的路才能走得更稳更远。一个年轻干部,"仰望星空"需要"脚踏实地",有了"基层"这杯"酒"垫底,还有什么"酒"不能应对? 基层是培养干部、锻炼干部的"大平台",是考核选拔干部的"大考场"。"各级领导干部在调研工作中,一定要保持求真务

---

①　习近平:《之江新语》,浙江人民出版社 2007 年版,第 8 页。

实的作风,努力在求深、求实、求细、求准、求效上下工夫。'深',就是要深入群众,深入基层,善于与工人、农民、知识分子和社会各界人士交朋友,到田间、厂矿、群众和社会各层面中去解决问题。'实',就是作风要实,做到轻车简从、简化公务接待,真正做到听实话、摸实情、办实事。'细',就是要认真听取各方面的意见,深入分析问题,掌握全面情况。'准',就是不仅要全面深入细致地了解实际情况,更要善于分析矛盾、发现问题,透过现象看本质,把握规律性的东西。'效',就是提出解决问题的办法要切实可行,制定的政策措施要有较强操作性,做到出实招,见实效。"①党员干部要不断加强基层锻炼,把对上负责与对下负责统一起来,把当前工作与长远建设统一起来,把群众需求与建设目标统一起来,把注重实际、肯说实话、愿出实招、追求实效落实到工作中,坚决反对做表面文章和弄虚作假。在弯身实干中锤炼党员干部"情系群众,扎根基层,为民解忧"的思想作风,提高党员干部的综合素质,为未来的发展储备人才。

第五,指出要树立正确的政绩观。

21世纪初,正是浙江经济社会快速发展之际,一些干部的政绩观出现了偏差,把经济发展简单理解为"唯GDP",急功近利、急于求成,片面追求"形象工程"和"政绩工程"。针对这一现象,习近平同志旗帜鲜明指出要科学制定干部政绩的考核评价指标,"要看GDP,但不能唯GDP。GDP快速增长是政绩,生态保护和建设也是政绩;经济社会发展是政绩,维护社会稳定也是政绩;立竿见影的发展是政绩,打基础作铺垫也是政绩;解决经济发展中的问题是政绩,解决民生问题也是政绩。总之,我们要从坚持立党为公、执政为民的高度来考评干部的政绩,坚持抓好发展与关注民生的结合、对上负责与对下负责的结合、立足当前与着眼长远的结合,科学设定考核政绩的内容和程序,完善考评体系和方法。坚持按客观规律办事,重实际、鼓实劲、求实效,不

---

① 习近平:《之江新语》,浙江人民出版社2007年版,第1页。

图虚名,不务虚功,不提脱离实际的高指标,不喊哗众取宠的空口号,不搞劳民伤财的假政绩,扎扎实实地把各项工作落到实处"①。要进一步提高各级领导班子、领导干部的执行力,加强对领导班子、领导干部的教育、管理和监督。加大干部交流力度,真正把各级领导干部的心思和精力引导到干实事、创业绩、求发展上来。全体党员干部要认识好"潜绩"与"显绩"的关系。"'潜'与'显'是对立统一的一对矛盾。'潜'是'显'的基础,'显'是'潜'的结果,后人的工作总是建立在前人基础之上的,如果大家都不去做铺路石,甘于默默无闻地奉献,'显绩'就无从谈起,就成了无本之木、无源之水,即使有'显绩',充其量也只是急功近利的'形象工程'。"②因此,领导干部都要多做埋头苦干的实事,不要只追求急功近利的"显绩",多创造泽被后人的"潜绩"。要甘于做铺垫之事,不要只想拿"军功章"、立"凯旋柱"。树立正确的政绩观,要坚决克服官僚主义、形式主义,反对一切脱离实际、照搬照抄、浮躁浮夸、急功近利的不良作风。

第六,指出要树立科学的领导干部考核体系。

有的人甘为人梯,长期铺垫,做打基础的工作,收获的时候他却走了;有的"十月怀胎"时他不在,"一朝分娩"时他来了。所以对干部要有客观的公论,这个关键在党组织身上。因此要树立科学的干部政绩考核体系,"必须体现科学的发展观和正确的政绩观,落实十六届三中全会提出的'五个统筹''五个坚持'的要求,做到领导干部的政绩,既经得起现在看,又经得起'回头看'和'向前看'。为此:一是在整个指标体系的设置上,要全面反映经济、社会和人的全面发展情况,不能片面地用经济指标考核干部。要把重大工作责任制落实情况作为考核干部政绩的重要内容。二是在经济指标的设置上,既要重视反映经济增长的指标,又要重视反映经济发展的能耗、质量和结构等其他指标。

①　习近平:《之江新语》,浙江人民出版社 2007 年版,第 30 页。
②　习近平:《干在实处　走在前列——推进浙江新发展的思考与实践》,中共中央党校出版社 2006 年版,第 416—417 页。

三是在评价标准上，既要看反映经济和社会发展的真实数字，又不能唯数字，更不能搞'数字游戏'，要坚决防止'干部出数字、数字出干部'现象的发生。四是考核指标既要有确定性，在一个时期内相对固定，又要根据形势的发展适时调整。五是在考核方法上，实行定性考核与定量考核相结合，集中考核与经常性考核相结合，特别是领导和群众相结合，把党组织的考核与群众的评价有机结合起来"①。浙江不断创新干部选拔任用方法，把政治上靠得住、工作上有本事、作风上过得硬、能够领导科学发展的干部都选拔任用到各级领导岗位上来，进一步提高领导干部的整体素质。浙江省领导干部积极改进考核评价体系，创建打分制换届考察评价方法，在对县（市、区）领导班子换届考察中，考察组找个人单独谈话，对考察对象进行考察，还对考察对象实行考察预告，并且进行新闻媒体预告，取得了很好的效果。

三、加强党的作风建设，密切党同人民群众的血肉联系

党的作风建设是党的建设的重要组成部分，习近平总书记在党的二十大报告中强调："党风问题关系执政党的生死存亡。"②我们党历来高度重视作风建设，在长期革命和建设的实践中，形成并坚持发扬了理论联系实际、密切联系群众、批评与自我批评等优良作风。这是党的工人阶级先锋队性质和全心全意为人民服务宗旨的集中体现，也是中国共产党区别于其他政党的显著标志，更是党千锤百炼更加坚强的重要原因。"八八战略"中的党建模块也明确指出要致力于巩固党的群众基础，密切党同人民的血肉联系，不断增强拒腐防变和抵御风险的本领。

第一，指出要坚定理想信念，加强同人民群众的血肉联系。

"要一切从人民的利益出发，站在人民群众的立场上立身、处世、

---

① 习近平：《干在实处　走在前列——推进浙江新发展的思考与实践》，中共中央党校出版社2006年版，第417页。

② 习近平：《高举中国特色社会主义伟大旗帜　为全面建设社会主义现代化国家而团结奋斗——在中国共产党第二十次全国代表大会上的报告》，人民出版社2022年版，第68页。

从政,真正做到权为民所用,情为民所系,利为民所谋。要破除'官本位'思想,克服和纠正那种'当官做老爷'的封建习气,始终坚持党的根本宗旨和群众工作路线,同人民群众保持血肉联系,把智慧奉献于人民、力量根植于人民、情感融解于人民,把解决民生问题放在一切工作的首位,尽心尽力地为群众出主意、想办法、谋利益。"①各级党组织和广大党员干部要进一步牢固树立艰苦奋斗的思想,刻苦磨炼艰苦奋斗的意志,始终保持艰苦奋斗的作风。要弘扬勤俭节约的精神,坚决反对铺张浪费、大手大脚的奢侈之风。要坚持宗旨,以民为本,做到权为民所用,情为民所系,利为民所谋。

　　党的作风是党的形象,是观察党群干群关系、人心向背的晴雨表。党的作风正,人民的心气顺,党和人民就能同甘共苦。共产党员是用"特殊材料"制成的,共产党员"要明白自己的第一身份是共产党员,第一职责是为党工作,第一目标是为民谋利"②。政治路线确定之后,干部就是决定因素。做人要有人品,当官要有"官德"。"为官之道"应是"莫道昆明池水浅",一个干部,无论处在什么岗位,只要心系群众,都可以做出一番事业来。县委书记的榜样焦裕禄,"官"有多大?但他的形象是十分高大的。当干部,不求"官"有多大,但求无愧于民。同时,一个干部的能耐有多大,最终人民群众看得清清楚楚,组织上也明白。是"锥子"总会脱颖而出的。当干部的,要真正在思想上解决"入党为什么,当官做什么,身后留什么"的问题,牢记"两个务必",真正做到以人民为中心。

　　第二,指出要发挥模范带头作用,树立良好的整体形象。

　　要进一步加强和改进党的作风建设,用人格魅力管好自己。"人格魅力是领导干部人品、气质、能力的综合反映,也是党的干部所应具备的公正无私、以身作则、言行一致优良品质的外在表现。广大干部

---

①　习近平:《之江新语》,浙江人民出版社 2007 年版,第 257 页。

②　习近平:《之江新语》,浙江人民出版社 2007 年版,第 84 页。

群众的眼睛是雪亮的,他们不但要看我们是怎么说的,更要看我们是怎么做的。'其身正,不令而行;其身不正,虽令不从',讲的就是这个道理。有的领导干部之所以在广大干部群众中威信高,影响力大,其中一个重要方面就是自身模范作用好、人格魅力强。否则,'台上他说,台下说他',说话办事怎么会有影响力和号召力? 尤其是我们省级领导干部,众目睽睽,大家关注,更应注重身体力行,以自身的人格魅力,给人们以思想上的正确引导和行为上的良好示范,在领导工作中靠前指挥,在钱物使用上严守规定,在用权用人上坚持原则,在处理问题上公道公正,在解难帮困上尽心尽力,在工作作风上求真务实,在生活待遇上不搞特殊化,在团结共事上胸怀坦荡,努力展示自身过硬、组织信赖、下级钦佩、群众拥护的良好形象。"①要扎扎实实地帮助群众解决困难,实实在在地为群众谋取利益。在当前经济社会持续快速健康发展的好形势下,要有冷静的头脑,不骄不躁,谦虚谨慎,尤其要密切关注在宏观统计数字掩盖下的不平衡问题,高度重视"平均数不是大多数"的问题,切实关心和解决部分困难群众的生产生活问题。领导干部要克己奉公、廉政为民、一尘不染、一身正气、痛定思痛,倍加珍惜宁波现在"双赢"的局面。要始终牢记"鱼与熊掌不能兼得",自觉做到"自重、自省、自警、自励","慎独、慎初、慎小"。各级干部既要亲商爱商,大力支持非公有制经济的发展,又要做到"君子之交淡如水",慎交朋友,任何情况下都能稳得住心神、管得住身手、抗得住诱惑、经得起考验,以领导干部的良好形象和模范行为影响和带动广大干部群众,自觉维护领导班子的团结统一。

第三,指出要明确责任意识,落实党风廉政建设。

习近平同志指出:"我们的各级领导干部是人民的勤务员,我们的职权是人民赋予的,我们的责任就是向人民负责。所以,每一个领导

---

　　① 习近平:《干在实处　走在前列——推进浙江新发展的思考与实践》,中共中央党校出版社2006 年版,第 462 页。

干部都要拎着'乌纱帽'为民干事，而不能捂着'乌纱帽'为己做'官'。拎着'乌纱帽'为民干事，就要把党和人民的事业放在第一位，把自己担任的领导职务看做是党和人民赋予的重托和责任，如履薄冰、如临深渊，兢兢业业、殚精竭虑，时刻把人民的安危和贫富挂在心上；随时准备为党的事业和人民的需要舍弃随着领导职务而来的个人权力、待遇和荣耀。捂着'乌纱帽'为己做'官'，就是一事当前先为自己打算，对权力、荣耀和利益津津乐道，而把党和人民的希望和重托放在次要位置上。无事时工作得过且过，一旦遇到事关群众利益和生命财产安全的重大事故，首先不是想着人民群众的冷暖安危，而是千方百计强调客观原因，推卸责任，保全自己。"[1]浙江省第十五次党代会大会指出："牢记全面从严治党永远在路上，全面加强党的建设，把各级党组织锻造得更加坚强有力；巩固八个基础，增强八种本领；有贪必反、有腐必惩、有乱必治；聚集形式主义、官僚主义问题，开展全面检视、靶向治疗。"[2]各级领导干部必须吃透上情，摸准下情，紧密结合各自实际，制定具体的工作方案和实施步骤，一步一个脚印地推进各项工作。各级领导干部既要身体力行，脚踏实地，又要掌握轻重缓急，遵循客观规律，把力气真正用到刀刃上，集中力量打歼灭战，亲自抓一些重点工作的落实，以点带面，推动全局。治国必先治党，治党务必从严。压实党风政风建设主体责任，坚决防止"借口集体负责，而谁都不负责"。反腐倡廉，省级领导干部要以身作则，率先垂范。要自觉做到自重、自省、自警、自励，任何时候都要稳得住心神，抗得住诱惑，经得起考验。要带头规范从政行为，带头执行廉洁自律的各项规定，带头接受党组织和群众的监督，要求别人做到的，自己首先要做到，要求别人不做的，自己坚决不做，以自己的模范行为带动广大干部群众。

---

[1]　习近平：《之江新语》，浙江人民出版社 2007 年版，第 50 页。
[2]　《忠实践行"八八战略"　坚决做到"两个维护"　在高质量发展中奋力推进中国特色社会主义共同富裕先行和省域现代化先行——在中国共产党浙江省第十五次代表大会上的报告》，《浙江日报》2022 年 6 月 27 日。

第四，指出要树立正确的权力观，把权力关进制度的笼子里。

加强党风廉政建设必须关口前移，加强监督和教育，多一点告诫和批评。领导干部如果思想上麻痹了、松懈了，就容易出问题，特别是在顺境中，容易得意忘形，这叫"温水效应"。因此，对干部还是要"多提醒、多打招呼，这有好处"。莫把制度当"稻草人"摆设。执行制度难，主要原因是一些干部当"老好人"，不愿得罪人，你好我好大家好，不讲原则讲人情，不讲党性讲关系，甚至批评也变成了变相的表扬，我们要在狠抓制度的贯彻落实上下功夫，要发扬"钉钉子"精神。"抓落实就好比在墙上敲钉子：钉不到点上，钉子要打歪；钉到了点上，只钉一两下，钉子会掉下来；钉个三四下，过不久钉子仍然会松动；只有连钉七八下，这颗钉子才能牢固。这就说明，抓落实首先要抓到点上、以点带面。要盯住事关全局的重点工作，把力量凝聚到点上，着力解决涉及全局的突出问题，以点带面，推动全局，避免'撒胡椒面'式地这里抓一下，那里敲一点，浅尝辄止、朝三暮四。"①同时要积极开展批评和自我批评，开展经常性的监督检查，严肃查处违反制度的人和事，充分发挥新闻媒体的监督作用，该曝光的要曝光，该通报的要通报，该惩处的要惩处，做到令行禁止、违者必究，努力使制度成为机关干部自觉遵守的行为准则。"经过不懈努力，党找到了自我革命这一跳出治乱兴衰历史周期率的第二个答案，自我净化、自我完善、自我革新、自我提高能力显著增强，管党治党宽松软状况得到根本扭转，风清气正的党内政治生态不断形成和发展，确保党永远不变质、不变色、不变味。"②

习近平同志曾在《对腐败多发领域要加强防范》一文中指出："党的建设的经验证明，加强党内监督和纪律建设，必须要有严格的制度规范。制度建设更带有根本性、稳定性和长期性，是党内监督工作和

　　①　习近平：《之江新语》，浙江人民出版社 2007 年版，第 241 页。
　　②　习近平：《高举中国特色社会主义伟大旗帜　为全面建设社会主义现代化国家而团结奋斗——在中国共产党第二十次全国代表大会上的报告》，人民出版社 2022 年版，第 14 页。

纪律建设持续深入健康发展的重要保证。"①把权力关进制度的笼子里,是全面从严治党的应有之义和关键所在。领导干部要牢固树立法治框架下的权力观,确保权力运行在法定程序和法定权限之内,依法用权、依法办事,进一步规范权力的行使、制约权力的滥用、遏制权力的腐败。只有把权力关进制度的笼子里,才能更好地用制度和法律去管干部、管权力,切实推进社会主义法治建设。

四、创新基层民主协商,推进基层治理科学化、法治化进程

习近平总书记在党的二十大报告中强调:"全过程人民民主是社会主义民主政治的本质属性,是最广泛、最真实、最管用的民主。"②"协商民主是实践全过程人民民主的重要形式"③,是充分贯彻有事好商量,众人的事情由众人商量的有效途径。近年来,宁波市认真贯彻《中共中央　国务院关于加强和完善城乡社区治理的意见》精神,坚持把社会治理重心落到城乡社区,以社区党建为引领、以居民需求为导向,持续加强和创新城乡社区治理,打造了"365社区服务工作法""村级小微权力清单制度""村民说事制度"等一批全国闻名的基层治理服务工作品牌,走出了一条具有宁波特色的城乡社区治理新路子。

第一,指出要加强农村党建,夯实农村执政基础。

党的基层组织是党全部工作和战斗力的基础。基础不牢,地动山摇。党的工作最坚实的力量支撑在农村,最突出的矛盾也在农村,必须把抓农村基层作为长远之计和固本之策。农村基层组织建设是一项长期的任务,必须"围绕主题、解决问题"。无论农村经济社会结构

---

①　习近平:《之江新语》,浙江人民出版社2007年版,第68页。

②　习近平:《高举中国特色社会主义伟大旗帜　为全面建设社会主义现代化国家而团结奋斗——在中国共产党第二十次全国代表大会上的报告》,人民出版社2022年版,第37页。

③　习近平:《高举中国特色社会主义伟大旗帜　为全面建设社会主义现代化国家而团结奋斗——在中国共产党第二十次全国代表大会上的报告》,人民出版社2022年版,第38页。

如何变化，无论经济社会组织如何发育成长，农村基层党组织的领导地位不能动摇、战斗堡垒作用不能削弱。要从巩固党的执政基础的高度出发，坚持问题导向，进一步加强农村基层党组织建设，为农村改革发展稳定提供有力保障。近年来，宁波市按照基层党建总体要求，持续推进农村软弱涣散党组织整顿工作，全面加强农村基层组织带头人队伍建设，不断加大农村基层党组织投入保障力度，努力加强农村基层服务型党组织建设，为促进经济社会发展做出了重要贡献。

加强农村党建，首先要发挥好政治引领作用。农村基层党组织的领导核心作用主要表现在：确保党的路线方针政策在农村得到贯彻和落实，领导农村各种组织，领导农村的各项工作，团结带领农民群众建设美好生活。充分发挥好政治引领作用，要牢牢把握中国特色社会主义这个大方向，紧紧围绕建设社会主义新农村这个目标，团结带领农民群众坚定不移跟党走，推动党的路线、方针、政策在农村落地生根。要严肃组织生活，严格落实"三会一课"、民主评议党员等制度，基层党组织至少每季上一次党课、开展一次集中活动，每年至少召开一次民主生活会和组织生活会，开展一次民主评议党员等活动。其次要发挥好服务群众的重要作用。要做政治的明白人、发展的开路人、群众的贴心人和班子的带头人。村党支部离群众最近，一定要做群众贴心人，知道群众想什么、要什么、希望我们干什么。村干部要坚持轮流"坐班"制，保证群众能够在第一时间找到人、办成事，要真心对待群众，答应群众的事，一定要兑现承诺。再次要发挥好村务监督委员会的监督作用。建立村务监督委员会，进一步加强对村务决策、执行、公开的监督，推进基层民主管理，保障村民行使管理事务的合法权益。村务监督委员会由党支部成员或党员担任负责人，其他成员可由村民理财小组成员或责任心强、具有监督能力的村民担任，村务监督委员会要自觉接受村党组织的领导，对村民会议和村民代表会议负责，村委会也要自觉接受监督。

要高度关注基层政权组织、经济组织、自治组织、群团组织、社会组织发展变化的特点,加强指导和管理,使各类基层组织按需设置、按职履责、有人办事、有章理事,既种好自留地、管好责任田,又唱好群英会、打好合力牌。农村基层党组织是各种村级组织的领导核心,始终要在党组织的领导下,按照法律和章程开展工作。农村基层党组织要敢于负责,主动作为,把各种组织的力量拧成一股绳,共同带动农民致富。上级党组织和相关主管部门也要为基层党组织发挥领导作用提供有力支持。宁波市立足自身实际情况,不断加强农村基层民主,层层落实主体责任,“以建立健全市、县、乡三级党委书记抓基层党建责任清单为抓手,将党建责任清单完成情况纳入市、县、乡党委书记抓基层党建述职评议考核内容,明确责任、定期验收,增强各级党委书记抓党建的主业意识。充分发挥好乡镇党委作为农村基层组织的龙头作用,一手抓队伍一手抓服务,充分调动党建第一责任人以最大力度抓最大政绩的积极性”①。同时,镇层面全面推行“走村不漏户、户户见干部”制度,实现了急事难事见干部、政策宣传见干部、化解矛盾见干部、项目推进见干部,切实打通服务群众的“最后一公里”。农村基层党组织在密切团结群众,凝聚人心方面具有重要作用,是党和国家政权的前沿地,基层党组织是我们党执政的根基,具有鲜明的政治属性。在强化村组织的政治功能方面,宁波市全面实施“堡垒指数”管理,抓好“三会一课”制度全面落实,努力规范组织生活,不断强化村组织的政治功能。进一步规范村级权力运行,“全面推行农村小微权力清单,界定农村基层组织和基层干部的权力,推动小微权力公开运作,打造村务阳光工程”。

第二,指出要深化社区党建,创新智慧党建。

提升基层社会治理水平,是实现国家治理体系和治理能力现代化的重要环节。近年来,宁波市紧紧遵循习近平总书记关于做好城乡社

---

① 浙江省社会科学院课题组:《践行“八八战略”　建设“六个浙江”》,社会科学文献出版社2018年版,第460页。

区治理工作的重要指示精神，以社区党建为引领，以居民需求为导向，以群众满意为标准，以队伍建设为支撑，持续加强和创新城乡社区治理，打造了"365社区服务工作法""开放空间""小区居民自治互助站"等一批特色基层治理服务工作品牌，提高了治理效能，增强了居民幸福感、获得感。

一是"网格党建"为基层治理赋责赋能。基层是社会治理的基础和重心，要做好基层治理，必须党建来引领、社会齐动员、人民当好家、"四治"需统筹、创新来助力、责任加情怀。宁波市始终坚持发挥党建在基层社会治理中的引领作用，探索多种途径、多种渠道、多种载体，做好人民群众关心的事、多做人民群众满意的事，让人民群众能够享幸福、得实惠。"网格党建"，以基层社会治理网格为基本单元，组建网格党支部（党小组），实现全域覆盖，推动支部建强在网格、作用发挥在网格、问题解决在网格、干部成长在网格。针对网格党组织内部制度执行不到位、服务功能升级偏缓、党员作用发挥不够等问题，社区从"红色堡垒""镇红先锋""党员红岗""聚力亮红"入手，推动支部建设标准化、规范化，为民服务精准化、显性化，作用发挥常态化、制度化和党员管理精细化、科学化，提升工作实效。过去，虽说街道社区是基层治理的第一线，但条线"各自为战"、基层"单打独斗"的情况长期存在。"网格党建"秉持区域"一盘棋"理念，有利于突破行政级别、行业地域等限制，整合驻区单位资源，全面推行街道"大工委"、社区"大党委"机制全覆盖，进一步为基层赋能。

二是"党建＋自治""家人治家"蔚然成风。针对清除"僵尸车"、取缔小摊贩、破解停车难、垃圾堆处理变绿地等实际问题，宁波市在全省率先试点的小区自治互助站，发挥"街道—社区—小区—网格—楼道"五级党建网络枢纽作用，以项目补助、公益支持、政府采购等方式，引导自治能人成立小区自治互助站，并将业委会、物业公司代表纳入，协同解决业主诉求，"家人治家"蔚然成风。互助站作为服务群众的延伸，带来了更精准、更具人性化、更有人情味的服务，成为群众参与社会治理的重要载体。通过建立小区自治互助站，宁波市镇海区基本实现城市小区全覆盖，为解决民生问题提供了重要途径。不仅如此，针对社区治理的"物居业"之间的痛点，镇海以打造"红色业委会"为突破口，提高党员参与比例，加强党建在社区自治中的引领作用，将党的触角进一步延伸至基层治理的"毛细血管"。

三是"共享"模式补齐新兴领域治理短板。随着全域城市化的持续推进，传统的单位党建、社区党建模式已经难以适应发展的需求，社会矛盾"触点"增多、"燃点"降低，基层社会治理面临许多新问题。对此，宁波市聚焦新兴领域治理薄弱环节，在商务楼宇、产业园区、商圈市场等新业态集聚区域，推行"区域化党建＋社区式管理"模式，把党建工作真正嵌入经济发展最活跃的经络。通过资源联享、活动联办、党员共管，党组织在需求整合、资源统筹、人才集聚等方面的力量愈发强大，"新业态党建生态圈"逐步形成。宁波进一步推出深化"三个年"专项行动先锋榜，把目光投向基层一线的优秀党组织和党员干部，重点展示他们在服务企业、服务群众、服务基层中比担当、比落实的事迹，激励更多党员干部推动党的事业与基层治理同频共振。

宁波市从小处着眼、实处着手，牢固树立全局观念，牢牢抓住党建这个"牛鼻子"，深化城乡社区治理顶层设计这篇"大文章"，抓好党组织书记、党员两支队伍，突出固本强基，凝聚先锋力量，着力打造党建引领基层治理新格局。宁波将继续强化党建统领能力，激活社会组织协同能力，加强社区工作队伍建设，用好专业化治理手段，不断提高基层治理的精细化和精准化，为"重要窗口"建设贡献更多的宁波经验。善于以综合集成的方法理清工作思路、找准工作目标、明确工作路径，切实推动"碎片治理"向"系统治理"转变。持续深化"三治"融合，营造共建共治共享的治理格局。城乡社区治理统筹兼顾"自治活力""法治秩序""德治精神"3个维度，尊重居民群众的主体地位，运用法治思维和法治方式推进工作，弘扬公序良俗，努力形成"三治"融合的乘数效应。把握发展趋势，形成整体智治迭代升级的治理效能。

第三，指出要重视"两新"组织党建，拓展党建新领域。

"两新"组织党建是指新经济组织（非公有制经济）和新社会组织党建，也是新时代党建工作新课题、新领域。作为市场经济的先发地区，历届浙江省委高度重视"两新"组织党建工作。全省各级党组织以创造性的工作，拓展了党建工作的新领域，实现了从无到有，从"星星之火"到"全线飘红"。近年来，宁波市"紧紧围绕'党建强、发展强'的目标，通过扩大'两新'组织党建工作覆盖面，推动'两新'组织党组织发挥实质作用，不断提升'两新'组织党建工作整体水平。针对部分'两新'党组织不够稳定、小微单位覆盖难、新领域新业态覆盖有空白点等问题，积极推行单独组建、区域联建、行业统建、派员帮建、龙头领建等'十个一批'组建方式，扩大工作覆盖、全面兜底管理，确保有党员的'两新'组织实现组织覆盖，没有党员的实现工作覆盖"①。进一步加快实现非公有制企业党建发展和新社会组织的有效运转。作为基层党建的重要力量，宁波的"两新"党组织在促进经济社会发展和社会和谐稳定方面发挥着重要的作用。

一是要加强党组织书记队伍建设和党务工作者队伍建设。"两新"组织党支部书记非常关键，要坚持把政治强、能力强、作风好的党员选拔到党组织书记岗位上来，确保积极发挥党组织带头人作用。同时，按照"把党员培育成业务骨干，把业务骨干发展成党员"的工作思路，引导基层党组织从思想政治、能力素质、道德品行、现实表现等方面对发展对象进行深入考察，严把党员发展入口。不断拓宽选人用人渠道，通过从负责人或管理层选拔、从退休或不担任现职的党政领导干部中选派、面向社会公开选聘等方式，选优配强党组织书记，加快建设一支素质优良、结构合理、数量充足的党务工作者队伍。

二是要提升基层党组织服务能力。注重把基层党组织活动与"两

---

① 浙江省社会科学院课题组：《践行"八八战略"　建设"六个浙江"》，社会科学文献出版社 2018 年版，第 463 页。

新"组织经营管理紧密结合,将党建工作有效融入企业生产管理等各个环节。注重党组织的文化性,通过贯彻落实党的路线方针政策,帮助企业建设先进企业文化。注重党组织的服务性,定期开展结对帮扶,体现"两新"组织社会担当。不断创新和搭建基层党组织和党员发挥作用的有效载体,积极开展主题活动和社会服务,增强党组织、党员工作和活动的有效性,逐步构建条块结合、资源共享、优势互补、共驻共建的充满生机活力的党建新格局。

三是要增强党员教育针对性和有效性。重视党员素质能力教育培训,在"两新"组织中开设党校课堂、专家课堂、"两新"党建宣讲团课堂等,着力提高党员干部政治理论素养。采用创新专题课堂、实践课堂、流动辅导、对口联系等多种形式,全面提升党员干部工作能力。建立"两新"党组织联系点制度,下派专(兼)职党建工作指导员,深入驻点,发挥宣传、指导、监督、协调作用。在此基础上,进一步健全党员教育制度、加大培养力度、拓宽培养渠道,在教育的内容上贴近实际、务求实效,在教育方法上突出主题、创新形式,切实增强党员教育的针对性和有效性。

第二节 加强党的建设,构建风清气正 的政治生态新局面

宁波市紧扣忠实践行"八八战略"总要求,深入实施党建中的"八八战略",奋力打造"重要窗口",从自身实际出发,不断深化认识、开拓创新,积极探索符合宁波实践特点的中国特色社会主义政治发展道路。近年来,在加强党的建设、完善基层民主制度、建设法治宁波等方面进行了积极而有效的创新探索,积累了丰富的实践经验,具有一定的典型意义和示范价值。

一、加强党的建设,全面提高执政能力

宁波市以勇于创新的精神不断加强党引领各项事业的本领,不断增强党执政的经济、政治、文化、社会基础,将党的建设同物质文明建设和精神文明建设有机结合起来。宁波基层民主建设为浙江的"两个高水平"建设提供了强有力的政治保证,也为实现中国梦提供了宝贵的基层实践经验。

第一,深入贯彻党建中的"八八战略"要求,全面推进经济强市建设,不断增强驾驭社会主义市场经济的本领。

1978 年到 2001 年,浙江 GDP 年均增长率高达 13.3％,位居各省前列。但是,先发地区必然遭遇先发问题,进入 21 世纪新阶段之后,浙江经济高速增长的势头开始放缓。习近平同志敏锐地指出:"浙江的发展正进入一个关键的时期,在这个关键时期,结构需要优化,产业需要升级,企业需要扩张,要素需要保障,环境需要保护,市场需要更大的空间,经济增长方式需要从根本上转变。"①推进浙江经济结构的战略性调整和增长方式的根本性转变,实现浙江经济的创新发展,就要养好"两只鸟":一个是"凤凰涅槃",另一个是"腾笼换鸟"。所谓"凤凰涅槃",就是要拿出壮士断腕的勇气,摆脱对粗放型增长的依赖,大力提高自主创新能力,建设科技强省和品牌大省,以信息化带动工业化,打造先进制造业基地,发展现代服务业,变制造为创造,变贴牌为创牌,实现产业和企业的浴火重生、脱胎换骨。所谓"腾笼换鸟",就是要拿出浙江人勇闯天下的气概,跳出浙江发展浙江,按照统筹区域发展的要求,积极参与全国的区域合作和交流,为浙江的产业高度化腾出发展空间,并把"走出去"和"引进来"结合起来,引进优质的外资和内资,促进产业结构的调整,弥补产业链的短项,对接国际市场,从而

---

① 习近平:《干在实处　走在前列——推进浙江新发展的思考与实践》,中共中央党校出版社 2006 年版,第 111 页。

培育和引进"吃得少、产蛋多、飞得高"的"俊鸟"。

宁波始终沿着这一发展思路，深入实施"八八战略"，大力实施"六化协同"和"六争攻坚"行动，开创了干在实处、走在前列、勇立潮头的新局面，着力建设世界一流强港，着力构建现代产业体系，着力融入新发展格局，全面建设高水平国际港口名城、高品质东方文明之都，加快打造现代化滨海大都市，争创社会主义现代化先行市，奋力当好浙江建设新时代全面展示中国特色社会主义制度优越性重要窗口的模范生。2022年，宁波经济发展提质进位，生产总值突破1.5万亿元。人均生产总值达到高收入经济体水平，经济结构进一步优化。现代产业体系全面构建，实施"246"万千亿级产业集群培育、"3433"服务业倍增发展、"4566"乡村产业振兴等行动，工业总产值居全省首位，国家级制造业单项冠军数居全国城市首位。创新"栽树工程"成效显著，国家自主创新示范区和甬江科创大走廊加快建设，人才净流入率居全国主要城市前列。重大战略全面实施，积极参与长三角一体化、长江经济带发展和浙江大湾区大花园大通道大都市区建设。国家跨境电商综合试验区、国家保险创新综合试验区等重大试点取得实效。对外开放步伐加快，获批浙江自由贸易试验区宁波片区，谋划实施"225"外贸双万亿行动，"一带一路"综合试验区、17＋1经贸合作示范区建设扎实推进，进出口总额占全国比重持续提升，港口集装箱吞吐量跃居世界第三。

第二，深入贯彻党建中的"八八战略"要求，全面推进法治社会建设，不断增强发展社会主义民主政治的本领。

党的十六大确立的全面建设小康社会目标，其中一个重要内容是社会主义民主更加完善，社会主义法治更加完备，依法治国基本方略得到全面落实，人民的政治、经济和文化权益得到切实落实和保障。建设法治浙江的重大决策，开启浙江作为市场经济先发地区运用法治思维、法治方式治省理政的征程。历届浙江省委带领全省人民，从推进国家治理体系和治理能力现代化的高度，不断拓展提升对建设法治浙江内涵及实践的认识和把握。

　　宁波市深入学习贯彻习近平法治思想,认真落实中央全面依法治国工作会议和省委法治浙江建设工作会议精神,聚焦忠实践行"八八战略"、奋力打造"重要窗口",加快推进法治宁波建设,高水平打造法治中国先行市,为实现新发展阶段的宁波历史使命提供有力的法治支撑。一是坚持党的领导,始终坚守法治建设正确政治方向。自觉践行"两个维护",坚决维护宪法法律权威,不断健全领导体制,切实强化队伍建设,确保法治宁波建设始终朝着正确政治方向前进。二是坚持整体智治,全面建设数字法治系统。创新推出一批应用场景,促进法治业务紧密协同,健全风险闭环管控大平安体系,依法治理互联网,全面提升立法、执法、司法、守法等领域数字化水平。三是坚持高质量立法,努力以良法促进发展、保障善治。突出实效性、注重前瞻性、保证科学性、增强协同性,提高立法的质量和效率,真正做到每立一部法规就能根治一类问题、规范一类行为。四是坚持依法行政,继续推动法治政府建设走在前列。处理好"有限"与"有为"、"秩序"与"活力"、"综合"与"专业"的关系,建立健全权责统一、权威高效的依法行政体系,加快打造整体智治、唯实惟先的现代政府。五是坚持公正司法,依法维护社会公平正义。把公平正义作为法治建设的生命线,以改革促公正、以监督促公正、以公开促公正,确保司法活动的每一个环节都经得起法律的检验,让人民群众的司法获得感成色更足。六是坚持"四治"融合,加快建设法治社会。增强全民法治观念,创新基层法治实践,提升群众安全感,发挥德治教化作用,不断巩固社会安定有序、人民安居乐业的良好局面。

　　在法治社会的建设过程中,宁波市不断提高政治站位,积极培育法治精神,推动法治宁波建设持续迈上新的台阶。着力补齐短板、做强长板、打造样板,努力形成了一批法治宁波建设标志性成果。

　　第三,深入贯彻党建中的"八八战略"要求,致力于巩固党执政的文化基础,全面推进文化强市建设,不断增强建设社会主义先进文化的本领。

　　文化是城市的灵魂,宁波在文化建设中牢牢把握当好浙江"重要窗口"模范生的要求，形成了具有中国气派、浙江辨识度、宁波特质的重大标志性成果，为建设独具魅力的文化强市作出了积极探索。近年来，宁波大批公共文化设施建成投用，均等化公共文化服务体系基本建立，文化产业实现跨越式发展，成为国民经济发展支柱产业，文化高质量供给能力持续提升。到 2021 年，宁波市已连续 7 届共 21 部作品入选全国"五个一工程奖"，89 部作品入选省"五个一工程奖"，近 400 件优秀作品获全国各类常设性文艺奖项，获奖数量在全国副省级城市和计划单列市中名列前茅。

宁波市在贯彻落实党建中的"八八战略"过程中，奋力打造文化强市，不断增强城市文化软实力。一是大力推动优秀传统文化创造性转化、创新性发展。不断健全不可移动文物保护机制，完善非遗保护宁波"三位一体"模式，加强对世界文化遗产大运河（宁波段）和海上丝绸之路文化遗产的保护、传承和利用，推动大运河文化带和大运河国家文化公园建设，着力打造阳明文化高地，推动古丝绸之路"活化石"重新焕发生机。二是进一步增强高质量文化供给能力。坚持以社会主义核心价值观为引领、以"中国梦"为时代主题、以人民为中心的创作导向，围绕重大主题、重要节点、重点题材，聚焦浙江"三个地"、"四知"宁波精神，创新文艺工作机制，创作推出一批具有宁波特质、展示宁波风采、凸显宁波成就，兼具思想性、艺术性和观赏性，在全国有影响力的优秀文艺作品，努力推动宁波文艺工作继续走在全省乃至全国前列。三是提升基本公共文化服务水平。建设完善一批重要的公共文化设施，其中包括天一阁博物馆扩建工程、宁波音乐厅（新）、河海博物馆等重大文化工程。同时以打造全民艺术普及先行区为抓手，大力推动公共文化服务提档升级。创新公共文化服务管理运行机制，健全完善市和区县（市）公共文化服务体系建设协调组，推动公共文化服务体系跨部门、跨领域共建共享和融合发展。四是文化产业按照建设"重要窗口"模范生要求，主要在推动传统文化产业升级和壮大新型文化产业业态两大主攻方向上下功夫，以积极打造高端文化制造业基地、全国一流影视产业基地、全国文化金融合作示范区和长三角文旅融合中心为目标，使宁波文化产业体系更为完善，综合实力显著增强，集聚效应充分显现，支撑体系更加完善，体制机制更富活力，努力推动宁波文化产业实现"千亿产业"目标。五是全面深化文化体制改革，加快建立健全国有文旅企业现代企业制度，充分激发企业积极性，积极稳妥推动股份制改造和混合所有制改革，完善对接多层次资本市场金融服务平台体系。六是持续深化国有文艺院团改革，推进国家文化和金融合作示范区创建，规范引导各类金融资本、社会资本投入文化和旅游领域，加快建立文旅产业投资基金，推动文旅企业进军资本市场。

　　第四，深入贯彻党建中的"八八战略"要求，致力于巩固党执政的社会基础，全面推进平安宁波建设，不断增强构建社会主义和谐社会的本领。

　　宁波围绕创建平安中国示范区的目标开展一系列工作，以争当浙江建设"重要窗口"模范生的目标追求，进一步筑牢平安建设的铜墙铁壁，针对性强、措施全、力度大，取得了很好的成效。"十一五"期间，宁波每年投入经费10多亿元用于平安建设。2009年，在人民网开展的市民最满意城市评选中，95.76%的受访群众认为宁波是安全的，这一数据连续5年高于全国平均水平，在全省也处于领先水平。自2004年5月宁波市做出建设"平安宁波"的战略决策以来，在市委、市政府的正确领导下，各地各部门精心组织、周密部署，不断推动"平安宁波"建设向纵深发展，巩固了社会和谐稳定的良好局面。到2020年，全市乡镇（街道）综治工作中心建成率达到了100%，较大村、社区和300人以上规模企业综治工作室建成率达到100%。全市信访总量、群体性事件、刑事发案率连续5年下降，全市安全生产事故总量、死亡人数、直接经济损失连续3年实现"零增长"。2009年初宁波市被中央综治委评为"2005—2008年度全国社会治安综合治理优秀市"，市本级连续4年跨入"浙江省平安市"行列，11个县（市）区连续3年被评为"浙江省平安县（市）区"。公安机关命案和"五类"（爆炸、投毒、放火、劫持、强奸）案件破案率分别在 95％以上和 100％。推出了一系列在全国、全省领先的平安创建举措。大力推进基层和谐促进工程建设，17万名和谐促进员活跃在社区墙门、村民小组、企业班组，他们收集社情民意，排查安全隐患，调解矛盾纠纷，成为社会稳定的基石。在全省建设平安浙江工作暨扫黑除恶专项斗争总结表彰会议上，宁波市获得浙江 2020 年度平安市、平安县（市、区）和平安建设工作优秀单位的表彰，成功问鼎"一星平安金鼎"。自 2004 年浙江省委做出建设"平安浙江"的重大决策以来，宁波也开启了创建"平安宁波"的征程。在"平安宁波"的建设中，宁波市进一步拉高标杆，提高政治站位和目标定位，在更高水平谋划平安建设上当好模范生。大力改革创新，着力构建大平安统筹协调体系，深入推进系列平安创建工作和政法数字化改革，在扎实推进平安建设上当好模范生。不断补齐短板，着力完善风险闭环管控大平安机制，加强突出问题专项治理，深化重点地区挂牌整治，在深入整治平安建设突出问题上当好模范生。固本强基，加快市域社会治理现代化试点，大力推进社会治理重心下移，更加注重强化基层基础，在夯实平安基础上当好模范生。把营造安全稳定的社会环境作为重大的政治任务，落细落小、压实责任，切实做好各项稳定工作和平安工作，努力建设更高水平的"平安宁波"，为全国、全省大局做出更大贡献。

　　宁波市在加强党的执政能力的建设过程中，忠实践行党建中的"八八战略"，不断加强党的执政能力和先进性建设，增强党执政的经济、政治、文化、社会本领。进入 21 世纪以来，中国共产党作为执政党，面临的新情况、新问题、新矛盾层出不穷，党中央将这些新情况、新问题、新矛盾概括为"四大考验""四种危险"，并自觉地把保持党的先进性和纯洁性作为"在改革开放和社会主义现代化建设进程中应对和经受住各种考验、化解和战胜各种危险的重要法宝"①。同时，党中央

---

① 习近平：《扎实做好保持党的纯洁性各项工作》，《求是》2012 年 3 月 16 日。

指出"保持党的先进性，就必须坚持立党为公、执政为民，不断提高领导水平和执政水平"，就必须"把党的先进性要求转化为全党的实际行动、贯彻到党的全部执政活动中去"①。

从浙江省的具体情况来说，就是要落实到深入实施"八八战略"、全面建设"平安浙江"、加快建设文化大省和努力建设"法治浙江"上，落实到推动浙江全面建设小康社会、提前基本实现现代化上，落实到让全体人民共享经济社会发展的成果上。把握住这一点，就从根本上把握了先进性的本质，把握了加强先进性建设的方向。同时，充分认识到党的执政能力建设和先进性建设是紧密相关、相辅相成的，抓住了执政能力建设，就抓住了党的建设的主线，就抓住了保持党的先进性、完成党的执政使命的本质。只有不断提高党的执政能力，始终体现时代要求，才能巩固和发展党的先进性，永葆党的生机和活力。

二、深入推进基层民主建设

习近平总书记在党的二十大报告中强调："基层民主是全过程人民民主的重要体现。"②宁波市不断推进基层民主建设，创新性地提出并实施"村民说事"制度。"村民说事"制度基本形成了以"说、商、办、评"为核心内容的制度体系，包含着村民自治、引导创业、乡风养成、矛盾调解、村务监督、基层廉洁等各个层面的内容，涉及基层组织、民主法治、农村文化等各个领域，搭建起了协商民主新平台，构筑了村务管理、决策、治理、监督的全流程，走出了一条共商共信、共建共享的治村理事新路子，是打造美丽乡村升级版的有效切入点和重要着力点。进一步完善"村民说事"制度就是要形成同频共振、互促共进的说事生态、干事生态、成事生态。

① 《十六大以来重要文献选编》(中)，中央文献出版社2005年版，第615—616页。
② 习近平：《高举中国特色社会主义伟大旗帜　为全面建设社会主义现代化国家而团结奋斗——在中国共产党第二十次全国代表大会上的报告》，人民出版社2022年版，第39页。

第一，以制度为支点创新协商模式。宁波市积极制定并出台《关于加强社会主义协商民主建设的实施意见》《关于全面推广"村民说事"制度的实施意见》《关于加强社区协商的实施意见》等"1＋2"制度体系，以健全基层党组织领导的充满活力的基层群众自治机制为目标，以扩大有序参与、推进信息公开、加强议事协商、强化权力监督等为重点，构建了协商主体广泛、内容丰富、形式多样、程序规范、制度健全、成效显著的基层协商蓝图。在城市，以"五有五化"①议事协商模式为基础，确立市级社区协商示范观察点，以点带面，探索基层协商民主的新路径。在农村，重点建立"一图三表五清单"制度②，落实"五有五说"制度③，构建融说事、议事、办事、评事于一体的制度规范，说出发展、说出民主、说出文明、说出和谐、说出清廉。

第二，注重创新优化。宁波市不断探索新方式，创设新载体、拓展新渠道，实现面上共性与点上个性的有机融合，使城乡协商民主制度更有活力、更具生命力。象山县创新"村民说事"制度，受到中共中央政治局、中央农村工作领导小组的充分肯定，入选全国首批乡村治理典型案例；海曙区拓展"开放空间"协商技术，入围首届中国城市治理创新奖；镇海区打造小区居民自治互助站"家人治家"模式，获得省领导的肯定；北仑区开全国先河发布《居民议事规范》和《物业协作协商规范》两个社区协商地方标准。

第三，以民意为导向创新协商载体。宁波市在线上线下积极探索以民意为主导的创新协商载体，取得了不错的效果。线下，在公园、广场、小卖部等居民群众聚集地设立说事长廊、议事凉亭等议事点，在村

---

① "五有"指有一个议事组织、有一份议事目录、有一个议事平台、有一张协商流程图、有一套协商议事制度。"五化"指协商主体多元化、事项清单化、形式多样化、程序规范化、成果效能化。

② "一图三表五清单"制度指画好"村民说事"工作流程图，用好"村民说事"登记流转表、村民代表联户表、村干部责任分工表，填好村级集体经济清单、村庄建设清单、为民办事清单、农村稳定清单、干部清廉清单。

③ "五有五说"制度指有说事场所，定点定时说；有说事清单，明确边界说；有说事平台，线上线下智慧说；有说事热线，随时随地说；有说事台账，前因后果记录说。

（社区）会议室、活动室、文化礼堂等基层阵地建立村民说事厅、居民议事厅等议事场所，让居民群众有处说事；线上，充分利用微信、QQ、门户网站等网络载体，利用信息技术建立网上议事厅、说事小程序、微信交流群、QQ 交流群等议事平台，搭建覆盖老中青的全天候协商平台，让居民群众随时议事。还通过组织召开共建理事会、民情恳谈会、民主议事会、听证会等形式，开展"阵地说""主题说"；结合"包乡走村""百名干部访万户、千名党员进万家"等活动，开展"上门说""当面说"，引导居民群众充分表达意见建议。2019 年，宁波市 2477 个村共召开了各种形式的说事会 3 万余次，收到各类议题、问题近 9 万个。通过组织开展"社区论坛""头脑风暴"，开放"网上民情页""议事专题栏"等形式，开展"指尖"说事、云端议事，引导居民群众随时说、敞开说。镇海区开展虚拟社会"网格说事"，建立网格微信群 800 余个，日常参与党员群众 5 万余人。

第四，广泛凝聚各方力量。坚持最大限度吸纳社会各方参与社区协商。一是引导居民群众来说事。针对居民反映的私事小事，按照"说、议、办、评"四步法，邀请业委会、物业公司等相关方参与，做到社区搭台、民事民商。海曙区石碶街道东方社区针对小区垃圾分类问题，组织多方商讨，积极听取群众意见，最终确定垃圾投放地点和投放时间。二是邀请代表委员来协商。针对群众反映、社区自身无法解决的问题，比如垃圾房改造、群租房管理等问题，在全省率先探索"请你来协商"机制，定期邀请人大代表、政协委员及职能部门进社区开展小微协商。三是特邀专家学者来认证。对关系重大、专业性强的事项，决策前召开意见征询会、听证会，进行反复认证、达成共识。通过开展多种形式的社区协商实践，较好地解决了"加装电梯""老旧小区改造""停车位改造"等社区治理热点难点问题，基本实现了"小事不出社，大事不出镇，矛盾不上交"。

第五，以满意为标准落实协商成果。探索建立"社区微基金""村村慈善帮扶基金"，通过向社区居民、辖区单位、群团组织、慈善人士等多类群体"众筹"等方式集聚资源资金。推进协商成果以微项目、微服务的形式细化落实,以打包项目、购买服务等形式引导社会力量解决社区问题、改善社区环境。

"村民说事"说的是村民的心里话,解的是村民的烦心事,推动的也是村民的自我认同和乡村的价值重建。"说"是基础。在象山,基层干部间有一个普遍共识:说事不仅意味着固定日子坐下来"集中说",还要主动倾听"上门说",更要创新方式"灵活说",线上线下结合,充分调动村民参与说事的积极性。"说"好是为了做实。在打通民意收集渠道后,还必须有行之有效的措施确保相关诉求得到及时反馈和解决。为此,象山县各乡镇初步建立了"说、议、办、评"相结合的闭环说事体系。在"议"事方面,常事急事由村党支部书记主持召开村务会议商议,大事要事召开党员大会、村民代表会议商议。县、乡两级建立社会治理综合智慧中心和综合指挥室,统一受理流转交办网格和各渠道上报的各类事件。部分乡镇还成立了乡贤顾问团等组织,邀请各行业人才参与村庄发展重大事项。在"办"事方面,象山将"放管服"改革向农村延伸,加快基层便民服务点建设,村级事务管理多员合一、专职代办,实现常用事项和民生事项在县域通办。在"评"事方面,每件"村民说事"事项办结后,一要对村民进行满意度测评,二要把"村民说事"与集体经济、村庄环境、社会稳定、干部廉洁"四张报表"考评相结合,比学赶超,争先创优,通过测评和考评倒逼"说、议、办"环节真正取得成效。"村民说事"制度作为协商民主在基层的生动实践,创建了基层民主管理新方式,正确引导"自治"在"法治"轨道上有序运转。坚持依法依理说事,推出法律服务说事,创建"律师 e 说事",推行"警民说事""法官说法""检察官说案",发挥法律专业力量化解村级矛盾;加强"村民说事"与人民调解互联互动,全力打造法治引领、德治相辅、自治实践的乡村善治象山样板。

三、强化法治宁波建设，巩固和谐稳定发展基石

浙江省经济社会发展较快，社会主义市场经济体制比较完善，一些地方在推进社会主义民主的制度化、规范化和程序化方面创造了不少好的做法和经验。因此，我们完全有基础、有条件、有责任在法治建设方面进行积极的探索，以适应浙江经济社会发展走在前列的客观需要，并为建设社会主义法治国家做出应有的贡献。2006 年 4 月 25 日浙江省委十一届十次全会作出建设"法治浙江"的决定，率先启动"法治中国"建设在省域层面的实践探索。在此背景下，宁波市一以贯之地推进法治建设，在依法执政、人民民主、地方立法、依法行政、公正司法和普法宣传等方面不断探索前行，法治建设走在了全国前列。同时，各级党委对法治建设的领导驾驭能力显著提升，依法执政水平显著提高，各级领导干部运用法治思维、法治方式深化改革，推动发展，化解矛盾，维护稳定的能力不断增强。"法治宁波"建设给人民群众带来的实惠越来越多，在全面推进依法治国方面继续发挥先行示范作用，为"法治中国"建设贡献了宁波经验和宁波智慧。

第一，建设更高水平的法治宁波。宁波市紧紧围绕"建设更高水平法治宁波"，全面依法治市迈出新步伐。办事更便捷、治安更有序、社会更文明是宁波法治建设的基本要求。法治化营商环境越来越好，正在成为宁波高质量发展的核心竞争力。宁波市坚持依法行政，成功创建了首批全国法治政府建设示范市，法治政府建设水平近年来位居全国前十；坚持立法为民，出台了《宁波市居家养老服务条例》等一批保障和改善民生的重要法规，颁布了全国首个行政规范性文件合法性审核地方标准；坚持司法公正，移动微法院让群众切身感受"指尖"诉讼的便利，生态环境检察公益诉讼助力生态修复。宁波市开展"民主法治示范村"创建工作以来，取得了良好的社会效益，创建质量和数量走在了全省乃至全国前列。加强基层民主法治建设，构建充满活力、

和谐有序的群众自治机制，是"法治宁波"的重要内容。提升基层干部群众法治观念和法律素养，加强"民主选举、民主决策、民主管理、民主监督"和"党务公开、村务公开、财务公开"制度机制建设，同时加强管理创新，有力地激发了广大农民参与民主管理、民主监督的积极性和主动性。农村基层党组织和村民自治组织进一步健全，村民的法律意识和法律素养明显提高，依法治村工作不断深入，村级事务逐步纳入法治化管理轨道，各村党群、干群关系进一步密切，为构建和谐社会奠定了良好的基础。

宁波努力打造网络化、阳光化、智能化的智慧法院，推动互联网、云计算、大数据等信息技术与审判执行、司法公开、便民服务等工作深度融合，努力实现全流程网络办案、全节点司法公开、全方位智能服务，为人民群众提供更加便捷高效的司法服务，使宁波的阳光司法工作领跑全国。2008年，宁波两级法院结合全国领先的'数字法院''数字法庭'建设工作，揭开了整个司法程序中最直观、最重要的审判流程公开的序幕。两级法院的200多个审判庭全部安装了视频、音频记录系统，每个案件的庭审过程被录像、录音并存档，诉讼当事人可通过市中级人民法院的审判流程服务平台，观看相关视频并下载。执行难的问题长期困扰法院工作，宁波两级法院把推进执行公开作为破解这一难题的重要手段。2011年，全省法院第一个执行信息公开平台在宁波建立，所有执行案件的全部相关信息向社会公开，确保了执行程序和执行措施的规范和透明。与此同时，两级法院还与相关政府部门、金融机构、行业团体紧密协作，探索并出台了对失信被执行人信息全面曝光制度。近年来，通过LED大屏幕、互联网等多种形式直播庭审实况已常态化，仅2014年两级法院就进行了133次网络直播。2014年9月，市中级人民法院推出了全国第一个阳光司法服务平台，整合了审判流程、裁判文书和执行信息这三大信息公开平台的内容，同时与最高人民法院的中国裁判文书网、全国法院失信被执行人名单信息查询系统、浙江法制公开网等实现互联，社会公众可方便地查阅到绝大多数司法信息内容，并实现当事人与相关法院和法官的互动。2012年，北仑法院率先尝试淘宝司法拍卖房产，掀开了我国网上司法拍卖改革的崭新一页。截止到 2016 年底，宁波涉及网上司法拍卖的资产处置法院有宁波市中级人民法院、北仑区人民法院和鄞州区人民法院 3 家法院，已经网上拍卖、变卖 12568 次拍品，这些拍品包括了房产、机动车、资产、土地、无形资产等标的物。网络司法拍卖的公开透明和零佣金，不仅保障了当事人利益的最大化，更拓宽了公众有序参与司法执行的渠道。[①]

第二，营造良好的法治环境。宁波市对标当好浙江建设"重要窗口"模范生的要求，以"七五"普法检查验收为契机，围绕《宪法》《民法典》、疫情防控、民营经济高质量发展、"双下降"、"社区矫正法"等重点领域、重要法律深入开展普法工作，引导广大普法工作者争当"重要窗口"的建设者、维护者、展示者，为推进"名城名都"建设，全面提升市域治理现代化水平营造良好的法治环境。宁波市不断推进以案释法工作常态化，让人民群众在司法案件中感受到公平正义。针对法院系统裁判文书的制作缺乏说理性令人难以信服等问题，宁波两级法院重点在裁判文书的说理性上做文章。宁波海事法院专门制定了《关于加强裁判文书说理工作的实施意见》。宁波两级检察院也积极探索司法说理机制，让老百姓感受司法案件的公平正义。如 2006 年宁波市检察院在北仑检察院民事抗诉说理改革、余姚市检察院不捕说理试点工作基础上，出台了《关于加强法律监督说理工作的实施意见》，并于 2007年正式在全市检察机关推行加强法律监督说理工作机制。这一工作措施是全国检察机关在加强法律监督说理工作上的首次系统性制度化尝试，也是"全面强化法律监督说理"概念的首次提出。自党的十八届四中全会提出"建立法官、检察官、行政执法人员、律师等以案释法

---

① 万亚伟主编：《潮涌三江　锦绣港城：宁波改革开放 40 年研究》，浙江人民出版社 2018 年版，第 83—84 页。

制度"的要求后，进一步推动以案释法的常态化、规范化和制度化就成为宁波法院、检察院、行政机关、司法服务系统的重要任务。2016 年，宁波市出台了《关于建立以案释法工作制度的通知》，要求全市各级法院、检察院、行政执法机关和市律师协会要建立以案释法分析研判机制、建立典型案例发布机制、建立以案释法报送备案机制、建立年度"十佳以案释法案例"评选机制，开展以案释法活动。2016 年 12 月，宁波评出首批"十佳以案释法典型案例"。以案释法活动的开展，让人民群众在每个司法案件中感受到公平正义，让宁波市各地司法、行政、法律服务部门的司法、执法、法律教育责任意识大大加强，在宁波各部门都形成了一套常态化的释法机制。①

宁波市不断健全机制，完善社会大普法工作格局，制定工作计划，明确任务职责。2020 年初，印发《2020 年全市普法依法治理工作实施意见》，制定年度守法普法协调小组成员单位法治宣传教育责任清单，明确了全年普法依法治理工作的目标任务、考核标准和工作责任。充分落实"谁执法谁普法"普法责任制，不断完善社会大普法工作格局，积极发动各普法责任单位、普法工作室、普法讲师团、普法志愿者队伍开展宣讲活动。在推进文明城市创建过程中，积极推动与法治宣传相关的内容作为文明城市创建重要指标。

第三，充分挖掘各类社会普法资源。宁波市深挖普法资源，扩充普法队伍，推进普法主体多元化。依托市、县两级"'七五'普法讲师团"和全市律师，组建"《民法典》专题宣讲团"，为全市各单位开展《民法典》学习提供师资和课程菜单，组织开展百场《民法典》宣讲活动。2020 年 1 月，组织律师、司法鉴定、法律援助、法治宣传等法律工作者参加了在鄞州区咸祥镇海南村文化礼堂举行的宁波市文化科技卫生"三下乡"集中示范活动。做好普法联络员队伍调整和充实工作，同年

---

① 万亚伟主编：《潮涌三江　锦绣港城：宁波改革开放 40 年研究》，浙江人民出版社 2018 年版，第 84—85 页。

6月，组织开展普法联络员培训班，市直、部省属驻甬单位普法联络员140余人参加了培训。创新工作方式，营造法治氛围，落实"建立法官、检察官、行政执法人员、律师等以案释法制度"。组织开展宁波市第三届"十佳以案释法典型案例"评选活动，重点征集了与行政争议化解相关的行政执法、行政复议、行政诉讼以案释法典型案例，形成以案释法合力。依托"宁波普法"微信公众号推送以案释法典型案例40余篇。以"国家宪法日"和"宪法宣传周"为契机，开展系列法治宣传活动，包括启动法治主题地铁专列、举办广场普法活动、组织法治文化书画作品评选等。拓展传播渠道，创新推动宣传体系在纸媒等传统宣传模式的基础上，以"宁波普法网"等法治网站为龙头，综合运用远程教育网络、微博、微信公众号、手机客户端等多种网络载体，形成传播快捷、覆盖广泛的"互联网＋"法治宣传和法治文化传播平台，扩大了传播力和影响力。2020年，"宁波普法"微信公众号发布900余篇，"互联网＋"法治宣传成为宁波市普法的新常态。

第四，推进重点法治宣传工作。宁波市围绕新冠疫情防控和复工复产，开展法治宣传教育。疫情防控期间，宁波市在全省率先制定《关于组织开展"防控疫情，法治同行"专项法治宣传活动的通知》，出台保障企业复工复产法律服务8条措施，启动"百家律所千名律师进万企"专项行动。根据省厅关于开展"法雨春风"法律服务月活动的实施意见，深入开展《浙江省民营企业发展促进条例》集中宣传月活动，与鄞州区普法办共同编印《企业应对疫情法律知识手册》。在北仑大碶高端汽配模具园区现场组织《浙江省民营企业发展促进条例》解读直播，园区80余位民营企业经营管理人员在现场听讲，15.3万名网友在线观看学习。开展《浙江省民营企业发展促进条例》网络有奖知识竞答。2020年，组织普法志愿者、网格员、律师、人民调解员等深入企业摸清复工需求和实际困难，开展普法帮扶，发放宣传资料37万余份，面向企业开展法治宣传4400余次，解决法律政策问题3100余个，依托微信推送疫情防控有关法治宣传60余篇。

围绕"双下降"开展法治宣传教育。市委办公厅印发《关于在全市机关建立"周二夜学"制度的通知》,将法律法规学习纳入"周二夜学"重点内容。通过案例学习来增强学法效果,结合宁波市委、市政府开展推动行政争议发案量和败诉率"双下降"专项行动的部署,编辑印制了《宁波市行政机关败诉败议典型案例汇编》,与市直机关工委共同组织推进"周二夜学"学法活动。2020年6月,印发《推动行政争议发案量和败诉率"双下降"法治宣传工作方案》的通知。部署了工作任务、明确了工作举措、提出了工作要求,为进一步规范行政行为,提高宁波各级行政机关依法行政水平,营造了良好的法治氛围。

围绕《民法典》开展法治宣传教育。2020年,与市委宣传部联合印发了《关于组织开展〈民法典〉宣传普及活动的通知》,就全市《民法典》宣传作出全面部署,明确了10个方面的工作举措,有力推进《民法典》宣传系统化、常态化,促进全市各地各单位积极开展〈民法典〉的学习宣传活动。全市80多家机关单位平均每月学习民法典一次,实现了干部学法的全覆盖。市普法办依托"'七五'普法讲师团"及律师专业力量,组建成立"《民法典》讲师团",广泛开展《民法典》普法宣讲。2020年9月,依托"周二夜学"平台,邀请专家为全市党员干部解读《民法典》相关条款内容,网络观看人数超过200万人次。各区县(市)也结合本地区实际特点,形式多样地送《民法典》进校园、进企业、进乡村、进社区,为人民群众讲解《民法典》知识,多措并举营造浓厚学习氛围。截至2020年11月,全市共开展《民法典》专题学习讲座、网络直播、法治文艺巡演、巡回展览等各类宣传活动5000余场,发放各类宣传资料10万余份,参与人次突破百万人。

四、推进党风廉政建设,建设清廉宁波

2018年8月,中共宁波市委十三届四次全体(扩大)会议审议通过《中共宁波市委关于推进清廉宁波建设的决定》,吹响了"清廉宁波"建

设的号角。近年来，全市上下坚持以习近平新时代中国特色社会主义思想为指导，全面贯彻落实新时代党的建设总要求，坚决维护党中央权威和集中统一领导，深入推进党的建设新的伟大工程，推动宁波市全面从严治党向纵深发展、向基层延伸、向每个支部和党员覆盖，将清廉思想、清廉制度、清廉纪律融入政治生活的各方面和全过程，做到不敢腐、不能腐、不想腐一起推进，"打虎""拍蝇""猎狐"一起推进，各地区、各部门、各单位、各行业、各领域一起推进，为打造清廉宁波打下了坚实的基础。

第一，把握正确的政治方向。旗帜引领方向，方向决定道路。建设清廉宁波，更是如此。宁波市委指出，全市上下一定要提高政治站位，保持政治定力，强化政治担当，切实增强建设清廉宁波的使命感、紧迫感和责任感。各级党委（党组）高举旗帜，按照市委要求，把政治建设摆在首位，做到推动清廉宁波建设不含糊、不犹疑、不动摇。全市各级党组织把学习贯彻习近平新时代中国特色社会主义思想贯穿始终，深刻领悟习近平同志对浙江和宁波工作的重要指示批示精神，努力在"学、思、悟"贯通上下功夫，在"知、信、行"统一上见真章，筑牢建设清廉宁波的思想政治基础。同时，坚决践行"两个维护"，努力把"两个维护"落实到清廉宁波建设的每一个环节、每一个方面。

近年来，宁波市分别起草下发了推进清廉文化、清廉机关、清廉村居、清廉学校、清廉医院、清廉国企和清廉民企建设的实施意见，在推动清廉宁波建设上迈出坚实步伐。2018 年底，市委宣传部将清廉建设任务纳入宣传思想文化工作考核内容，并与市纪委机关联合下发《2019 年宁波市清廉文化建设重点任务责任分解方案》，共安排 6 个方面 15 个清廉文化建设项目；市农业农村局召开全市清廉村居建设推进会，明确了全力抓好建立小微权力运行标准化体系、巩固提升村民说事制度成果等 5 项重点任务；市直机关工委建立清廉机关建设工作领导小组，细化清廉机关建设相关任务，积极推行"树廉气""敲廉钟""掌廉情""献廉策"等"八廉"工作法，并切实加强对市直机关各单位的督促检查;市工商联在执委会上发出加强清廉民营企业建设倡议书,动员更多民营企业积极参与清廉建设等。

第二,强化政治监督。全面落实推进清廉宁波建设,全市各级纪检监察机关责任重大、责无旁贷。党员干部因不主动、不担当、不作为等形式主义、官僚主义问题被通报,在宁波市已成常态。市纪委十三届三次全会指出,要以党风廉政建设和反腐败斗争的新成效,扎实推进清廉宁波建设不断取得新进展。全市各级纪检监察机关不断强化政治监督,坚持党中央、省委、市委重大决策部署到哪里,监督就跟进到哪里。市纪委市监委主要负责人与市党政机构改革中新任党委(党组)主要负责人开展谈话,逐一移交责任清单、问题清单、风险清单,督促落实管党治党主体责任,并对整改情况加强监督检查,持续压实主体责任,督促"一把手"履职担当,净化优化政治生态。查政治规矩、政治意识强不强,看是否存在对贯彻落实习近平新时代中国特色社会主义思想和党中央、省委、市委决策部署置若罔闻、应付了事、弄虚作假、阳奉阴违的问题;查担当精神、攻坚能力够不够,看是否存在干事创业精气神不够、督查检查考核过度留痕、层层加重基层负担的形式主义、官僚主义问题。市纪委市监委机关在问题查摆整改上见深度,部署开展"五查五看"专项整治,发现问题及时指出,督促整改。正风肃纪反腐正是如此。2019年,全市共查处违反中央八项规定精神问题236起,处理党员干部310人,党纪政务处分206人,形成持续震慑,始终保持惩治腐败高压态势。"追逃、防逃、追赃"一体推进,全市共追回8名在逃党员或监察对象,实现外逃"零增量"。严格落实"一案五必须"制度的防线,一体推进不敢腐、不能腐、不想腐,全市共有多名党员干部主动投案。

第三,严肃党内政治生活。宁波市不断深化全面从严治党,深入推进清廉宁波建设,反腐败斗争压倒性胜利不断巩固发展。全省全面从严治党民意调查结果显示,被访者评价2019年宁波全面从严治党的成效度为98.5%,位居全省第一。严明政治纪律和政治规矩,扎实高效开展政治监督，是纪检监察机关的首要职责。全市各级纪检监察机关在政治监督上全面发力，政治生态持续向好。"一把手"上任，"三清单"交底，是宁波市纪检监察机关变"千人一方"为"对症下药"，有效压实主体责任的创新举措。深入整治漠视侵害群众利益问题，严肃查处群众身边的贪污侵占、虚报冒领、截留挪用、优亲厚友等作风和腐败问题。对群众反映强烈的涉黑涉恶重点案件、省督办案件进行包案督办，立案查处涉黑涉恶腐败和"保护伞"问题。宁波市始终坚持以人民为中心的工作导向，紧盯群众深恶痛绝、反映最强烈的痛点、难点、焦点问题开展监督检查。

宁波市各级纪检监察机关以零容忍的态度，将扫黑除恶专项斗争与反腐败斗争和基层"拍蝇"结合起来，纵深推进。深入开展警示教育月活动，唤醒党员规矩纪律意识，增强拒腐防变能力。2022年，全市共查处违反中央八项规定精神问题317起，批评教育帮助和处理437人，给予党纪政务处分289人。同时，市各级纪检监察机关聚焦扶贫及帮扶、民生领域不正之风和侵害群众利益问题开展专项整治行动，把教育医疗、环境保护、食品药品安全、征地拆迁、"三资"管理等方面的侵害群众利益问题，把损公肥私、以权谋私、办事不公等发生在群众身边的不正之风和"微腐败"问题等作为整治重点，大力整饬漠视侵害群众利益行为。

宁波市紧紧围绕"三大攻坚战""基层减负年""扫黑除恶打伞破网""最多跑一次"改革和"六争攻坚、三年攀高"行动等重大决策部署，加强监督检查，坚决纠正上有政策、下有对策，有令不行、有禁不止等行为，为建设清廉宁波提供坚强保证。中共宁波市委十三届四次全体（扩大）会议审议通过的《中共宁波市委关于推进清廉宁波建设的决定》指出，到2022年，全市各级党组织管党治党的责任落实体系、清廉教育体系、防治腐败制度体系、权力运行监督体系、社会道德体系进一步完善，反腐败斗争取得压倒性胜利，不收敛、不收手的腐败犯罪案件增量明显下降，领导干部腐败犯罪数量明显下降，行贿犯罪数量明显下降，党员干部执行纪律规矩更加自觉，党内政治生活更加规范，党内正气更加充盈，党风、政风、社风、民风更加纯净，全社会崇廉敬廉的文化氛围更加浓厚。到 2035 年，清廉宁波建设的各项制度机制成熟定型，权力运行规范有序，清廉文化深入人心，社会整体廉洁程度显著提升，清廉成为宁波的风尚，清廉宁波全面建成。

第三节　将党建引领贯穿民主政治建设全过程的各个方面

宁波市站在新的历史方位，聚焦新的发展坐标，深入学习习近平总书记的重要讲话精神，领会和把握习近平总书记关于宁波基层民主政治建设的重要指示，忠实践行党建中的"八八战略"，在思想上不断丰富新的内涵，在实践中不断积累新的经验，努力推动宁波基层民主政治的新发展。习近平总书记的重要指示对于推动宁波市政治高质量发展，加快推进全面建设社会主义现代化国家新征程，积累了宝贵的经验，具有十分重要的理论价值和实践意义。

一、为党的十八大以后"以人民为中心"思想的提出积累了基层实践经验

宁波市深入学习习近平总书记关于宁波基层民主政治建设的指示精神，在实践党建中的"八八战略"过程中，"始终把重民爱民的浙江传统文化提升到坚持以人民为中心，坚持人民主体地位的高度，进而科学地解决了为了谁、依靠谁、谁来推进党的'伟大工程'和'伟大事业'的问题"①。一方面，"始终强调人民'生命至上'、人民'利益至上'、

---

① 胡承槐、胡文木编著：《浙江精神与"八八战略"》，中共中央党校出版社 2020 年版，第 292 页。

人民'权利至上'，在涉及人民安全问题上'不要怕劳民伤财，不要怕兴师动众，不要怕十防九空'"[1]；在涉及人民利益问题上"把解决民生问题放在一切工作的首位"；在涉及人民权利问题上把"是否牢记主仆关系、践行执政宗旨，是否做到心系群众、服务人民，是否恪守为民之责、履行为民之职"作为"衡量一个领导干部作风是否端正的试金石"。[2]另一方面，始终强调人民群众是真正的英雄，认为经济社会发展取得的巨大成就是人民创造的，"历届省委、省政府作出的重大决策，也来自基层和群众的生动实践"[3]，"担负领导工作的干部，在对重大问题进行决策之前，一定要有眼睛向下的决心和甘当小学生的精神，迈开步子，走出院子，去车间码头，到田间地头，进行实地调研，同真正明了实情的各方面人士沟通讨论，通过'交换、比较、反复'，取得真实可信、扎实有效的调研成果，从而得到正确的结论"[4]。宁波的基层民主实践充分地证明了在党的建设中要坚持以人民为中心。坚持以人民为中心，就是要始终把人民所需所求所盼作为根本立场，始终坚持全心全意为人民服务的根本宗旨。新时代下，就是要把人民对美好生活的向往作为我们的奋斗目标，确保党同人民群众的血肉联系，不断筑牢党长期执政最可靠的阶级基础和群众根基。

第一，为坚持人民至上提供了实践基础。宁波市深入学习贯彻党的十八大精神，以加强党的执政能力、先进性和纯洁性建设为主线，以建设学习型、服务型、创新型政党为目标，以抓教育、转作风、破难题、促发展、惠民生为要求，认真开展"为民、务实、清廉"活动，切实改进工作作风、密切联系群众，进一步做好服务发展、服务社会、服务企业工作。认真落实市委、市政府《贯彻落实中央关于改进工作作风密切联

①　余玮：《习近平：在希望的田野上耕耘希望》，《决策与信息》2006 年第 3 期。
②　习近平：《之江新语》，浙江人民出版社 2007 年版，第 257 页。
③　习近平：《干在实处　走在前列——推进浙江新发展的思考与实践》，中共中央党校出版社 2016 年版，第 534 页。
④　习近平：《之江新语》，浙江人民出版社 2007 年版，第 154 页。

系群众有关规定的实施意见》。结合实际情况，制定出台具体的实施办法，加强和改进调查研究工作，下决心改进政风文风。制定"三公"经费管理办法，推行"三公"经费月报和公开制度，实现"三公"经费支出明显下降。严格落实各项节约措施，严肃整治公款大吃大喝、公款旅游等行为，禁止午餐饮酒、禁止同城接待、禁止超规格接待、禁止经费超支，坚决杜绝公款浪费现象。加强对直属单位的公车管理，严肃查处违反公车改革纪律规定的行为。深入推进"阳光工程"建设。推行网上审批、阳光交易、阳光执法和阳光政务服务；加快推进环保电子行政处罚平台建设；认真做好环保窗口服务，实施公众事务公开承诺，环保审批事项公开办理，社会关注、群众关心、涉及群众切身利益的事项向社会公开办事程序及时限，自觉接受社会和群众监督；进一步做好重大项目服务工作，积极做好主动服务、靠前服务，认真落实专人进行跟踪管理和服务，协助项目业主做好与环保部门的沟通联系工作，促进我市经济社会环境协调可持续发展。深化"效能亮剑"行动。严格落实"四条禁令"，进一步细化效能建设要求，完善行风监督员聘任制度，大力整治"庸、懒、散"等不良习气。加大明察暗访力度，并对检查情况进行通报。加大对失职渎职行为的问责力度，严格执行问责的各项规定，对不认真履行环保职责或不正确履行环保职责造成环境污染事件的，严肃追究有关人员的责任。加强对"绩效对账"工作的考核，每季度对"绩效对账"落实情况进行专项检查并通报。

宁波市在贯彻落实习近平总书记关于基层民主政治的实践中，不断加强党的作风建设，密切同人民群众的血肉联系，始终坚持从群众中来到群众中去的工作方法和领导方法，始终将人民群众的利益放在第一位。不断从人民至上的高度理解和把握工作，认真践行以人民为中心的发展思想，紧密结合党史学习教育和实践活动，着力解决群众反映强烈的突出问题，厚植党执政的政治基础、群众基础。不断加强自我革命，坚决向危害党的肌体健康、影响宁波政治生态的问题宣战，扶正祛邪、激浊扬清，努力在巡视整改中实现自我净化、自我完善、自我革新、自我提高。人民利益高于一切,要把人民放在心中最高位置。人民立场是马克思主义政党区别于其他政党的根本标志。中国共产党始终把实现好、维护好、发展好最广大人民根本利益作为一切工作的出发点和落脚点。各级党委、政府和干部要把老百姓的安危冷暖时刻放在心上,以造福人民为最大政绩,想群众之所想,急群众之所急,让人民生活更加幸福美满。要始终把人民立场作为根本立场,把为人民谋幸福作为根本使命,坚持全心全意为人民服务的根本宗旨,贯彻群众路线,尊重人民主体地位和首创精神,始终保持同人民群众的血肉联系。宁波市关于加强党的作风建设,进一步提高执政能力的丰富实践和宝贵经验充分地展现了人民至上的理念,反过来也为人民至上的理念积累了实践经验。

第二,为尊重人民主体地位提供了实践基础。近年来,宁波市持续推进法治乡村建设,产生了宁海"村级小微权力清单"、象山"村民说事"等经验做法,为法治乡村建设提供了鲜活样板。在基层党建过程中,不断探索新形式新方法,其中宁波象山利用"村民说事"提高村民自治水平,加强和创新乡村治理,努力打造自治、法治、德治相互融合,为全国创新基层社会治理提供浙江样板。"村民说事"充分保障了人民主体地位,是健全人民当家作主制度体系的重要载体,对于维护广大农民的根本利益具有十分重要的现实意义。此外,宁波市在新时代背景下为增强党的基层组织力、凝聚力、战斗力进行了先行探索。2020年12月,浙江部署离退休干部党建融入城市基层党建试点。11个试点县(市、区)坚持党建引领,创新组织建设,加强团队管理,创设特色载体,组织引导广大离退休党员干部更好地融入和服务国家治理体系,有效助力基层社会治理,涌现出一大批亮点做法和特色成果。作为全省最先探索的城市,宁波积极践行"365天党建"理念,打造"银辉"党建创新机制,从2016年开始在社区、活动中心和老年大学等同时成立"银辉"党支部和"银辉"志愿服务组织,把"关系在单位"的离退休党员干部吸纳进来,便于他们"活动在区域,奉献在社会",打造"一支部一亮点""一社区一品牌"，全面推进离退休干部党建深度融入城市基层党建。宁波"银辉"党组织和党小组，辐射带动"银辉"志愿服务团队，引领2万余名老党员在共建共治共享的社会治理新格局中担当作为。

人民是历史的创造者，是决定党和国家发展方向、前途命运的根本力量。不管是革命战争年代还是和平发展时期，人民始终是我们党的力量之源和胜利之本。习近平总书记强调："人民群众有着无尽的智慧和力量，只有始终相信人民，紧紧依靠人民，充分调动广大人民的积极性、主动性、创造性，才能凝聚起众志成城的磅礴之力。"①党的根基在人民，血脉在人民。宁波关于基层民主政治的创新，充分体现了坚持人民主体地位，尊重人民首创精神，调动人民群众积极性、创造性和主动性，依靠人民创造历史伟业的人民情怀。

第三，为实现人民幸福提供了实践基础。幸福来源于奋斗、体现于点滴、寄寓于山水、在于共分享。近年来，宁波深入贯彻习近平总书记考察浙江、宁波重要讲话精神，忠实践行"八八战略"、奋力打造"重要窗口"的部署要求，奋发有为当好浙江建设"重要窗口"模范生。全面落实新发展理念，大力弘扬宁波精神，着力建设人民幸福之城。在宁波，创业创新有热度、公共服务有温度、生态环境有绿度、共建共享有深度，群众幸福感稳步提升。

宁波市深入践行以人民为中心的发展思想，不断创新基层党建的方式方法，积极传承和发展新时代"枫桥经验"。海曙区积极打造"家门口"智慧审批服务网改革，提出将"家门口"智慧审批服务网建设打造成为海曙"最多跑一次"改革的又一个金字招牌。因地制宜推进"家门口"智慧审批服务网建设，并已实现"一站式"集成服务的全域覆盖。高桥镇社会事务服务中心就给群众提供了"一站式"办理服务，"家门口"就近"跑一窗"，就能办理人社、民政、水电气、华数电视等169个事

---

① 《十八大以来重要文献选编》(下)，中央文献出版社2018年版，第399页。

项。2019 年来,该镇中心窗口接待业务 4.83 万件,其中办件总数 3.04 万件,当场办结 2.85 万件,一次性办结率超过 93%。"一站式" 集成服务提高办事效率,"全域通办"则拉近了与群众的距离。通过 "全事代办"、打破壁垒"全域通办"、本级业务"全程帮办"、去除流程 "全速网办"的四全工作法,运用社区、网格及"社居联动"等方式,通过 网络实现线上线下、前台后台的互动,确保居民在街道权限范围内的 事项办理不出家门、不出社区。全面推进政务服务工作向基层延伸, 以人民为中心,最大限度优化政务服务,不断推动"家门口"的智慧审 批服务网前行优化。海曙区将在权限下放、事项集中、数据共享上下 功夫,实现群众和企业办事涉及哪里,"家门口"智慧审批服务网改革 就延伸、覆盖到哪里,群众和企业到哪里办事方便,就能在哪里办理的 改革目标。慈溪浒山街道大力推进城市基层党建工作,通过实施"亲 邻党建"工程,社区和"邻居"单位的党组织开展共建,有效整合资源, 提升区域自治水平。通过组织互通,亲邻点、先锋驿站等共建载体高 效运作,实现领域互融、区域互联,为区域自治内生动力的提升赋能。 社区和"邻居"结对,基层治理有了更多"硬核"支撑。浒山街道打破区 域内社区、驻区单位等不同类型党组织之间的壁垒,构建社区"大党 委",实现党建共融、资源共享、平台共建、工作共抓的区域"共同体"。 亲邻点是"亲邻党建"和社区治理的切入点。随着资源的不断整合,社 区基层自治组织力量不断壮大。到 2021 年,浒山街道已经建立了 150 余个亲邻点,开展常态化、阵地化运作。"点单式"服务是"亲邻党建" 中的一项"微自治",居民提议、社区梳理、街道推进,优先精准"下单" 解决居民反映最强烈、需求最迫切的问题。2020 年,金山新村、白云 公寓等 12 个老旧小区完成改造,25 个社区解决了 20 项重大民生 问题。

人民对美好生活的向往就是我们的奋斗目标。要多谋民生之利、 多解民生之忧,不断增进人民福祉,促进人的全面发展。宁波市自觉 强化在法治宁波、清廉宁波建设中的使命担当,为宁波全面建设高水平国际港口名城、高品质东方文明之都，争创社会主义现代化先行市做出了重要贡献。坚持在法治轨道上推进基层社会治理，不断提高运用制度和法律促进和谐的能力。维护人民群众合法权益、实现社会公平正义，切实解决执行难问题，让人民群众感受到公平正义，是建设法治宁波现实需要，也是宁波推进新时代市域社会治理现代化的使命担当。牢固树立以人民为中心的发展思想，坚决扛起宁波在浙江建设共同富裕示范区中的责任担当，坚持普惠均衡、公平包容、共建共治共享，聚焦收入分配制度改革、城乡区域协调发展、公共服务提升、社会保障完善、精神文明创建、生态文明建设、市域治理现代化等重点领域，创新推出一批示范先行、务实可行的举措，着力缩小地区差距、城乡差距、收入差距，率先解决好发展不平衡不充分的问题，让宁波人民生活更加富足殷实、幸福美好。为推进"八八战略"的实施，浙江省部署了一批大工程、大项目，称为"五大百亿"工程。宁波市在实践中始终坚持以人民为中心的工作理念，把体现人民利益、反映人民愿望、维护人民权益、增进人民福祉落实到工作的各领域和全过程，确保人民群众获得感、幸福感、安全感稳步提升。坚持打防结合、整体防控，依法打击刑事犯罪活动，及时整治人民群众反映强烈的突出治安问题。带领人民创造幸福生活，不断满足人民多样化、多元化、多层次的美好需求，是我们党始终不渝的奋斗目标。创新自动履行机制，进一步促进执行难问题的解决，依法维护人民群众的合法权益，营造全社会良好的信用环境和法治环境。习近平总书记明确指出："带领人民创造幸福生活，是我们党始终不渝的奋斗目标。"①宁波市在贯彻落实法治宁波、清廉宁波的建设中，以实现人民幸福为目标，不断满足人民需求，为以人民为中心的发展思想的形成与发展奠定了丰富的实践基础。

第四，为接受人民检验提供了实践基础。宁波市在加强基层民主建设的过程中，积极加强党的先进性建设，坚持立党为公、执政为民的

---

① 《十八大以来重要文献选编》（下），中央文献出版社 2018 年版，第 352 页。

执政理念,不断推进反腐倡廉,努力把权力关进制度的笼子里,积极当好浙江建设"重要窗口"模范生。充分彰显民心是最大的政治,坚持倾听群众声音、接受群众监督,把人民拥护不拥护、赞成不赞成、高兴不高兴、答应不答应作为衡量一切工作得失的根本标准。带头增强党性观念,努力建设政治坚定、思想解放的领导集体。切实加强党性修养,牢固树立以人为本、执政为民理念和正确的世界观、权力观、事业观;严守党的政治纪律,坚决在思想上、政治上、行动上与党中央保持高度一致;坚持解放思想、实事求是、与时俱进,把中央要求与浙江实际紧密结合起来,创造性地开展工作。带头强化理论武装,努力建设视野宽广、善学善思的领导集体。加强理论学习,切实把学习作为一种政治责任、精神追求和生活方式;坚持学以致用,努力把学习成效转化为推动经济社会发展的思路和举措;健全学习制度,注重向群众学习、向专家学习、向实践学习。带头忠诚履职尽责,努力建设敢于担当、创业创新的领导集体。保持奋发有为的精神状态,自觉担当起做好改革发展稳定工作的领导责任;提高决策水平,增强工作前瞻性、预见性、针对性和实效性;狠抓工作落实,坚持立说立行、善作善成,敢于直面矛盾、敢于迎难而上、敢于动真格、敢于承担责任。带头执行民主集中制,努力建设坚强有力、团结和谐的领导集体。充分发挥省委领导核心作用,凝聚各方面人才和力量,形成创业创新、富民强省的合力;完善和落实省委工作制度,进一步形成团结共事、相互支持、民主高效的良好氛围;用好干部、带好队伍,形成良好用人导向,匡正选人用人风气。带头密切联系群众,努力建设求真务实、作风优良的领导集体。做好新形势下群众工作,坚持一切依靠群众、一切为了群众;大兴求真务实之风,提倡讲实话、办实事、求实效,力戒形式主义、官僚主义;发扬艰苦奋斗精神,在各项工作中贯彻勤俭节约的原则,在日常生活中保持艰苦朴素的本色,真正做到与群众同甘共苦。带头推进反腐倡廉,努力建设克己奉公、廉洁从政的领导集体。认真落实党风廉政建设责任制,扎实推进惩治和预防腐败体系建设;模范遵守廉洁自律各

项规定,自觉加强从政道德修养,做清正廉洁、勤政为民的表率;自觉
接受各方面监督,始终把权力置于有效监督之下。

时代是出卷人,我们是答卷人,人民是阅卷人。习近平总书记强
调:"我们党的执政水平和执政成效都不是由自己说了算,必须而且只
能由人民来评判。人民是我们党的工作的最高裁决者和最终评判者。
如果自诩高明、脱离了人民,或者凌驾于人民之上,就必将被人民所抛
弃。"①检验我们一切工作的成效,最终都要看人民是否真正得到了实
惠,人民生活是否真正得到了改善,这是坚持立党为公、执政为民的本
质要求,是党和人民事业不断发展的重要保证。宁波市在习近平总书
记重要指示的指引下,加强党的建设,坚持立党为公,执政为民,努力
践行全心全意为人民服务的根本宗旨,在推进清廉宁波和法治宁波的
建设中,把人民对美好生活的向往作为奋斗的目标,不断满足人民的
归属感、获得感、幸福感,这为十八大以来以人民为中心的发展思想奠
定了实践基础。习近平总书记强调:"中国共产党根基在人民、血脉在
人民。党团结带领人民进行革命、建设、改革,根本目的就是为了让人
民过上好日子,无论面临多大挑战和压力,无论付出多大牺牲和代价,
这一点都始终不渝、毫不动摇。坚持以人民为中心的发展思想,体现
了党的理想信念、性质宗旨、初心使命,也是对党的奋斗历程和实践经
验的深刻总结。"②"必须把全体人民全面发展、社会全面进步作为价值
取向,坚持以人的现代化为核心,扎实推进各领域现代化和共同富裕
美好社会建设,做到发展为了人民、发展依靠人民、发展成果由人民共
享。"③只有坚持以人民为中心的发展思想,才能站在人民群众的立场
观察、分析和解决问题,才能想人民群众之所想、急人民群众之所急、

---

①　《十八大以来重要文献选编》(上),中央文献出版社 2014 年版,第 698 页。

②　《习近平谈治国理政》(第四卷),外文出版社 2022 年版,第 53 页。

③　《忠实践行"八八战略"　坚决做到"两个维护"　在高质量发展中奋力推进中国特色社会主
义共同富裕先行和省域现代化先行——在中国共产党浙江省第十五次代表大会上的报告》,《浙江日
报》2022 年 6 月 27 日。

聚人民群众之智、解人民群众之难、办人民群众之事。

二、为党的十八大以来反"四风"进行了先行探索

纠治四风，即反对"形式主义、官僚主义、享乐主义和奢靡之风"四种不正之风。具体来说，反对形式主义，重在解决作风漂浮、工作不实，"文山会海"、表面文章，贪图虚名、弄虚作假等问题；反对官僚主义，重在解决脱离实际、脱离群众，消极应付、推诿扯皮，作风霸道、迷恋特权等问题；反对享乐主义，重在解决追名逐利、贪图享受，讲究排场、玩物丧志等问题；反对奢靡之风，重在解决铺张浪费、挥霍无度，骄奢淫逸、腐化堕落等问题。纠治四风是中国共产党在 2013 年 6 月至 2014 年 10 月开展的党的群众路线教育实践活动中的突破口和主要任务。因为这"四风"是违背我们党的性质和宗旨的，是当前群众深恶痛绝、反映最强烈的问题。2013 年 10 月，中央领导小组印发《关于开展"四风"突出问题专项整治和加强制度建设的通知》，针对群众反映突出的问题，确定开展 7 个方面的专项整治："文山会海"、检查评比泛滥，"门难进、脸难看、事难办"，公款送礼、公款吃喝、奢侈浪费，超标配备公车、多占办公用房、滥建楼堂馆所，"三公"经费开支过大，"形象工程"和"政绩工程"，侵害群众利益行为。

宁波市立足自身实际，在实践党建中的"八八战略"过程中，以"讲求实效"的绩效为导向，不搞花架子，不搞形式主义。一方面，按照中央的统一部署，认真贯彻"照镜子、正衣冠、洗洗澡、治治病"的总要求，以整风精神扎实开展党的群众路线教育实践活动，补精神之"钙"、除"四风"之害，即知即改、立说立行，以优良的党风政风带动社风民风。另一方面，坚持把监督检查中央八项规定精神的贯彻落实作为一项经常性工作，按照执好纪、问好责、把好关的要求，紧盯关键节点、重要时段，瞄准突出问题和重点场所，持续加大监督检查、办案执纪力度，通报曝光典型问题，坚决防止问题反弹，久久为功，不断催生基层干部转

变作风的内在动力。并在此基础上，不断建设风清气正的政治环境。严格落实八项规定实施细则要求，加强内部廉政风险防控，进一步规范公务接待、教育培训等公务活动。驰而不息地纠治四风，坚决反对形式主义、官僚主义，从严加强对干部的管理监督，用好监督执纪"四种形态"。加强廉政教育，深化廉政文化建设。

第一，求真务实，积极发挥党员干部的示范效应。要力戒形式主义，以好的作风确保好的效果。党的十八大以来，我们党正风肃纪的一个非常重要的经验是以上率下、层层传导压力，抓住关键少数，管住最大多数，形成以点带面的示范效应。宁波在贯彻落实党建中的"八八战略"过程中，一方面，健全完善反腐制度，扎紧"篱笆"，真正将权力关进"笼子"。注重将实践中证明行之有效的做法转换为可操作的具体制度，使之成为约束干部行为的"金科玉律"。着力完善"三不"一体推进机制，不断提升治理腐败效能。一体惩治传统腐败与新型腐败，一体强化制度建设与制度执行，一体推进文化养廉与警示促廉，不断巩固发展反腐败斗争的压倒性胜利。另一方面，切实把好传统带进新征程。坚决纠治享乐主义、奢靡之风问题，坚决防止形式主义、官僚主义滋生蔓延，持续整治群众身边腐败和作风问题，使为民、务实、清廉的新风正气更加充盈。不断提高政治站位、紧盯重点问题、坚持标本兼治，压实责任、强力攻坚、严格督查，构建整合多方资源、协同推进治理的工作机制，高质量做好巡视和督察的"后半篇文章"。着力压实"两个责任"，汇聚清廉宁波建设的强大合力。构建完善责任闭环、统筹建设清廉单元、提升监督治理实效，全面推动干部清正、政府清廉、政治清明、社会清朗。健全直接联系服务群众、为民服务全程代理以及绩效考核、评价问责等制度，完善"四议两公开"、农村集体"三资"管理、城市社区居民议事协商、民主评议和重大事项民主决策等制度。抓好制度执行，增加刚性约束。既督促领导干部和领导机关带头执行，形成上行下效的"场效应"，又严格执纪，严肃查处基层干部违反制度的行为，让违纪违规人员为其行为"买单"，防止制度成为"稻草人"。

　　第二，勇于创新，加强对党员干部的民主监督。"村民说事""小微权力 36 条""开放空间""小区自治"等一批基层自治创新性实践，对加强基层干部权力监督起到了不可忽视的重要作用。宁波市认真落实农村基层干部廉洁履行职责若干规定，注重抓早抓小抓苗头，有针对性地进行谈话函询、警示诫勉、责令纠错，做到问题早防范、早纠正。推动廉政风险防控工作向基层延伸，深化基层党务公开、政务公开、村（居）务公开等，推进"三公"经费、重大建设项目和社会公益事业经费使用信息公开，让权力在阳光下运行。充分发挥村务监督委员会等监督主体的作用，深入开展公开廉政承诺、勤廉双述、村民询问质询和民主评议等活动，把群众请进来，走到群众中间去，让群众充分参与监督，围绕群众关心的突出问题来扫除"四风"。同时，督促各主管监管部门认真履行"管行业必须管行风"的责任，以基层站所及服务窗口为重点，深化民主评议政风行风工作。

　　第三，重民爱民，严格执行党规党纪。宁波市针对群众反映强烈的突出问题，积极开展党的群众路线教育实践活动，在全市部署开展了领导干部违规建房和多占住房问题专项清理、为民服务窗口经营性服务收费专项清理等专项行动，收到了明显成效。进一步贯彻正风肃纪的要求，对群众集中反映的突出问题进行专项治理，查问题、抓典型、严处理，维护群众合法权益，积极回应社会关切。集中治理行政执法和服务中存在的不作为、慢作为、乱作为和"吃拿卡要"、乱收费等问题，以刹风整纪的实际效果取信于民。严肃查处违纪违法案件。坚持有案必查、有腐必惩，在坚决打"老虎"的同时，要勤拍"苍蝇"，坚决防止"四风"问题成为滋生腐败的温床。当前，要重点查办基层行政执法人员办事不公、失职渎职和给违法行为充当"保护伞"的问题，惠民富民政策执行走样、与民争利等"伤民""坑民"问题。注意发现和分析发案规律和原因，针对一些突出的共性问题，及时制定防控措施，防止系统性、区域性腐败案件发生。党的群众路线教育实践活动，以解决问题开局亮相、以正风肃纪先声夺人、以专项整治寻求突破，对"四风"问题进行了大排查、大检修、大扫除,刹住了"四风"蔓延势头。从上到下、各个领域都压缩了会议、精简了文件,减少了评比达标、迎来送往活动,全面清理了超标超配公车、超标办公用房、多占住房,普遍压缩了"三公"经费、停建了楼堂馆所,狠刹了公款送月饼、贺卡、节礼和年货等行为,坚决整治了会所中的歪风、培训中心的腐败,坚决整治了"裸官""走读""吃空饷""收红包"及购物卡、参加天价培训、党政领导干部在企业兼职等问题,广泛查处了"吃拿卡要"庸懒散拖问题,高高在上、挥霍浪费、脱离群众现象明显好转,党风、政风和社会风气为之一新。

作风建设永远在路上,永远没有休止符,必须持续努力、久久为功。《关于新形势下党内政治生活的若干准则》指出,坚持抓常、抓细、抓长,特别是要防范和查处各种隐性、变异的"四风"问题,把落实中央八项规定精神常态化、长效化。宁波市关于加强党的作风建设的丰富实践和宝贵经验为党的十八大以来反对形式主义、官僚主义、享乐主义和奢靡之风进行了先行探索,积累了一系列经验教训。

三、为十九大报告"实现伟大梦想,必须建设伟大工程"思想的提出积累了基层实践经验

党的十九大报告中指出,实现伟大梦想,必须建设伟大工程。这个伟大工程就是我们党正在深入推进的党的建设新的伟大工程。这一重要论断,突出了建设伟大工程在实现新时代党的历史使命中的重要地位,对于我们持之以恒推进全面从严治党,把我们党建设得更加坚强有力,实现中国梦具有重要意义。宁波沿着党建中的"八八战略"路子,明确了党建的目标和原则,协同推进党的"伟大工程"和"伟大事业"的新实践、新探索、新经验。以"干在实处、走在前列"为指引,宁波党的建设的伟大工程和党领导的伟大事业取得了辉煌成就,积累了宝贵的经验。

第一，加强党的思想政治领导力，为实现伟大梦想巩固坚强的领导核心。政治领导力是衡量一个政党政治生命力的重要因素，政治领导力强就能保证政党生命力旺盛和战斗力强大。宁波市在习近平总书记的指示下，以"八八战略"为统领，深入贯彻落实党建中的"八八战略"，不断加强党的思想政治建设，注重关键少数的领导建设，不断提高领导能力。截至 2022 年底，我们党在全国范围内拥有 9804.1 万名共产党员和 506.5 万个基层党组织，尽管这相对于国内其他政党和其他国家政党来说，我们党是一个绝对的多数，但如果把这一"多数"放在了人民中间，显然也就成了"少数"。但"少数"并不意味着"不关键"，在现实生活中这一"少数"实际上广泛而真实地代表着全体中国人民的根本利益，而就是通过相对比较所得出的这个"少数"却是解决中国所有难题、办好中国所有事情的关键。尤其是全面从严治党的扎实推进，往往就在于要牢牢抓住党员领导干部这一"最为关键的少数"。宁波立足实际，严格执行民主集中制，大事讲原则、小事讲风格、工作讲协作，形成既有集中又有民主、既有纪律又有自由、既有统一意志又有个人心情舒畅的生动活泼的政治局面，切实做到心往一处想、智往一处谋、劲往一处使。不断严格廉洁自律，守住法纪底线，自重、自省、自警、自励，慎独、慎初、慎微、慎友，严格落实管党治党政治责任，驰而不息推进正风肃纪反腐，统筹抓好干部队伍建设、组织体系建设、基层党建工作，把党建设得更加坚强有力。

宁波关于加强党的思想政治建设的丰富实践和深入探索，充分表明了在当代中国，党的领导是全方位和宽领域的，党的建设事关中国发展的全局，与此同时我们党也是最有能力和最有资格主导当代中国国家治理和现代化进程的唯一执政党。新时代背景下，中国特色社会主义的实践主体仍然是党领导下的人民群众，在党的团结带领下，亿万人民的辛苦劳作汇聚成了同一个中国梦。作为中国人民和中华民族的先锋队，中国共产党自然也就成为中国特色社会主义道路、理论体系、制度与文化的开创者、缔造者和拓展者，因而办好中国的事情，关键在党，关键就在于继续坚持和完善党的领导。实现国家富强、民族复兴和人民富裕，首先就要不断加强和改善党的建设。新时代背景下，全面从严治党已然成为党建的一种新常态，中国共产党的反腐败斗争正从"治标"为主走向"标本兼治"。在这一过程中，制度治党至为关键。因而在党的建设中，制度建设具有极端重要性。管党治党之所以被赋予"从严"的治理属性，其深层次原因就在于让制度成为一种硬约束。所谓制度治党，其实就是依法依规治党。而所依之法主要就是《宪法》和法律，所依之规就是党内法规，其中党章是管党治党的硬约束。因此，党的制度建设必须被置于更加突出的战略地位，并且要始终贯穿于党的政治建设、思想建设、组织建设、作风建设以及纪律建设之中，从而通过制度治党来积极带动党风政风持续向好。由此，只有加强党建工作和推进全面从严治党，并保持从严的长期性和常态化，才能进一步发挥共产党的先进性和模范型特质，才能顺利地夺取新时代中国特色社会主义事业的伟大胜利。

第二，加强党的群众组织力，为实现伟大梦想发挥群策群力的集体作用。群众组织力强，党就能在全社会广泛地进行号召，集中民智，就能为实现伟大梦想汇聚来自四面八方的力量。宁波市认真学习贯彻习近平总书记的重要讲话和重要指示精神，持续深化全面从严治党，增强"四个意识"，坚定"四个自信"，做到"两个维护"，高质量开展"不忘初心、牢记使命"主题教育，积极推进政府"两强三提高"建设，政府机构改革顺利完成。自觉接受人大、政协监督，2019 年，办理市人大代表建议 574 件、市政协提案 524 件，提请市人大及其常委会审议地方性法规 5 件；修订市政府工作规则，制（修）订市政府规章 6 件，审查行政规范性文件 433 件，办理行政复议案件 1219 件，法治政府建设水平居全国城市前列；大力推进政府数字化转型，加快创建掌上办事、掌上办公之市，"浙里办""浙政钉"用户分别达到 199 万人和 18 万人；严格执行减轻基层负担 30 条，深入整治"文山会海"，以电视问政倒逼问题整改、效能提升；加强财政预算绩效管理，一般性支出压减 5.7%。

其中,"村民说事""农村小微权力清单"入选首批全国乡村治理典型案例,7个村获评全国乡村治理示范村,鄞州区、象山县成为全国乡村治理体系建设首批试点。新时代背景下,实现中国梦离不开人民群众的伟大创造。中国共产党与中国人民所特有的优良传统,就是血浓于水、鱼水情深的亲密关系。因此,必须紧紧依靠和团结全国各族人民,不断巩固和继续壮大新时期的爱国统一战线,凝聚起14亿多人民、56个民族和9804.1万名党员的磅礴力量,实现群策群力、共建共享。

第三,把握党的建设新要求,为实现伟大梦想发挥改革创新精神。世情、国情、党情对党的建设提出了新的要求。进入21世纪新阶段,世情、国情、党情正在发生深刻变化。三者相互影响、相互渗透、相互作用的特点更加突出。深刻认识"三情"的新变化,科学判断这些变化对党的执政环境带来的影响,全面把握这些变化对党的建设提出的新要求,对于我们坚持用时代发展要求审视自己,以改革创新精神提高和完善自己,不断推进党的建设实践创新、理论创新、制度创新,有重大意义。世情方面,当今世界正处于大发展、大变革、大调整时期,呈现出以下5个动态性特征:世界经济受到重大冲击,发展问题更加突出;国际力量对比发生重大转化,世界多极化前景更加明朗;主要大国对外战略出现重大调整,相互合作与竞争更加明显;国际体系面临重大变革,各种国际力量博弈更加复杂;国际思想文化领域出现重大动向,软实力之争更加激烈。这就要求我们不断提高全党特别是各级领导干部统筹国内国际两个大局的能力,使党的建设更加符合世界发展趋势,更加顺应时代发展的新要求。国情方面,我国经济建设、政治建设、文化建设、社会建设以及生态文明建设全面推进,工业化、信息化、城镇化、市场化、国际化深入发展,我国正处在进一步发展的重要战略机遇期,在新的历史起点上向前迈进。总的来看,我国仍然处于并将长期处于社会主义初级阶段的基本国情没有变,同时我国发展呈现一系列新的阶段性特征,出现一系列新情况新问题。在我们这个十几亿人口的发展中大国,党在推进改革开放和社会主义现代化建设中肩负任务的艰巨性、复杂性、繁重性世所罕见。党要适应这样的新形势，必须进一步加强和改进自身建设。党情上，中国共产党是世界第一大执政党，党的领导水平和执政水平、党的建设状况、党员队伍素质总体上同党肩负的历史使命是相适应的。同时，党内也存在不少不适应新形势新任务要求、不符合党的性质和宗旨的问题，主要表现在理想信念、民主集中制、领导班子和干部队伍建设、基层党组织建设、作风建设、反腐倡廉建设等 6 个方面。这些问题严重削弱党的创造力、凝聚力、战斗力，严重损害党同人民群众的血肉联系，严重影响党的执政地位巩固和执政使命实现，必须引起全党警醒，抓紧加以解决。

宁波坚持问题导向，树立创新思维，更加自觉地把新发展理念贯彻落实到经济社会发展的各方面、全过程，进一步明确宁波服务和融入新发展格局的方向、路径、目标、举措，着力推动"港产城文"融合发展、协调发展，纵深推进改革开放创新，在建设世界一流强港、打造全球先进制造业基地、提升城乡建设品质、建设全国文明典范城市、推进数字化改革、建设中国—中东欧国家经贸合作示范区和浙江自贸区宁波片区、建设高水平创新型城市等方面取得重大标志性成果，确保走在高质量发展前列，为全国全省大局做出更大贡献。新时代建设伟大工程必须用习近平新时代中国特色社会主义思想观察新时代、适应新时代和引领新时代，既要武装头脑又要教育人民，既要直面问题又要化解矛盾。只有以党的指导思想来引领国家和民族的未来发展，才能确保中国道路不走偏，确保中国梦不失色。在这一思想的光辉引领下，中国的各项改革和建设事业呈现出蓬勃发展的良好态势，全体中国人民正在我们党掌舵导航的新时代中奋力追梦和筑梦，因此最终必然会是实干成就中国梦。

第四，增强党的忧患意识，为实现伟大梦想发挥保驾护航的作用。宁波市扛起使命担当，努力强化"没有走在前列也是一种风险"的忧患意识，确立对标国内一流的奋斗目标、工作标准，保持只争朝夕、夙夜在公的工作状态，增强攻营拔寨、攻坚克难的责任心，发扬"钉钉子"精神，以上率下推动宁波发展年年上一个大台阶。我们党面临着执政考验、改革开放考验、市场经济考验、外部环境考验四大考验，这要求切实加强党的建设。无产阶级夺取政权不容易，执掌好政权尤其是长期执政更不容易。长期执政的最大危险是容易脱离群众。领导干部容易官僚化，甚至与群众形成某种程度和形式的对立；容易滋生惰性，因循守旧，不思进取，失去创造力和感召力；容易使党的肌体受到权力的侵蚀，产生各种腐败现象等。如何做到立党为公、执政为民，开拓进取，清正廉洁，这是执政面临的考验。改革开放中，如何不走封闭僵化的老路，又不走改旗易帜的邪路，高举中国特色社会主义伟大旗帜不动摇，坚持以经济建设为中心，抓好发展这个党执政兴国的第一要务不动摇，大力推进经济体制、政治体制、文化体制、社会管理体制以及其他各方面体制创新，着力构建充满活力、富有效率、更加开放、有利于科学发展的体制机制，坚持全面可持续发展，这是改革开放面临的考验。如何既发挥市场在资源配置中的基础作用，又发挥社会主义制度宏观调控的优越性，走中国特色社会主义市场经济之路，同时在政府职能转变过程中不给权力寻租留下空间，使党既能领导好经济的快速发展，又能始终保持党的先进性和纯洁性，这是市场经济面临的考验。如何以宽广的世界眼光洞悉发展先机，研判各种风险，统筹国内国际两个大局，利用好两个市场、两种资源，牢牢掌握发展的战略主动权；如何既积极参与国际经济合作和竞争，又有效抑制西方敌对势力的渗透破坏、维护执政安全，既吸收国外一切优秀文明成果，又拒绝一切腐朽的东西，是我们面临的外部考验。这些考验将是长期的、复杂的、严峻的，因此，落实党要管党、全面从严治党的任务比过去任何时候都更为繁重和紧迫。全党必须居安思危，增强忧患意识，勇于变革、勇于创新，永不僵化、永不停滞，以改革创新精神不断推进党的建设新的伟大工程。要把深入学习贯彻习近平总书记考察浙江重要讲话精神和对宁波工作的重要指示精神紧密衔接、融会贯通起来，增强"四个意识"，坚定"四个自信"，做到"两个维护"，聚焦忠实践行"八八战略"，打牢高质量之基、激活竞争力之源、走好现代化之路。

建设伟大工程，必须全面加强党的政治领导力、思想引领力和群众组织力的建设，继而为实现中华民族伟大复兴中国梦掌舵领航、加油续航和扬帆划桨。推进伟大工程，要结合伟大斗争、伟大事业、伟大梦想的实践来进行，确保党在世界形势深刻变化的历史进程中始终走在时代前列，在应对国内外各种风险和考验的历史进程中始终成为全国人民的主心骨，在坚持和发展中国特色社会主义的历史进程中始终成为坚强领导核心。党要团结带领人民进行伟大斗争、推进伟大事业、实现伟大梦想，必须毫不动摇坚持和完善党的领导，毫不动摇推进党的建设新的伟大工程，把党建设得更加坚强有力。实现中华民族伟大复兴的中国梦，进行具有许多新的历史特点的伟大斗争，坚持和发展中国特色社会主义伟大事业，必须紧紧依靠人民、团结带领人民来完成。历史一再证明，中国这样一个大国，最怕的就是一盘散沙、四分五裂。而能够把中国各地区、各民族十几亿人的力量凝聚起来，除了中国共产党，没有任何一个政治组织具有这样的条件和能力。实践证明，无论遇到什么样的风险、危机和艰难险阻，我们党都能带领人民不断从胜利走向胜利。坚持和完善党的领导，是党和国家的根本所在、命脉所在，是全国各族人民的利益所在、幸福所在。

习近平总书记的重要指示为宁波基层民主政治的发展指明了方向，也为浙江坚定不移沿着习近平总书记指引的路子走下去，深入贯彻落实党建中的"八八战略"，高水平谱写实现"两个一百年"奋斗目标的浙江篇章提供了方向。统筹推进法治浙江、清廉浙江建设，高水平推进社会主义现代化建设，"至2035年，大幅提升经济综合实力和质量效益，各领域法治化水平、文化软实力、人民群众获得感幸福感安全感、生态环境质量、全面从严治党水平，全面建成'六个浙江'，高水平完成基本实现社会主义现代化的目标，在此基础上，继续在迈向社会主义现代化强国新征程上走在前列、勇立潮头，以'两个高水平'的优异成绩，谱写中国特色社会主义在浙江实践的崭新篇章"①。当前和今后一个时期，全面加强新时代党的各项领域建设，着力推动全面从严治党向纵深发展，就必须始终保持勇猛决心和战略定力，必须下大力气、花苦功夫和使出浑身解数，必须坚决做到有病必治、有案必查、有腐必反、有贪必惩。初心坚定、信仰真诚、治党高效、党建优良、本领过硬，是我们党始终走在时代前列、勇于担当民族脊梁，继而成为民族复兴引领者的重要保证。我们党作为社会主义国家的执政党，同时也是马克思主义革命党，革命性与先进性的精神特质要求我们党在进行伟大社会革命的过程中，必须以党的自我革命来保证党的肌体始终都能够焕发出新的健康色泽。遵守政治纪律、恪守政治原则、加强政治修养、强化政治意识、保持政治定力、站稳政治立场，也就自然而然地成为每一位共产党员的政治操守，并且片刻不能松懈，必须常抓不懈。为此，必须坚决破除一切损害新时代党的建设总体布局的顽瘴痼疾，坚决消除一切削弱党的执政基础的思想毒瘤和行为污垢，坚决去除一切腐蚀党的革命性、先进性和纯洁性的消极因素，坚决清除一切脱离人民群众、损害人民利益和违反党纪国法的共产党员和党员领导干部。这是一个需要中国共产党进行自我革新，中国共产党也一定能够完成自我革新的伟大时代；这是一个需要中国共产党进行自我超越，中国共产党也一定能够实现自我超越的伟大时代。而在这样的一个伟大时代，时代所赋予我们党的历史使命要求我们党必须以党的自我革命来推动实现伟大社会革命，我们党必须有足够的能力去及时清除政治权力的附庸和寄生虫，在全面从严治党中永葆共产党人清正廉洁的特质。

---

①　浙江省社会科学院课题组：《践行"八八战略"　建设"六个浙江"》，社会科学文献出版社2018年版，第477页。

展　望

习近平新时代中国特色社会主义思想是新时代中国共产党坚持和发展马克思主义的最新理论成果,以一系列原创性、战略性的思想和观点丰富与发展了马克思主义,是当代中国马克思主义、21世纪马克思主义,是党和人民实践经验和集体智慧的结晶,实现了马克思主义中国化时代化的新飞跃,实现了中国特色社会主义理论的重大创新与跃升,是新时代中国共产党人的思想旗帜,是全党全国人民为实现中华民族伟大复兴而奋斗的行动指南,必须长期坚持并不断发展。

浙江是习近平新时代中国特色社会主义思想重要萌发地,在忠实践行"八八战略"、奋力打造"重要窗口"方面一直干在实处、走在前列、勇立潮头,取得了丰硕的成果,积累了丰富的经验,被中央赋予"高质量发展建设共同富裕示范区"的重大历史使命。当前,浙江正扛起"省域现代化先行与共同富裕先行"的新任务新使命,在省域层面探索中国式现代化发展的新路径,为扎实推进共同富裕先行探路。

宁波市作为我国改革开放的前沿、全省"双城记"发展格局中的重要一极,是感悟"真理伟力"、看见"文明中国"、悦享"美好生活",以"浙江之窗"展示"中国之治"的重要一域。宁波之所以能够应对重大挑战、抵御重大风险、克服重大阻力、解决重大矛盾,攻坚克难、闯关夺隘,离不开中央和省委的坚强领导,离不开历届市委领导班子的接续奋斗,同时也离不开全体宁波人民的团结拼搏,但最根本的原因在于始终坚持习近平新时代中国特色社会主义思想的指导。习近平总书记一直对宁波关怀备至、寄予厚望,在浙江工作期间曾多次来宁波考察，到中央工作后又多次指示、勉励宁波唱好新时代的杭甬"双城记"，专门给横坎头村全体党员回信、给第二届中国—中东欧国家博览会致贺信，并在 2020 年春天统筹新冠疫情防控和经济社会发展的关键时刻亲临宁波考察，为宁波各项事业发展擘画宏伟蓝图。习近平总书记的一系列重要指示，指明了宁波在全球全国大格局中的城市地位、战略定位、发展方位，是宁波奋进新时代新征程的指路明灯。站在新的历史起点上，宁波既肩负着中央和省委赋予的重任，又承载着人民群众对美好生活的期盼，既面临进位跨越的重大机遇，又面临不进则退的挑战考验。我们要胸怀"两个大局"、心系"国之大者"，勇担时代大任，保持"咬定青山不放松"的执着，保持"行百里者半九十"的清醒，不为任何风险所惧，不为任何干扰所惑，坚决扛起锻造硬核力量、唱好"双城记"、建好示范区、当好模范生、共同富裕示范先行的历史使命，加快建设现代化滨海大都市，在新的赶考之路上继续考出好成绩，在新时代新征程上展现新气象新作为。

未来，宁波将高举中国特色社会主义伟大旗帜，坚持以习近平新时代中国特色社会主义思想为指导，深入学习贯彻党的二十大精神，对标落实习近平总书记对浙江、对宁波工作重要指示精神，忠诚拥护"两个确立"、坚决做到"两个维护"，统筹推进"五位一体"总体布局，协调推进"四个全面"战略布局，坚持稳中求进工作总基调，完整准确全面贯彻新发展理念，服务构建新发展格局，忠实践行"八八战略"、奋力打造"重要窗口"，坚决扛起新发展阶段历史使命，加快"港产城文"融合发展，推进"六大变革"，打造"六个之都"，奋力开创现代化滨海大都市建设新局面，为全国全省大局作出新的更大贡献。

第一，加快建设现代化滨海大都市，书写更加精彩的宁波篇章。建设现代化滨海大都市就是要打造全球智造创新之都、国际开放枢纽之都、东方滨海时尚之都、全国文明典范之都、城乡幸福共富之都、一流智慧善治之都，率先探索中国式现代化建设路径，全面展现共同富裕美好图景，充分彰显硬核力量、极核功能、滨海形态、优良生态、文明典范、国际风范。建设现代化滨海大都市，必须更新观念、创新理念，以系统性思维塑造变革，以创造性张力推动变革。推进"六大变革"即推进功能布局变革、发展动能变革、要素配置变革、城乡品质变革、治理模式变革、干部能力变革，是建设现代化滨海大都市的必由之路。宁波将加快"宁波都市圈"建设，努力构建"一体两翼多组团、三江三湾大花园"大都市格局，不断优化"拥江揽湖滨海"空间布局，打造"精致宁波、品质之城"，城市规模不断扩大，城市功能更加完善，城市面貌显著改变，城市品质不断提升。

第二，忠实践行"八八战略"，奋力推进"两个先行"。"八八战略"是指引浙江从胜利走向胜利的总纲领、金钥匙，必须始终坚持、一以贯之，把"一张蓝图绘到底"与"一往无前开新局"统一起来，领悟运用"八八战略"蕴含的优势论、系统论、方法论。宁波始终牢记习近平总书记殷切嘱托，把"八八战略"作为引领"两个先行"的总纲领，始终做到"习近平总书记有号令，党中央有部署，省委有要求，宁波见行动、走在前"。坚定不移沿着"八八战略"指引的路子奋勇前进，坚决扛起新发展阶段历史使命，不断提升宁波的竞争力、创新力、美誉度，在全省推进"两个先行"新征程上勇担当、做示范、走在前。要坚定历史自信，弘扬伟大的历史主动精神，立先行之志，担先行之责，闯先行之路，成先行之势，以胸怀全局的高站位、勇挑重担的高境界、快马加鞭的高效率、追求卓越的高标准、博采专攻的高水平、放心不下的高警觉、勠力同心的高协同，在锻长板、补短板、固底板上下功夫、求实效，努力干出为一域争光、为全局添彩、为百姓造福的优异业绩。宁波正以"到大海里游泳"的豪迈气魄，奋力书写"两个先行"新篇章，聚焦破解共同富裕征途中普遍性难题新题，在各领域全方位探索实践，在高质量发展中加快建设现代化滨海大都市。

第三，巩固壮大实体经济，提升现代产业体系竞争力。宁波坚持把发展经济着力点放在实体经济上，深入实施"246"万千亿级产业集群培育、"3433"服务业倍增发展等行动，打好产业基础高级化和产业链现代化攻坚战,加快建设全球先进制造业基地,不断增强产业体系竞争力。宁波积极推进信息技术在制造业、服务业和农业等各领域的融合应用,深入推进产业数字化转型。大力发展数字经济核心产业,积极培育电子信息和软件信息服务业,扎实推进特色型中国软件名城建设,持续推进以智能制造、工业互联网为核心的产业数字化,营造发展数字经济的良好生态,推动数字经济高质量发展,促进实体经济提质增效。打造标志性优势产业链,深入推进先进制造业与现代服务业融合发展,培育一批两业融合试点区域和试点企业;加快传统制造业改造提升,实施传统制造业改造提升计划 2.0 版,推动传统制造业向集群化、数字化、品质化、服务化、绿色化转型;加强龙头企业引育,加大服务业企业引育力度,形成领军企业、骨干企业、中小企业发展梯队。宁波将进一步焕发争先创优进位的昂扬锐气,坚决打好经济稳进提质攻坚战,不断巩固扩大经济企稳回升向好的态势,跑出高质量发展加速度。

第四,推进社会主义民主法治建设,健全人民当家作主的制度保障。坚持党的领导、人民当家作主和依法治国有机统一,积极发展全过程人民民主,全面建设法治中国先行市。加强民主政治建设,支持人大及其常委会加强"四个机关"建设,依法行使职权、开展工作,督促"一府一委两院"自觉接受人大监督;坚持和完善中国共产党领导的多党合作和政治协商制度,发挥人民政协专门协商机构作用,完善政协民主监督机制;不断提升民族、宗教、党外知识分子、新社会阶层人士、非公有制经济人士、港澳台同胞、海外侨胞等工作有效性,画出最大同心圆。深化法治宁波建设,加强科学立法,坚持和完善党委领导、人大主导、政府依托、各方参与的立法工作格局,健全科学立法、民主立法、依法立法的机制和程序;创新行政执法体制,推进跨部门跨领域"大综合一体化"行政执法改革,推动执法职责、执法力量集中和下沉,推行"综合查一次";深化司法体制综合配套改革,完善行政执法与刑事司法相衔接机制,让人民群众在每一起案件办理、每一件事情处理中都感受到公平正义。大力弘扬法治精神，优化公共法律服务供给，健全大普法格局，让自觉守法、办事依法、遇事找法、解决问题用法、化解矛盾靠法成为全社会的普遍共识。

第五，不断提升城市文化软实力，建设独具魅力文化强市。文化是城市的灵魂。要坚定文化自信，以文铸魂、以文化人、以文塑韵、以文兴业，加快建设新时代文化高地。坚持以社会主义核心价值观为引领，举旗帜、聚民心、育新人、兴文化、展形象，促进满足人民文化需求和增强人民精神力量相统一，促进文化软实力与经济硬实力相适应。加强理论武装，深入实施铸魂工程、溯源工程、走心工程，深化习近平新时代中国特色社会主义思想学习宣传实践，提升理论传播实效和大众普及水平，推进党的创新理论"飞入寻常百姓家"。大力弘扬时代新风，深入开展理想信念教育，大力弘扬红船精神、浙江精神、"四知"宁波精神，实施文明创建工程，开展新时代文明生活行动，深化新时代文明实践中心建设。传承弘扬优秀传统文化，加强文化遗产保护传承，实施文物保护工程、平安工程，推进大运河文化带、浙东唐诗之路沿线文物资源保护传承，加强革命文物保护利用，着力打造阳明文化、商帮文化、海洋文化、藏书文化等宁波文化研究"名片"，同时要不断扩大对外文化交流，积极引进举办高端国际文化活动，加强对外人文交流与合作，推动宁波文化"走出去"。高质量发展文化事业和文化产业，大力实施文化"名家引育、名品原创、名企壮大"工程，让新时代港城文化大放异彩，实施文化产业"新势力"成长计划，做强做优传媒、影视、音乐、演艺等业态，让文化的力量更好滋养人心、引领风尚、促进发展。

第六，持续优化生态环境，提高绿色发展获得感。党的二十大报告指出："我们坚持可持续发展，坚持节约优先、保护优先、自然恢复为主的方针，像保护眼睛一样保护自然和生态环境，坚定不移走生产发展、生活富裕、生态良好的文明发展道路，实现中华民族永续发展。"宁波深入践行习近平生态文明思想，不断拓宽"绿水青山就是金山银山"转化通道，坚持保护优先与绿色发展并举、生态增容与治污减排并进、制度建设与政策激励联动,建设美丽中国先行示范区,让绿色成为最动人色彩。打好生态环境巩固提升持久战,全力打好"蓝天保卫战",严格执行大气污染物排放限值要求,提升公众对大气环境质量的满意率;全力打好"碧水保卫战",加强饮用水源地保护,严控水源地上下游水域、陆域范围内开发建设活动,严控高耗水高污染行业发展,提升工业重点行业及工业集聚区污水治理能力,全面实现"污水零直排";全力打好"净土保卫战",开展土壤污染状况详查行动,有序开展土壤污染治理与修复,防止二次污染;全力打好"清废攻坚战",实施固体废弃物源头减量行动,高标准推进生活垃圾分类处理,加强无害化处理设施建设,统筹建设生活垃圾等分类投放、分类收集、分类运输、分类处置设施,创建"无废城市"。加快推动绿色低碳发展,大力发展循环经济,统筹各领域废弃物资源化利用,推动大宗固废、废弃电器等回收利用,打造一批资源循环利用基地;提高资源利用效率,开展能效创新引领专项行动,大幅提高能源利用效率,深化区域能评改革,从源头减少不合理能源消费;推进绿色生产生活,开展绿色生活创建活动,鼓励绿色办公、绿色出行、绿色消费,制定实施二氧化碳排放达峰行动方案,探索建设区域性碳交易市场,落实国家"碳达峰、碳中和"任务。打造全域美丽大花园,加快美丽乡村、美丽田园、美丽河湖、美丽城镇、美丽园区创建,形成"一户一处景、一村一幅画、一镇一天地、一城一风光"全域大美格局。

当前,我国开启了全面建设社会主义现代化国家的新征程。宁波人民在以习近平同志为核心的党中央的坚强领导下,在习近平新时代中国特色社会主义思想的科学指引下,始终坚持一张蓝图绘到底,以归零心态、赶考状态、奋斗姿态,勇于变革创一流,担当奋进攀高峰,不断开辟高质量发展、竞争力提升、现代化先行和共同富裕示范的新境界。未来,宁波将锚定新的历史方位,坚决扛起新发展阶段历史使命,以海纳百川的胸怀、勇立潮头的追求,以一往无前的决心、果敢坚毅的行动,自觉做"红色根脉"的坚定守护者,"八八战略"的忠实践行者,

"重要窗口"的优秀建设者,共同富裕和现代化的先行探路者,干在实处、走在前列、勇立潮头的不懈奋斗者,努力创造无愧于时代、无愧于人民的新辉煌,开创美好未来、赢得更大荣光,让宁波这颗东海明珠焕发出更加耀眼的光彩!

参考文献

［1］《八八战略》编写组：《八八战略》，浙江人民出版社2018年版。

［2］《八八战略》编写组：《读懂"八八战略"》，浙江人民出版社2018年版。

［3］车俊：《不忘初心　勇担使命》，《浙江日报》2017年6月21日。

［4］车俊：《坚定不移沿着"八八战略"指引的路子走下去》，《人民日报》2017年8月18日。

［5］车俊：《聚力打造山海协作工程升级版　实现更高质量的区域协调发展》，《政策瞭望》2018年第6期。

［6］车俊：《认真学习贯彻党的十九届四中全会精神　高水平推进省域治理现代化》，《政策瞭望》2019年第12期。

［7］车俊、袁家军：《干在实处　走在前列　勇立潮头》，《人民日报》2019年8月30日。

［8］陈立旭：《从文化大省到文化浙江：实践与经验》，《观察与思考》2020年第12期。

［9］陈伟俊：《忠实践行"八八战略"　在打造"重要窗口"中"续写创新史"》，《学习时报》2020年9月28日。

［10］陈永光：《加快建设新时代"浙江美丽南大门"　全力打造共同富裕示范区县域样板》，《政策瞭望》2021年第8期。

［11］成岳冲：《发掘优秀文化资源　创建现代特色小镇》，《行政管理改革》2017年第12期。

［12］邓小平:《邓小平文选》(第 1—3 卷),人民出版社 1993 年版。

［13］段治文、马赛:《论"红船精神"的时代价值与浙江实践》,《嘉兴学院学报》2016 年第 4 期。

［14］郭占恒:《"八八战略"思想与实践》,红旗出版社 2018 年版。

［15］郭占恒:《习近平的"八八战略"思想与实践——纪念"八八战略"提出 15 周年》,《浙江学刊》2018 年第 4 期。

［16］何显明:《"八八战略"与习近平新时代中国特色社会主义思想在浙江的萌发》,《浙江学刊》2018 年第 5 期。

［17］何显明:《从"八八战略"到"四个全面"战略布局》,浙江人民出版社 2017 年版。

［18］胡承槐:《从"八八战略"到大国治理的总体方法论特征》,《浙江社会科学》2016 年第 1 期。

［19］胡承槐、胡文木编著:《浙江精神与"八八战略"》,中共中央党校出版社 2020 年版。

［20］胡海良、张润生、张炳福、杜华红、邢泽亮、姜长才、杨华、任潮龙、费建文、林万乐、田俊:《坚持以"八八战略"为指引 积极探索乡村振兴新路子——浙江省永嘉县乡村振兴调研报告》,《观察与思考》2018 年第 11 期。

［21］胡锦涛:《胡锦涛文选》(第 1—3 卷),人民出版社 2016 年版。

［22］江胜蓝:《数字化转型的浙江实践》,《政策瞭望》2019 年第 12 期。

［23］江胜蓝:《"数字中国"战略的浙江探索》,《浙江经济》2019 年第 21 期。

［24］江泽民:《江泽民文选》(第 1—3 卷),人民出版社 2006 年版。

［25］郎健华、骆小峰:《"八八战略"在杭州的生动实践》,《上海党史与党建》2020 年第 1 期。

［26］李包庚:《从"八八战略"到"重要窗口"历史性飞跃的基本经验与意义》,《浙江工商大学学报》2021 年第 1 期。

［27］李包庚:《大力弘扬奋斗精神》,《光明日报》2023 年 4 月 10 日。

［28］李包庚:《共同富裕的原创性贡献与世界性意义》,《浙江日报》2022 年 2 月 21 日。

［29］李包庚:《"两个确立"是走好新的赶考之路的根本保证》,《光明日报》2022 年 1 月 19 日。

［30］李包庚:《世界普遍交往中的人类命运共同体》,《中国社会科学》2020 年第 4 期。

［31］李包庚:《中国共产党探索共同富裕的历史逻辑与基本经验》,《国外社会科学》2022 年第 1 期。

［32］李包庚:《走向生态正义的人类命运共同体》,《马克思主义研究》2023 年第 3 期。

［33］李中文:《奋力打造"重要窗口"　争创社会主义现代化先行省》,《人民日报》,2021 年 1 月 15 日。

［34］列宁:《列宁全集》第二版(增订版)第 1—60 卷,人民出版社 2007 年版。

［35］陆立军:《"两创"到"两富":浙江"富民强省"发展战略进入新阶段》,《中共浙江省委党校学报》2012 年第 4 期。

［36］陆立军:《以人民为中心推动"两只手"相结合——政府与市场关系的浙江实践与启示》,《治理研究》2018 年第 1 期。

［37］毛泽东:《毛泽东选集》第 1—4 册,人民出版社 1991 年版。

［38］毛泽东:《毛泽东文集》第 1—8 册,人民出版社 2009 年版。

［39］毛泽东:《矛盾论》,人民出版社 2020 年版。

［40］毛泽东:《实践论》,人民出版社 2020 年版。

［41］宁波日报评论员:《对照新目标新定位,奋力续写"八八战略"的宁波篇章》,《宁波日报》2020 年 4 月 6 日。

［42］潘家华、沈满洪:《中国梦与浙江实践》(生态卷),社会科学文献出版社 2015 年版。

［43］彭佳学:《浙江"五水共治"的探索与实践》,《行政管理改革》2018 年第 10 期。

［44］人民日报评论部:《习近平讲故事》,人民出版社 2017 年版。

［45］人民日报评论员:《续写"八八战略"新篇章》,《人民日报》2018 年 7 月 18 日。

［46］阮蓓茜、嵇哲、应建勇:《宣传新思想,地方媒体大有作为——以"习近平总书记在浙江的探索与实践"大型主题报道为例》,《新闻战线》2017 年第 21 期。

［47］桑士达、杨献国、姚升厚:《"八八战略"指引浙江质量建设走在前列》,《宁波日报》2017 年 9 月 28 日。

［48］沈小勇:《提升和深化良渚文化影响力的路径探索》,《杭州》(周刊)2019 年第 28 期。

［49］屠荣根主编:《使命——八八战略:科学发展观在浙江的实践》,上海财经大学出版社 2005 年版。

［50］王慧敏、江南:《蓝图绘就好浙江》,《人民日报》2018 年 7 月 18 日。

［51］王侃:《从"八八战略"中的党建模块到全面从严治党》,《浙江社会科学》2016 年第 1 期。

［52］王明荣:《优化营商环境——宁波走向高质量发展的必然选择》,《宁波通讯》2018 年第 19 期。

［53］王伟光、谢伏瞻:《习近平新时代中国特色社会主义思想学习丛书》(1—12 册),学习出版社 2019 年版。

［54］习近平:《摆脱贫困》,福建人民出版社 1992 年版。

［55］习近平:《不断巩固和发展当前的大好形势》,《政策瞭望》2006 年第 11 期。

［56］习近平:《干在实处 走在前列——推进浙江新发展的思考与实践》,中共中央党校出版社 2006 年版。

［57］习近平:《巩固执政基础 增强执政本领》,《党建研究》2005

年第 2 期。

　　[58]习近平:《弘扬"红船精神"　走在时代前列》,《人民日报》2017 年 12 月 1 日。

　　[59]习近平:《全面加强党的基层组织建设　为实施"八八战略"、建设"平安浙江"奠定坚实基础》,《今日浙江》2004 年第 13 期。

　　[60]习近平:《深入贯彻落实"八八战略"　努力实现宁波现代化建设的新跨越》,《宁波通讯》2004 年第 7 期。

　　[61]习近平:《深入贯彻落实科学发展观　保持经济平稳较快发展》,《今日浙江》2006 年第 24 期。

　　[62]《习近平谈治国理政》(第一卷),外文出版社 2018 年版。

　　[63]《习近平谈治国理政》(第二卷),外文出版社 2017 年版。

　　[64]《习近平谈治国理政》(第三卷),外文出版社 2020 年版。

　　[65]《习近平谈治国理政》(第四卷),外文出版社 2022 年版。

　　[66]习近平:《以科学发展观统领全局推进"八八战略"的深入实施——在全省经济工作会议上的讲话》,《政策瞭望》2005 年第 1 期。

　　[67]习近平:《在全省经济工作会议上的讲话》,《政策瞭望》2006 年第 1 期。

　　[68]习近平:《扎实做好当前的经济工作》,《政策瞭望》2005 年第 11 期。

　　[69]习近平:《之江新语》,浙江人民出版社 2013 年版。

　　[70]夏宝龙:《"八八战略":为浙江现代化建设导航》,《求是》2013 年第 5 期。

　　[71]夏宝龙:《干在实处　走在前列　全力推动"四个全面"战略布局在浙江的生动实践》,《今日浙江》2015 年第 6 期。

　　[72]夏宝龙:《关于〈中共浙江省委关于制定浙江省国民经济和社会发展第十三个五年规划的建议〉的说明》,《政策瞭望》2015 年第 11 期。

　　[73]夏宝龙:《坚持以"八八战略"为总纲　引领新常态下平稳发

展创新发展》,《政策瞭望》2015 年第 1 期。

[74] 夏宝龙:《坚定不移地深入实施"八八战略" 推动浙江经济持续健康较快发展》,《政策瞭望》2013 年第 1 期。

[75] 夏宝龙:《全面落实五大发展理念 高水平全面建成小康社会》,《今日浙江》2015 年第 22 期。

[76] 肖云忠:《"八八战略"与浙江模式的转型发展》,《观察与思考》2018 年第 8 期。

[77] 谢文、王昊魁等:《结合时代特点大力弘扬"红船精神"》,《光明日报》2018 年 6 月 22 日。

[78] 徐璞英:《科学发展观与区域发展战略的升华——以浙江"八八战略"为例》,《中共浙江省委党校学报》2004 年第 5 期。

[79] 徐旭:《忠实践行"八八战略" 奋力打造"重要窗口" 加快建设全球先进制造业基地》,《政策瞭望》2021 年第 1 期。

[80]《学习贯彻十九大精神 续写"八八战略"新篇章》,《浙江日报》2017 年 12 月 14 日。

[81] 颜阳、王斌:《浙江精神与"八八战略"研究》,中共中央党校出版社 2020 年版。

[82] 余华:《一脉相承的治国理政思维——从"八八战略"到"四个全面"看习近平治政思维的主要特征》,《观察与思考》2017 年第 11 期。

[83] 余昕:《改革开放以来浙江文化发展政策回顾》,《政策瞭望》2021 年第 9 期。

[84] 袁家军:《践行"八八战略" 打造"重要窗口"》,《人民日报》2021 年 5 月 16 日。

[85] 袁家军、李中文:《高质量发展竞争力提升现代化先行》,《人民日报》2021 年 3 月 7 日。

[86] 袁家军:《实施新时代文化浙江工程 书写"忠实践行'八八战略' 奋力打造'重要窗口'"文化新篇章》,《政策瞭望》2020 年第 10 期。

［87］袁家军：《为高质量发展建设共同富裕示范区注入强大文化力量》，《政策瞭望》2021 年第 9 期。

［88］袁家军：《以守好"红色根脉"的自觉推动高质量发展》，《经济日报》2021 年 5 月 16 日。

［89］袁家军：《忠实践行"八八战略"　奋力打造"重要窗口"　扎实推动高质量发展建设共同富裕示范区》，《浙江日报》2021 年 7 月 19 日。

［90］袁家军：《忠实践行"八八战略"　奋力打造"重要窗口"　争创社会主义现代化先行省》，《学习时报》2020 年 12 月 30 日。

［91］袁家军：《忠实践行"八八战略"　奋力打造"重要窗口"》，《政策瞭望》2020 年第 9 期。

［92］张兵：《运用"八八战略"蕴含的优势论开辟"绿水青山就是金山银山"新境界》，《浙江日报》2018 年 6 月 25 日。

［93］章忻、周宇晗：《感悟思想伟力　汲取奋进力量》，《浙江日报》2021 年 3 月 15 日。

［94］赵洪祝：《努力建设物质富裕精神富有的现代化浙江》，《政策瞭望》2012 年第 6 期。

［95］浙江干部培训教材编审指导委员会：《"八八战略"与中国特色社会主义在浙江的实践》，浙江人民出版社 2010 年版。

［96］浙江日报评论员：《新赶考路上的开创之举》，《浙江日报》2021 年 7 月 16 日。

［97］浙江日报特约评论员：《"八八战略"指引浙江经济社会发展取得历史性成就》，《浙江日报》2018 年 7 月 23 日。

［98］浙江日报特约评论员：《高水平推进省域治理现代化要以"八八战略"为统领》，《浙江日报》2019 年 11 月 25 日。

［99］浙江日报特约评论员：《建设"重要窗口"必须始终坚持以"八八战略"为统领》，《浙江日报》2020 年 6 月 21 日。

［100］浙江日报特约评论员：《以深入实施"八八战略"的实际行

动全面落实习近平总书记重要指示精神》，《浙江日报》2018 年 7 月 22 日。

[101]浙江日报特约评论员：《在"八八战略"指引下高水平全面建成小康社会取得决定性成就》，《浙江日报》2020 年 11 月 22 日。

[102]浙江省社会科学院课题组：《践行"八八战略" 建设"六个浙江"》，社会科学文献出版社 2018 年版。

[103]《指导浙江未来发展的纲领性文件》，《浙江日报》2017 年 6 月 23 日。

[104]《中共浙江省委关于忠实践行"八八战略" 奋力打造"重要窗口" 扎实推动高质量发展建设共同富裕示范区的决议》，《浙江日报》2021 年 7 月 22 日。

[105]《中共浙江省委关于忠实践行"八八战略" 奋力打造"重要窗口" 扎实推动高质量发展建设共同富裕示范区的决议》，《政策瞭望》2021 年第 7 期。

[106]中共浙江省委理论学习中心组：《中国特色社会主义在浙江实践的重大理论成果——学习〈干在实处 走在前列〉和〈之江新语〉两部专著的认识和体会》，《政策瞭望》2014 年第 4 期。

[107]中共浙江省委宣传部：《"八八战略"再深化 改革开放再出发》，浙江人民出版社 2010 年版。

[108]中共中央马克思恩格斯列宁斯大林著作编译局编译：《马克思恩格斯全集》（第一版）第 1—50 卷，人民出版社 2020 年版。

[109]中共中央文献研究室：《邓小平文集（一九四九——一九七四年）》（第 1—3 卷），人民出版社 2014 年版。

[110]中共中央宣传部：《习近平新时代中国特色社会主义思想学习纲要》（标准版），学习出版社 2019 年版。

[111]中央党校采访实录编辑室：《习近平在浙江》，中共中央党校出版社 2021 年版。

[112]周华富：《浙江特色的生态文明建设之路》，《浙江经济》

2016 年第 21 期。

　　［113］周咏南、毛传来、方力：《挺立潮头开新天》，《浙江日报》2017 年 10 月 6 日。

　　［114］周咏南、应建勇、毛传来：《一步一履总关情——习近平总书记在浙江考察纪实》，《今日浙江》2015 年第 10 期。

后　记

　　在浙江省习近平新时代中国特色社会主义思想研究中心、浙江省社会科学界联合会的统一部署下,本书课题组认真开展调研,收集各有关方面的材料、资料和论著,召开研究工作推进协调会,按时拿出初稿、修改稿和校对稿。其间宁波市委宣传部高度重视本课题研究,帮助协调有关单位召开课题调研座谈会,为课题组收集资料提供了方便。在此,致以衷心感谢!

　　本书由浙江省人文社科领军人才、宁波市"三十人工程"人才李包庚教授领衔,负责开展调研工作,负责课题总框架的搭建、人员分工、详细提纲的设计、书稿修改与校对工作的安排等,撰写了导论、展望,还负责了部分章节初稿的直接撰写。初稿撰写阶段,第一章主要由浙大宁波理工学院马克思主义学院教师芦敏敏负责、第二章主要由宁波城市职业技术学院马克思主义学院教师叶盛负责、第三章主要由宁波大学马克思主义学院研究生耿可欣同学负责、第四章主要由浙江大学马克思主义学院博士研究生杨瑞同学负责、第五章主要由宁波财经学院马克思主义学院教师荣兆洁负责。在书稿校对过程中,除了以上五位之外,周家羽、郭石北川、李雪颖、樊小雅、宋金樑等同学也参与了部分工作。杨瑞同学为书稿校对进行了十分认真细致的工作,在此一并表示感谢!

作　者

2023 年 6 月